Statistik

Von
Universitätsprofessor
Dr. Martin Böselt

Zweite, ergänzte Auflage

R. Oldenbourg Verlag München Wien

Die Deutsche Bibliothek - CIP-Einheitsaufnahme

Böselt, Martin:
Statistik / von Martin Böselt. – 2., erg. Aufl. – München ; Wien :
Oldenbourg, 1999
ISBN 3-486-25136-8

Rosenheimer Straße 145, D-81671 München
Telefon: (089) 45051-0, Internet: http://www.oldenbourg.de

Gedruckt auf säure- und chlorfreiem Papier
Druck und Bindung: R. Oldenbourg Graphische Betriebe GmbH, München

ISBN 3-486-25136-8

Vorwort zur ersten und zweiten Auflage

Das vorliegende Buch ist aus meinen Lehrveranstaltungen hervorgegangen, die ich in den letzten 15 Jahren vor Studenten der Ingenieur-Ökonomie, vor Landwirten, vor Studenten der Ernährungswissenschaften und (auszugsweise) vor ungarischen Studenten der Volkswirtschaft im Grundstudium gehalten habe.

Es enthält diejenigen Grundkapitel der Allgemeinen Statistik, welche unter dem Gesichtspunkt der neueren wissenschaftlich-technischen Entwicklung von Absolventen der o.g. Fachrichtungen beherrscht werden sollten. Dies wird besonders dann erforderlich, wenn eine spätere berufliche Tätigkeit etwa in der Marktforschung, im Finanzmanagement, bei der Qualitätskontrolle, in Konstruktionsbüros oder zur Bearbeitung ökologischer Problemstellungen erfolgt. Selbstverständlich müssen dann noch entsprechende fachstatistische Kenntnisse zusätzlich erarbeitet werden.

Zum Verständnis des Inhalts empfiehlt sich für den Leser die Verfügbarkeit gewisser mathematischer Grundkenntnisse. Der studentische Leser sollte also einen Analysis-Grundkurs, vielleicht auch einen speziellen Abschluß zur Wirtschaftsmathematik und zu elementaren Sachverhalten aus der Wahrscheinlichkeitsrechnung erfolgreich hinter sich gebracht haben, bevor er mit der Allgemeinen Statistik beginnt.

Diese Empfehlung steht mit meiner Auffassung in Übereinstimmung, daß spezielle, einführende Kapitel zur Wahrscheinlichkeitsrechnung in einem Buch zur Allgemeinen Statistik nicht enthalten zu sein brauchen. Die anwendungsorientierten Sachverhalte aus der Wahrscheinlichkeitsrechnung sollten allenfalls zur Darstellung einer Mathematischen Statistik herangezogen werden; das Volumen der Allgemeinen Statistik muß durch sie nicht zusätzlich aufgestockt werden. Mit diesem Standpunkt glaube ich, beim Studenten leichter eine Klarheit über den eigentlichen statistischen Gegenstand erzielen zu können.

Gut bewährt hat sich in der von mir zu verantwortenden Statistik-Grundausbildung die Pflicht eines jeden Studenten, einen sogenannten Jahresbeleg anzufertigen. Hier bestand für jeden Teilnehmer des Kurses – nach Anleitung – die Aufgabe, einen eigenen Datenkörper zu erstellen. Parallel zum jeweils in den Lehrveranstaltungen durchgenommenen Stoff waren diese Beobachtungsdaten (entweder für sich allein oder in 2er-Gruppen) durch die Studenten per Computer unter Zuhilfenahme von Standardsoftware auszuwerten.

Natürlich ist die erfolgreiche Aneignung des Gegenstandes der Allgemeinen Statistik nicht ohne Übungen möglich. Zur Unterstützung für alle Interessierten ist deshalb ein zweiter Band mit Übungs- und Schulungsaufgaben einschließlich deren Lösung gefolgt.

Eine – wie im vorliegenden Buch vorgenommene – fachliche Darstellung eines Lehrgegenstandes wird immer durch den praktischen Ausbildungsbetrieb (Vorlesungen, Übungen, Rechner-Praktika, Prüfungen) in der einen oder anderen Form "abgerieben". Bestimmte Teile – die dem Studenten in der Regel gewisse Schwierigkeiten bereiten – werden ausführlicher behandelt als solche, bei denen oft das Verständnis vorausgesetzt bzw. leicht herbeigeführt werden kann. Es ist dabei selbstverständlich, daß alle an der Lehre Beteiligten (also auch Assistenten *und* Studenten) zur Vervollkommnung der Darstellung beitragen. So bin ich vor allem den Herren Dr. rer. nat *Roland Engelmann* und Dr. oec. *Gunter Oeser* sowie meinem ehemaligen Forschungsstudenten Dr. oec. *Andreas Freytag*, welche im Verlaufe der Jahre den größten Teil der Übungen und Rechner-Praktika durchgeführt haben, zu großem Dank verpflichtet. Besonders Herr *Engelmann* hat auf weiten Strecken durch eigenständige Vorstellungen zur abgerundeten Fassung beigetragen.

Kollegen und Studenten der ungarischen JANUS-PANNONIUS-Universität Fünfkirchen (Pécs) – wo ich im Wintersemester 86/87 als Gastprofessor lehren durfte – haben mich oft gebeten, eine deutschsprachige Darstellung zur Allgemeinen Statistik zu verfassen. Mit dem vorliegenden Buch hoffe ich auch, die Arbeit vor allem der dortigen spezialisierten Studienrichtung "Ökonomie-Fachübersetzer" etwas unterstützen zu können.

Allen weiteren Lesern und Studenten aus dem deutschsprachigen Raum, die sich – aus welchen Gründen auch immer – für die Allgemeine Statistik interessieren, wünsche ich gutes Gelingen bei der erfolgreichen Stoffaneignung.

Frau Dipl. Ing. oec. *Simone Dahnke* danke ich für die sorgfältige Erstellung des Manuskripts.

In der zweiten Auflage finden Sie neben einem überarbeiteten Literaturverzeichnis einige Errata auf Seite 287.

Martin Böselt

Inhaltsangabe

1.0 Einführung und Motivation

Mit dem Wort "Statistik" ist kein einheitlicher Begriff verbunden. Die einen sprechen schon davon, wenn es um die Zusammenstellung von Informationen in verbaler oder Zahlenform geht. Die anderen halten das für elementares Sammeln und wollen erst dann den Begriff "Statistik" gebrauchen, wenn diese zusammengestellten Aufgaben nach irgendeiner Vorschrift ausgewertet werden.
Eine dritte Gruppe von Personen legt noch strengere Maßstäbe an und spricht erst dann von statistischen Auswertungen, wenn geklärt ist, inwiefern die Ausgangs-Angaben vollständig sind oder - wenn sie mehr oder weniger zufällig gesammelt wurden - ob ihre Auswahl nach bestimmten, allgemeingültigen Grundprinzipien erfolgte: Man würde dann von einer Stichprobenentnahme sprechen können.

Aus dieser Aufzählung von möglichen Herangehensweisen ist schon deutlich, wie wenig scharf der Sprachgebrauch in diesem Zusammenhang ist.

Deshalb wollen wir zunächst etwas zum Gegenstand unserer wissenschaftlichen Disziplin sagen.

1.1 Der Gegenstand der Statistik

Als Gegenstand der Statistik bezeichnen wir die **Bereitstellung, Prüfung, Erfassung und systematische Auswertung von massenhaft anfallenden Angaben.**

Dabei lohnt es sich, einiges über die historischen Quellen zusammenzutragen, denn ursprünglich ist die Statistik als Sammlung von Tatsachenmaterial aufgefaßt worden. Schon aus biblischen Überlieferungen sind uns die klassischen Volkszählungen bekannt, und es lassen sich sehr wohl im Schrifttum der alten Römer Aufstellungen finden, die z. B. den Import-Preis von ägyptischem Korn über Jahre hinweg widergeben.

Gewöhnlich haben Könige, Fürsten und andere Machthaber im Interesse der Erhaltung ihrer Macht die Stärke ihrer Truppen erhöhen wollen, wozu sie in der Regel Aufstellungen über den Gesundheitszustand ihrer rekrutierfähigen männlichen Erwachsenen anfertigen ließen.
Besonders dieser Sachverhalt legt eine interessante Deutung des Begriffs "Statistik"

nahe (vgl. [1]), nach der dieser Begriff aus dem alt-italienischen Wort

Statista = Staatsmann

abgeleitet sein könnte. Denn die Zusammenstellung von globalen Angaben über Land, Territorium, Leute, Besitz, Ernteerträge usw. ist letztlich ein Tatsachenmaterial, das für einen Staat und sein Wirtschaftsgefüge von Interesse ist.

Und so verwundert es nicht, wenn bzgl. der Angaben über eine Bevölkerung sich die Führenden zu interessieren begannen für Geburtshäufigkeiten, Todesursachen oder die mittlere Lebensdauer. Derartige Angaben findet man (nach [1]) bereits im Jahre 1666 in Form einer Volkszählung für Kanada und in Form von Todesursachensammlungen für die britische Hauptstadt London.

In Deutschland wurden Anfang des 18. Jahrhunderts schon Lehrveranstaltungen zur Statistik abgehalten. Allerdings dominierte damals noch die Auffassung von der allgemeinen Beschreibung über die Bevölkerung, den Staat, die Wirtschaft usw. So hielt SCHMEIZEL ab 1723 in Jena und Halle ein *collegium politico statisticum* als Vorlesung, und in der Mitte des gleichen Jahrhunderts gab SÜSSMILCH eine Publikation unter dem Titel "Die göttliche Ordnung in den Veränderungen des menschlichen Geschlechts" heraus, in der festgestellt wurde, daß Schlußfolgerungen aus statistischen Angaben Wahrscheinlichkeitscharakter tragen.

Mit dem Erstarken der kapitalistischen Warenproduktion rückten diese Sachverhalte immer mehr in den Mittelpunkt. Zuverlässige Kenntnisse über Märkte, Preise und Kapital-Renditen wurden zur existienziellen Notwendigkeit für einzelne Unternehmer und für aufstrebende Staaten. Wachsende Rivalitäten um die günstigsten Kapital-Verwertungssphären im internationalen Handel brachten den Ausbau eines ökonomischen Statistik- und Informationssystems einschließlich der entsprechenden Methoden mit sich. Gleichzeitig wurde mit Beginn des 19. Jahrhunderts von seiten der Mathematik der Begriff der Wahrscheinlichkeit geklärt und seine fachliche Anwendung in der Statistik befördert. Man kann Statistik somit auch als Methodenlehre zum Ziehen von Schlüssen aus Beobachtungsdaten auffassen.

Dieser historische Überblick zeigt vielleicht, daß ursprünglich alle statistischen Erhebungen Totalerfassungen waren. Mit dem ständigen Anwachsen des Bedarfs an Informationen und mit der Forderung, schnelle und billige Auswertungen durchzuführen, wuchs im Laufe der Zeit die Zahl derjenigen statistischen Untersuchungen, die eine zufällige Auswahl unter allen Beobachtungsdaten als Basis für ihre Analyse nahmen.
Diese Arbeit mit Stichproben gewinnt gegenwärtig immer mehr an Bedeutung, wobei

moderne Auswertemethoden durch die elektronische Rechentechnik unterstützt werden. Hauptanwendungsgebiete der Statistik, die uns interessieren, sind die

Statistische Qualitätskontrolle, sowie die
Betriebsanalyse

von Serien-, Großserien- und Massenproduktionen.

1.2 Statistische Grundbegriffe

Wir alle kennen Handlungsabläufe, die wiederholt stattfinden, wobei die geltenden Bedingungen näherungsweise die gleichen sind. Betrachten wir z. B.:

- die Einschulungsuntersuchungen von Kindern;
- die Produktion eines viel gebrauchten Konsumgutes (z. B. Streichhölzer);
- das Warten auf einen Bus durch Verkehrsteilnehmer;
- das Würfeln mit einem Spielwürfel usw.

Allen Abläufen ist gemeinsam, daß ihre Ergebnisse (das Körpergewicht der einzelnen Kinder, die Länge jedes Streichholzes, die Anzahl der Wartenden, die gewürfelte Augenzahl) *zufälligen* Charakter tragen. Außerdem wiederholen sich die Abläufe unter annähernd gleichen Bedingungen, ohne daß ihre *genauen* Ergebnisse vorausbestimmt werden können. Trotzdem liegen diesen Abläufen gewisse Regelmäßigkeiten zugrunde. Aus diesen Überlegungen heraus gelangen wir zur Begriffsbestimmung "Massenerscheinung":

Definition:

Massenerscheinungen sind
- Vorgänge in Natur und Gesellschaft, die unter bestimmten, näherungsweise gleichbleibenden Bedingungen sehr oft stattfinden, oder
- Objekte bzw. Individuen, die bestimmte Bedingungen erfüllen und in großer Anzahl auftreten.

Eng mit dem Begriff der Massenerscheinung verbunden ist die folgende

Definition.:

Als eine **Grundgesamtheit** bezeichnet man eine exakt (örtlich, zeitlich und sachlich) abgegrenzte Menge von Elementen bzw. Objekten oder Individuen, die hinsichtlich (mindestens) eines festgelegten Merkmals untersucht werden können.

Bemerkung:

Die als Grundgesamtheit bezeichnete Menge muß geeignet abgegrenzt sein, und zwar so, daß für jedes beliebig vorgegebene Element die Frage der Zugehörigkeit *eindeutig* entschieden werden kann.

Beispiele für Grundgesamtheiten sind:

- die Bevölkerung eines Staates, z. B. im Jahr 1989,
- alle Studenten einer Universität von 1985 - 1988,
- die polizeilich gemeldeten Autos in einer Stadt, z. B. im Januar 1970,
- die Körner der Weizen-Ähren eines zu erntenden Feldes,
- die Länge von Schrauben einer automatischen Schraubenproduktion usw.

In der Definition "Grundgesamtheit" tritt der Begriff "Merkmal" auf, den wir zusätzlich zu erläutern haben:

Def.: Eine beobachtbare bzw. meßbare qualitative oder quantitative Eigenschaft der Elemente einer Grundgesamtheit nennt man **Merkmal**..

Bem.: Auch qualitative Eigenschaften werden in der Statistik häufig durch Zahlen ausgedrückt. Beispielsweise kann man den Qualitätszustand eines kontrollierten Exemplars mit

intakt = 1 , oder
defekt = 0

beschreiben. Gleichermaßen lassen sich Alternativ-Antworten bei einer Bevölkerungsbefragung mit

JA = 1
NEIN = 0

darstellen.

Ein derartiges Merkmal nennt man in der Statistik auch "Alternativ-Merkmal".

Oft ist es nicht möglich, aber häufig auch gar nicht sinnvoll, alle Elemente einer Grundgesamtheit zu untersuchen. Das kann aus

a) wirtschaftlichen,
b) zeitlichen,
c) sachlichen

Gründen unmöglich sein.

So könnte es z. B. a) viel zu teuer werden, alle Telefonbesitzer einer Stadt anzurufen um zu fragen, ob sie zum gegenwärtigen Zeitpunkt gerade fernsehen oder nicht.
Es ist weiterhin b) zur Analyse des allgemeinen Gesundheitszustandes sehr kompliziert, alle Bürger eines Staates medizinisch untersuchen zu lassen, da diese Untersuchung eine bestimmte Zeitdauer in Anspruch nimmt, nur beschränkt viele Ärzte zur Verfügung stehen, zwischenzeitlich ältere Bürger absterben und Neugeborene hinzukommen usw.
Auch kann man z. B. c) bei der Gütekontrolle von Konserven nicht alle Büchsen öffnen, um den Inhalt zu prüfen: Der Schaden wäre größer als der Nutzen.

Deshalb ist es notwendig, Informationen über eine Grundgesamtheit durch die Untersuchung einer *vertretbaren Anzahl* von Elementen *aus dieser Grundgesamtheit* zu beschaffen:
Dabei ist zu beachten, daß die Aussagen über die Grundgesamtheit um so unsicherer werden, je weniger Elemente in die Untersuchung einbezogen wurden!

An dieser Stelle ist es vorteilhaft, den Begriff einer Stichprobe einzuführen:

Def.: Eine Zusammenstellung von n Elementen $E_1, \ldots, E_n$ der Grundgesamtheit heißt **Stichprobe vom Umfang n**; sie bildet meist eine Teilmenge der Grundgesamtheit (beim Ziehungsverfahren "Ziehen mit Zurücklegen" können aber auch bestimmte Elemente mehrfach in der Stichprobe auftreten. Dann ist die Stichprobe keine echte Teilmenge, sondern eine Zusammenstellung.).

Bem.: Das praktische Vorgehen bei der Zusammenstellung der Elemente nennt man **Ziehungsverfahren.**

Forderungen an das Ziehungsverfahren - damit die Stichprobe die Grundgesamtheit möglichst gut widerspiegelt - sind:

a) Die Möglichkeit, in die Stichprobe zu gelangen, muß für alle Elemente in der Grundgesamtheit gleich sein.
b) Das Verfahren der Zusammenstellung darf nicht von den Werten irgendwelcher Merkmale der Elemente abhängen.

Zur Verdeutlichung der von uns bisher geschilderten Zusammenhänge ist es nützlich, das folgende anschauliche Statistik-Grundmodell zu betrachten:

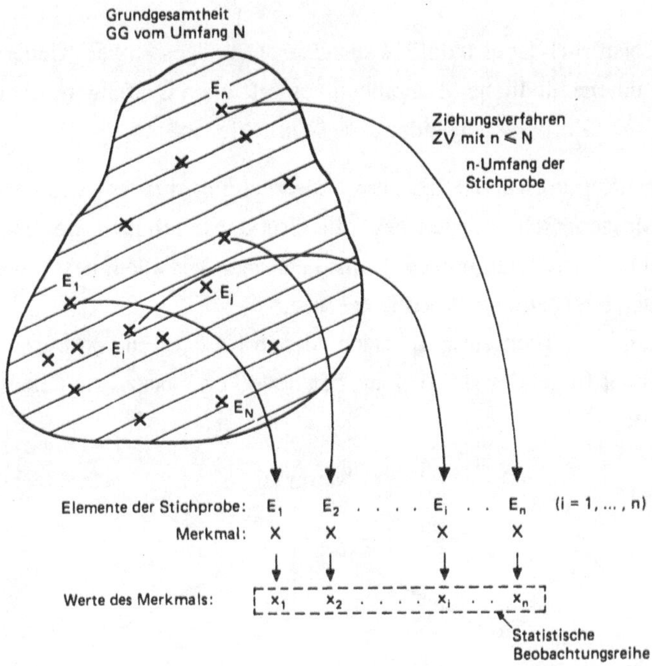

Zu diesem statistischen Grundmodell bemerken wir lediglich, daß das Element E_1 in der Grundgesamtheit im allgemeinen nicht identisch ist mit dem Element E_1 in der Stichprobe und daß - von der Aufgabenstellung her motiviert - die Ungleichung

$$0 \leq n/N \leq 1$$

gilt. Den Quotienten aus Stichprobenumfang n und Umfang der Grundgesamtheit N nennt man auch den "Stichprobenquotienten".

In der praktischen Statistik unterscheidet man gezogene Stichproben üblicherweise nach der Art des angewandten Ziehungsverfahrens. Wir wollen uns im Rahmen unserer Betrachtungen auf zwei Typen beschränken (für weitergehende Untersuchungen vgl. z. B. [7]):

1) Zufallstichproben
2) Systematische Stichproben.

Im ersten Fall erfolgt die Auswahl der Elemente rein zufällig, (wobei die Grundgesamtheit "gut durchmischt" sein muß). Im zweiten Fall trifft man die Auswahl auf der Basis eines gewissen Auswahlprinzips, wo man z. B. *ein* Element zufällig festlegt, um dann - falls alle Elemente in der Grundgesamtheit durchnummeriert sind - etwa jedes fünfte in die Stichprobe aufzunehmen.

Hinweis: Natürlich ist es möglich, aus *einer* Grundgesamtheit wiederholt *mehrere* unterschiedliche Stichproben vom gleichen Umfang n zu ziehen (entweder mit "Zurücklegen" oder ohne "Zurücklegen").

Für die Durchführung von statistischen Untersuchungen ist es - wie wir gesehen haben - nötig, die Massenerscheinungen bzw. die Grundgesamtheiten möglichst exakt örtlich, zeitlich und sachlich abzugrenzen. Dafür kann man vor allem bestimmte Merkmale der zu beobachtenden Elemente zu Hilfe nehmen.
Um eine mögliche Gliederung in verschiedenen Kategorien von Merkmalen zu besprechen, geben wir folgendes Beispiel aus der Bevölkerungsstatistik (Elemente: Erwachsene Personen):

Merkmal

zur Abgrenzung der Grundgesamtheit geeignet:

örtlich (Wohnort) | sachlich (Geschl.zugehörigk.) | zeitlich (Alter)

Merkmal mit begriffl. ausgeprägten Variationen (Beruf) | Merkmal mit zahlenmäß. ausgeprägten Variationen (Monatsbruttogehalt)

bei Erfassung u. Aufbereitg. dieses Merkmals zu beachten:

Merkmal mit häufb. Variat. (Person kann mehrere Berufe erlernt haben) | Merkmal mit nicht häufb. Variat. (Einsatzbereitsch., Fleiß, Gründlichkeit) | Merkmal mit kontinuierl. (z.B. Gesamteinnahmen eines Kellners, variiert im Pfennig-Bereich) | Merkmal mit diskontinuierl. (Monatsentgelt eines Wissenschaftlers, variiert in 10,-DM-Sprüngen)

Wendet man dieses Merkmal-Schema bei einer statistischen Erhebung an, dann ist zu beachten, daß jeweils an allen Elementen

a) das gleiche Merkmal
b) mit der gleichen Variation

zu beobachten ist.

1.3 Erfassung und Aufbereitung von Beobachtungswerten

Wir gehen aus (vgl. Statistisches Grundmodell im vorigen Punkt) von einer statistischen Beobachtungsreihe $x_1, \ldots, x_n$ des zahlenmäßigen Merkmals X. Diese Meßreihe wird in einer sog. Urliste erfaßt.

Bsp.: Unser Merkmal X ist die verkaufte Benzinmenge an 150 zufällig ausgewählten Tankstellen der Bundesrepublik im Juni 1991.

1.3.1 Die Urliste

Vereinbarung:

Eine Tabelle folgender Gestalt, in der die Meßwerte $x_1, \ldots, x_n$ erfaßt sind, heißt **Urliste:**

im Kopf: - Grundgesamtheit
- Ziehungsverfahren
- Merkmal

Verkaufte Benzinmenge an 150 zufällig ausgewählten Tankstellen der BR Deutschland im Juni 1991; Meßwerte gemessen in Tausend Liter						
i	x_i	i	x_i		i	x_i
1	221	31				
2	913	•				
•	•	•			•	
•	•	•			•	
•	•	•			•	
30	•	60			150	674

i = 1, 2, ..., 150 (fortlaufende Nummerierung der ausgewählten Tankstellen)

Hinweis:

Es ist auch möglich, in der Urliste für jedes Element in der Stichprobe die Werte (zahlenmäßigen Ausprägungen) *mehrerer* Merkmale zu notieren (z. B. verkaufte Mengen x_i - Normal, y_i - Super usw.).

In unserem Beispiel ist der Umfang der Meßreihe n gleich 150.

Wir definieren jetzt:

$x_{max} \underset{Df.}{=} \max_i \{x_1, \ldots, x_n\}$ - der größte Einzelwert
- (die größten Einzelwerte)

$x_{min} \underset{Df.}{=} \min_i \{x_1, \ldots, x_n\}$ - der kleinste Einzelwert
- (die kleinsten Einzelwerte) .

Mit Hilfe dieser Werte treffen wir die folgende

Def.: Die reelle Zahl

$$R \underset{Df.}{=} (x_{max} - x_{min})$$

heißt **Spannweite** (Variationsbreite) der gegebenen Meßreihe $x_1, \ldots, x_n$.

Bem.: Die Zahl R ist gleich der Länge des Intervalls

$$[x_{min} ; x_{max}] .$$

Aus der Urliste kann man für die weitere statistische Auswertung der Beobachtungsreihe zwei sog. Häufigkeitstabellen aufbauen:

a) die primäre Häufigkeitstabelle
b) die sekundäre Häufigkeitstabelle.

1.3.2 Die primäre Häufigkeitstabelle

Vereinbarung:

Eine Tabelle folgender Gestalt, deren Ausgangswerte aus einer Urliste stammen, heißt **primäre Häufigkeitstabelle**:

Meßwerte x_i geordnet in aufsteigender Folge [Maßeinh.]	Strichliste	Häufigkeit des Auftretens des Meßwertes
x_{min}	I	1
•	•	•
•	•	•
•	IIIII	5
•	•	•
•	•	•
x_{max}	II	2

Bem.:

- Die Aufstellung der primären Häufigkeitstabelle ist meist sehr mühselig, da man eine Ordnung zwischen den Meßwerten schaffen muß.
- Daher ist die Aufstellung einer primären Häufigkeitstabelle nur bei solchen Meßreihen sinnvoll, die wenige (maximal etwa 20) *verschiedene* Meßwerte enthalten.
- Aus diesem Grund empfiehlt es sich, für Meßreihen mit sehr vielen unterschiedlichen Werten (mehr als 20) die Aufstellung einer sekundären Häufigkeitstabelle vorzunehmen, in der die Einzelwerte nicht mehr explizit, sondern nach ihrer Zugehörigkeit zu bestimmten Klassen oder Gruppen (d. h. Zahlenintervallen) unterschieden werden.

1.3.3 Die sekundäre Häufigkeitstabelle

Vereinbarung :

Eine Tabelle der folgenden Gestalt heißt **sekundäre Häufigkeitstabelle:**

Lfd. Nr. m	Klassengrenzen [Dimension/ Maßeinheit]	Strichliste	Absolute Häufigkeit h_m	Relative Häufigkeit $f_m = \frac{h_m}{n}$	Relative Summenhäufigk. $F_m = \sum_{j=1}^{m} f_j$
1	$x_{u,1} \cdots x_{o,1}$	I	1		
2	$x_{u,2} \cdots x_{o,2}$	III	3		
•	•	•	•		
•	•	•	•		
•	•	IIIII II	7		
•	•	•	•		
•	•	•	•		
k	$x_{u,k} \cdots x_{o,k}$	II	2		1,00

Dabei ist n wieder der Umfang der Beobachtungsreihe und $k < n$ ist die Anzahl der in der sekundären Häufigkeitstabelle enthaltenen Klassen.

1.3.3.1 Beispiel und Bezeichnungen

Es seien die Lebensdauer-Stunden von 200 zufällig ausgesuchten Leuchtstoffröhren eines Typs, die in den Fertigungshallen eines Industrie-Betriebes installiert waren, registriert worden und daraus folgende absolute Häufigkeiten $h_1, \ldots, h_5$ bestimmt worden:

m	Grenzen $[h \cdot 10^3]$	Strichliste	h_m	$f_m \cdot 100\ \%$	$F_m \cdot 100\ \%$
1	0 … 4	IIII IIII	10	5,0	5,0
2	4 … 8	IIII IIII III usw.	80	40,0	45,0
3	8 … 12	IIII IIII IIII usw.	60	30,0	75,0
4	12 … 16	IIII IIII IIII usw.	40	20,0	95,0
5	16 … 20	IIII IIII	10	5,0	100,0
k = 5			200	100,0	

Die Beobachtungswerte x_i (i = 1, ..., 200) seien ganzzahlig, d. h. mit einer Erfassungsgenauigkeit EG = 1 (also: auf 1000 h gerundet) registriert worden.

In dieser Tabelle wurden folgende Bezeichnungen verwendet:

1. k - Anzahl der Klassen

2. Für m = 1, 2, ..., k setzen wir

   h_m - Anzahl der Einzelwerte der Meßreihe, die in der m-ten Klasse liegen; absolute Häufigkeit der m-ten Klasse

3. $f_m = \frac{h_m}{n} \cdot 100\,\%$; relative Häufigkeit der m-ten Klasse in Prozent

4. $F_m = \sum_{j=1}^{m} f_j \cdot 100\,\%$; relative Summenhäufigkeit bis einschließlich der m-ten Klasse (m = 1, 2, ..., k).

Hinweise:

- Statistische Beobachtungswerte, die in einer solchen sekundären Häufigkeitstabelle zusammengefaßt sind, nennt man auch *gruppierte Daten* .

- Die Anzahl der Striche in der Strichliste muß gleich n sein.

- Es muß offenbar gelten:

$$h_1 + h_2 + \ldots + h_k = \sum_{m=1}^{k} h_m = n$$

$$f_1 + f_2 + \ldots + f_k = \sum_{m=1}^{k} f_m = 100\,\% = F_k\,\%$$

mit

$$F_1 = f_1$$

$$F_2 = f_1 + f_2$$

•

•

•

$$F_k = f_1 + f_2 + \ldots + f_k = 100\,\% \quad .$$

5. $x_{u,m}$ - untere Grenze der **m**-tenKlasse
   $x_{o,m}$ - obere Grenze der **m**-ten Klasse

   Wir bezeichnen im Besonderen:

   $$x_u \underset{Df.}{\leq} x_{u,1} = \min_m \{x_{u,m}\}$$

   $$x_o \underset{Df.}{\geq} x_{o,k} = \max_m \{x_{o,m}\}$$

1.3.3.2 Bewährte Regeln zur Klasseneinteilung in der sekundären Häufigkeitstabelle

Um eine sekundäre Häufigkeitstabelle geeignet aus einer gegebenen Beobachtungsreihe aufzubauen ist es sinnvoll, nach bestimmten Regeln vorzugehen. Dabei ist eine schrittweise Abarbeitung vorteilhaft.

1. Schritt: Festlegung der Klassenzahl k (in Abhängigkeit von n).

Man wähle k so, daß die folgenden beiden Bedingungen erfüllt sind:

$$6 \leq k \leq 20 \text{ , und}$$

$$k \cong 5 \cdot \log_{10} n \quad \text{(ganzzahlig, eventuell runden)}$$

(Eine andere, unter dem Namen "Regel von STURGES" bekannte, empfohlene Vorschrift (vgl. [8]) ist:

$$k \cong 1 + 3{,}3 \cdot \log_{10} n \quad .$$

Sie führt zu Tabellen mit geringeren Klassenzahlen als bei der o. g. Vorschrift, und man kann sie dann verwenden, wenn mehr als 10 000 Werte vorliegen.)

Nachfolgend geben wir eine kurze Übersicht für bestimmte charakteristische Werte von n und die dazugehörigen Klassenzahlen:

n	50	100	500	1 000	10 000
k	8	10	13	15	20

Diese Art der Festlegung von k ist ein bewährter Kompromiß zwischen (den sich widersprechenden) Zielen:

a) hoher Informationsgehalt bzgl. der Ausgangswerte,
b) Übersichtlichkeit (maximal 1 Blatt Papier für 1 Tabelle).

2. Schritt: Festlegung der Klassenbreite d.

Man wähle d so, daß

1. d für alle Klassen gleich ist. Vor allem in statistischen Jahrbüchern kann man Häufigkeitstabellen finden, wo sinnvoll mit unterschiedlichen Klassenbreiten gearbeitet wird. Für unsere Zwecke reicht es aber aus, sich mit dem Fall konstanter Klassenbreiten zu begnügen.

2. d eine möglichst "runde" Zahl ist, und zwar ein ganzzahliges Vielfaches der Erfassungsgenauigkeit.

3. $k \cdot d > R$ erfüllt ist, damit das Intervall $x_{min}; x_{max}$ durch alle Klassen überdeckt wird.

4. $k \cdot d < R + d$ ist.

Im Zweifelsfall läßt sich als Kompromiß k im Nachhinein um ± 2 ändern, wenn es das Datenmaterial angeraten erscheinen läßt. Wir betonen an dieser Stelle noch einmal, daß es sich bei dem hier angegebenen Vorgehen um eine empfohlene Schrittfolge handelt, die nicht formal zur Erfüllung eines bestimmten Bedingungssystems führen soll, sondern mit dem Ziel vorgenommen wird, eine möglichst geeignete Gruppierung der Meßwerte zu finden.
Aus 3. und 4. erhält man mit

$$\frac{R}{k} < d < \frac{R}{(k-1)}$$

ein Intervall, aus dem sich in der Regel unter Berücksichtigung von 2. ein brauchbarer Wert für d entnehmen läßt.
Man wähle jedoch d nur so groß, daß man keine leeren Flügelklassen erhält (das sind die 1. bzw. die k-te Klasse).

3. Schritt: Festlegung der Klassengrenzen.

Es wird x_u derart festgelegt, daß

1. $x_u \leq x_{min}$ und $x_{max} \leq x_u + k \cdot d$

erfüllt sind.

Den Sachverhalt kann man sich leicht an folgendem Bild klarmachen, wobei mit x die Beobachtungswerte auf dem Zahlenstrahl eingetragen sind:

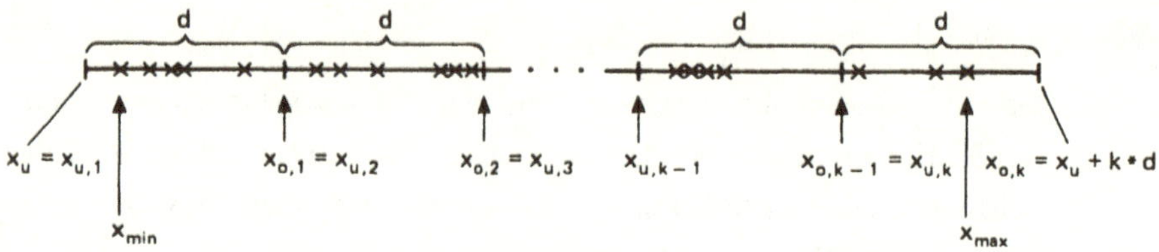

Def.: Die reelle Zahl

$$R_{Ü} \underset{Df.}{=} k \cdot d$$

nennt man **Überdeckungsspannweite** der Klasseneinteilung.

2. x_u **entweder** eine möglichst "runde" Zahl (und damit alle Klassengrenzen) ist. Das hat den Vorteil, daß man eine übersichtliche Klasseneinteilung erhält. Allerdings birgt das den Nachteil in sich, daß bestimmte Einzelwerte auch auf eine bzw. mehrere Klassengrenzen fallen können.

In einem solchen Fall ist eine zusätzliche Festlegung nötig um auszuschließen, daß derartige Beobachtungswerte gleichzeitig in zwei Klassen gezählt werden und dann am Ende die Anzahl der Striche in der Strichliste nicht gleich n ist.

Ein übliches Vorgehen ist hier die Arbeit mit sog. halb-offenen Intervallen, was man durch je eine runde und eine eckige Klammer kennzeichnet, etwa:

m	Klassengrenzen
1	[0 ; 10)
2	[10 ; 20)
3	[20 ; 30)

usw.

Ein weiterer Nachteil, wenn x_u einfach gleich der "bequemsten" runden Zahl gesetzt wird, ist das mögliche Auftreten eines systematischen Fehlers in den Näherungsformeln zur Berechnung von Kennwerten aus der sekundären Häufigkeitstabelle (vgl. 2.4).

oder x_u ist so zu wählen, daß von vorn herein keine Einzelwerte auf irgendwelche Klassengrenzen fallen können, z. B. indem x_u "eine Stelle feiner" als die Einzelwerte bestimmt wird und eine "5" als letzte Ziffer gewählt wird:

Bsp.: Die Meßreihe sei 4,3 ; 7,8 ; 8,2 usw. , d. h. EG = 0,1 ;
$x_u = 4{,}25$.

Hinweis:

In unserem Lehrbeispiel (Lebensdauer von Leuchtstoffröhren) haben wir bewußt die Empfehlung $k \cong 5 \cdot \log_{10} n$ verletzt, um unsere Tabelle anschaulicher zu gestalten.

1.3.4 Grafische Darstellungen der sekundären Häufigkeitstabelle

Wir betrachten dazu als erstes das sog. Balkendiagramm der absoluten Häufigkeiten (auch : Histogramm) und zwar bezogen auf unser Lehrbeispiel aus dem Unterpunkt 1.3.3.1. Dort wurde die Lebensdauer (in Th) von 200 Leuchtstoffröhren registriert. Wie verteilen sich nun die beobachteten Werte bzgl. der Überdeckungsspannweite $R_Ü$?

Dazu tragen wir auf der Abszisse die Klassen mit ihren Grenzen ein und zeichnen zusätzlich noch eine Hilfsabszisse, an der die Klassennummer m abgetragen wird.

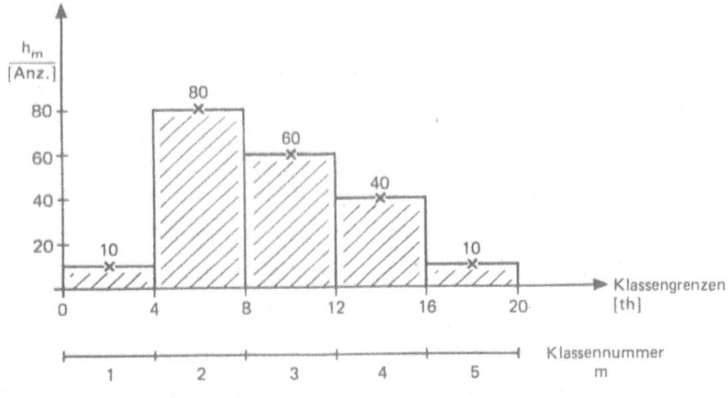

Auf der Ordinate tragen wir die absoluten Häufigkeiten h_m ab, die sich aus unserer Klasseneinteilung ergeben.

Aus Gründen, die uns später im 2. Kapitel (vgl. Unterpunkt 2.4) verständlich werden, müssen wir hier darauf achten, daß die h_m's jeweils *in der Mitte* der m-ten Klasse abzutragen sind. (Wir nehmen bei dieser Art von Darstellung nämlich stillschweigend an, daß *alle* Beobachtungswerte, die wir in eine Klasse eingeordnet haben, jeweils *gleich* dem mittleren Wert dieser Klasse sind, was natürlich gegenüber unseren konkret beobachteten Werten nur einer Näherung entspricht!)

Das Balkendiagramm der absoluten Häufigkeiten einer Beobachtungsreihe liefert auf den ersten Blick einen näherungsweisen Eindruck über die Verteilung aller registrierten Werte über dem betrachteten Bereich. So kann man z. B. bestimmte Asymmetrien erkennen, und man erkennt, ob gewisse Klassen sehr viel stärker besetzt sind als etwa ihre Nachbarklassen usw.
Mit der Verwendung moderner Rechentechnik - wo man solche Histogramme innerhalb von Sekunden erzeugt bekommt - lassen sich statistische Beobachtungsreihen in dieser Form sehr einfach, aber anschaulich darstellen.

Als nächste mögliche Darstellungsform betrachten wir das Diagramm der relativen Häufigkeiten f_m, wobei die Abszisseneinteilung die gleiche ist wie im vorangegangenen Fall.

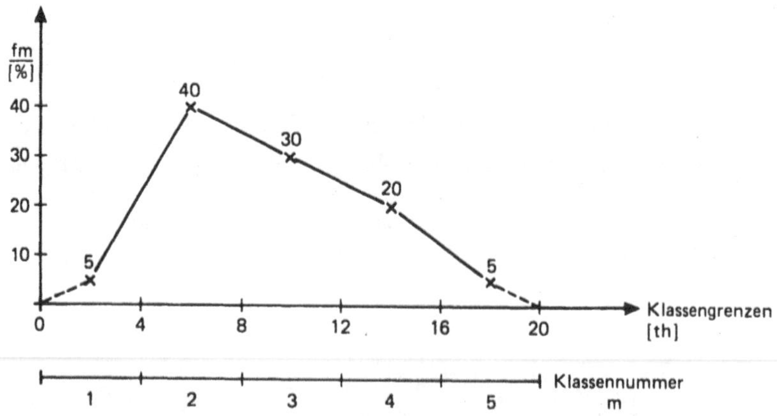

Auf der Ordinate tragen wir hier die Werte f_m der relativen Häufigkeiten ab, wobei wir wieder darauf zu achten haben (und zwar aus den gleichen Gründen wie im Falle des Histogramms), daß die Ordinatenwerte jeweils *in der Mitte* der Klassen abzutragen sind. Die einzelnen Werte kann man durch Geraden miteinander verbinden, sodaß ein Polygonzug entsteht. Da wir über die Verteilung der Beobachtungswerte zwischen der Mitte der ersten bzw. letzten und dem jeweiligen unteren bzw. oberen Rand der Überdeckungsspannweite nichts wissen, verlängern wir den Polygonzug entsprechend gestrichelt.

Aus dem Polygonzug der relativen Häufigkeit kann man - ähnlich wie im Fall des Balkendiagramms - einen visuellen Eindruck über die Verteilung der Beobachtungswerte gewinnen.

Schließlich wenden wir uns einer weiteren Möglichkeit zu, die Angaben aus der sekundären Häufigkeitstabelle grafisch darzustellen.

Das ist der Polygonzug der relativen Summenhäufigkeiten.

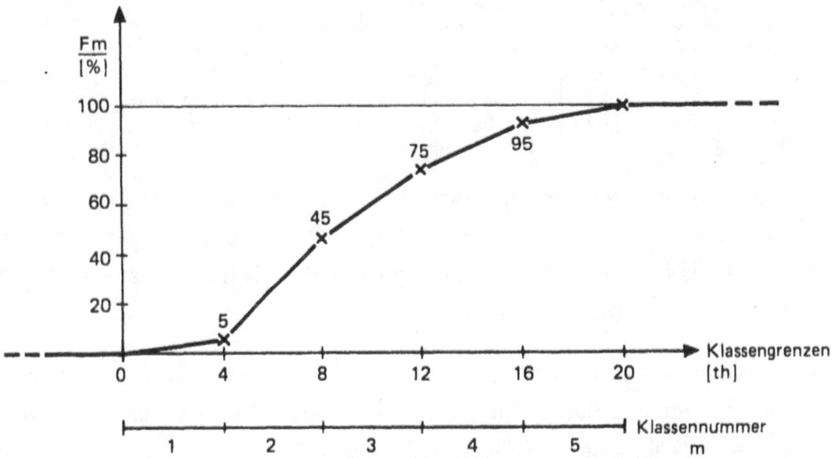

Auch hier ist die Abszisse gleichermaßen eingeteilt und beschriftet wie in den vorangegangenen beiden Darstellungen, und auf der Ordinate sind die relativen Summenhäufigkeiten in Prozent abzutragen.

In dieser Darstellung ist der Wert F_m über der *oberen* Klassengrenze der m-ten Klasse abzutragen und mit $x_u = x_{u,1} = 0{,}0$ % zu beginnen, denn lt. Definition ist ja F_m gleich dem Prozentanteil der Beobachtungswerte an der Gesamtzahl aller Werte, die bis *einschließlich* der m-ten Klasse liegen. Deshalb muß auch der Polygonzug über dem oberen Rand der letzten Klasse (spätestens) die Waagerechte $F_k = 100$ % erreichen.

Als eine betriebswirtschaftliche Anwendung zitieren wir eine durchgeführte Betriebsanalyse, in der die Verteilung von 211 Unternehmen hinsichtlich des Anteils der indirekten Kosten an den gesamten Produktionskosten in einem Abrechnungsjahr der Untersuchungsgegenstand war.

Klasse m	1	2	3	4	5	6	7	8	9	10
Anzahl der Unternehmen	0	18	22	60	39	25	16	12	10	9

; k = 10

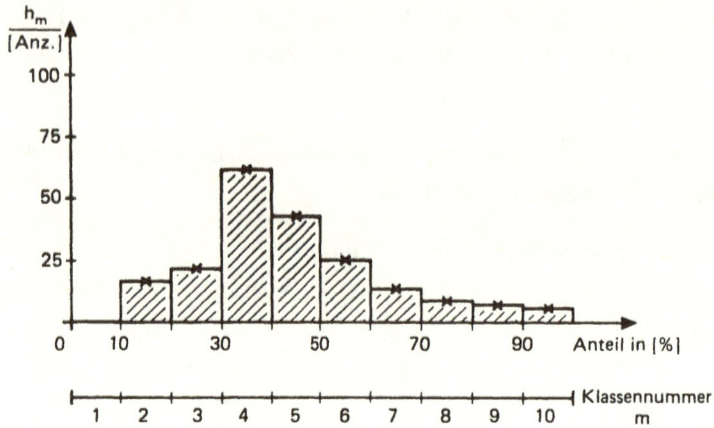

In diesem konkreten Untersuchungsfall wurde in der Darstellung entgegen der empfohlenen Schrittfolge beim Aufstellen einer sekundären Häufigkeitstabelle die Klassenzahl gleich 10 gewählt, da hier eine 10-er Einteilung zur praktischen Einschätzung der ökonomischen Situationen anschaulich und üblich ist.

Wir stellen abschließend zu dem Beispiel fest, daß die 1. Klasse bei dieser Einteilung "leer" ist, also kein einziger Beobachtungswert in sie hineinfällt. Man nennt eine solche Klasse - wie schon erwähnt - deshalb "leere Flügelklasse".
Es hängt vom Ziel der Interpretation im konkreten Fall ab, ob man eine solche Klasseneinteilung beibehält oder zu einer anderen Einteilung mit ausschließlich "besetzten" Klassen übergeht. In dem vorliegenden Anwendungsfall ist es schon eine vernünftige betriebswirtschaftliche Information, daß *keiner* der untersuchten 211 Betriebe weniger als 10 % indirekte Kosten im Abrechnungsjahr zu verbuchen hatte.

1.4 Die vollständige Beschriftung von statistischen Tabellen und Darstellungen

Um eine ordnungsgemäße Deutung dargestellter und berechneter statistischer Angaben zu ermöglichen, müssen alle wesentlichen Angaben über die Vorbereitung, Erfassung und Auswertung zur Verfügung stehen.
Wir geben jetzt einen Überblick, auf welche Informationen ein Nutzer dieser Ergebnisse Anspruch hat, damit er zu einer unverfälschten Verwendung der Resultate gelangen kann:

Am besten, man hält sich an die fünf "W":

1. **Was** (Was für ein Merkmal; örtlich, zeitlich, sachlich beschrieben)
2. **Wie** (Meß- bzw. Beobachtungsmethode, Erfassungsgenauigkeit)
3. **Wann** (zu welchem Zeitpunkt/Zeitraum erfolgt die Erfassung)
4. **Woher** (von wo stammen die Beobachtungen; Quellen; wer waren die Beobachter usw.)
5. **Wieviel** (Anzahl der Elemente in der Grundgesamtheit und in der Stichprobe)

zu 1. Zur Beschreibung des Merkmals lassen sich oft Gesetze, technische Vorschriften oder statistisch definierte Begriffe verwenden. Ein zitierfähiger Hinweis auf die betreffenden Unterlagen reicht oft aus.

zu 2. Dazu gehören in der Regel Angaben zum verwendeten Meßinstrument, die Angabe der Maßeinheit sowie Vereinbarungen bzgl. Rundungsgenauigkeiten, zur Behandlung von Ausreißerwerten usw. Welches Ziehungsverfahren wurde bei bei der Auswahl der Elemente benutzt?

zu 3. Diese Angaben sind deshalb wertvoll, weil mit ihnen der Nutzer aus seiner eigenen Sicht die zu diesem Zeitpunkt herrschenden allgemeinen Versuchsbedingungen in die Deutung der berechneten Ergebnisse einbeziehen kann.

zu 4. Speziell bei zitierfähigen Quellenangaben ist auf Vollständigkeit zu achten. Wenn die Beobachtungen von Personen erfaßt wurden, ist es z. B. wichtig zu wissen, ob es staatliche Beauftragte waren oder ob Unabhängige mit der Durchführung der Erfassung beauftragt wurden.

zu 5. Oft ist es unmöglich, die Anzahl der Elemente in der Grundgesamtheit genau anzugeben. In diesem Fall reicht es dann aus, die Zahl ungefähr abzuschätzen. Dabei sollte aus der Angabe hervorgehen, welche Zusatzinformationen zur Festlegung des Schätzwertes benutzt wurden.

Natürlich braucht man alle diese Angaben nicht unter jede Aufstellung oder Tabelle schreiben, die bei der Auswertung von statistischem Datenmaterial aufgestellt werden kann. Wenn man einmal in der Beschreibung der Untersuchungsbedingungen bei einer konkreten statistischen Erfassung alle fünf "W" 's beschrieben hat, dann reichen in allen Folge-Aufstellungen (z. B. Urliste, sekundäre Häufigkeitstabelle, Polygonzug der relativen Häufigkeiten usw.) auch Kurz-Beschriftungen.

1.5 Literatur

[1] *Adam, J.:*
Einführung in die medizinische Statistik; Berlin, Verlag Volk und Gesundheit, 1971, 3. Aufl.

[2] *Donda, A.; Herrde, E.; Kuhn, O.; Struck, R.:*
Statistik; Berlin, Verlag Die Wirtschaft, 1972

[3] *Dreyer, H.; Sauer, W.:*
Prozeßanalyse - Elementare stochastische Methoden; Berlin, Verlag Technik, 1982

[4] *Kobelt, H.:*
Wirtschaftsstatistik für Studium und Praxis; Baden-Baden, Verlag für Unternehmensführung, 1977

[5] *Rasch, D.; Enderlein, G.; Herrendörfer, G.:*
Biometrie; Berlin, Deutscher Verlag für Landwirtschaft, 1971, 3. Aufl.

[6] *Schindowski, E.; Schürz, O.:*
Statistische Qualitätskontrolle; Berlin, Verlag Technik, 1974, 4. Aufl.

[7] *Schwarz, H.:*
Stichprobenverfahren; Berlin, Verlag Die Wirtschaft, 1975

[8] *Stockton, J. R.; Clark, C. T.:*
Business and Economic Statistics; Cincinnati, South-Western Publ. Co., 1971, 4. Ed.

[9] *Storm, R.:*
Wahrscheinlichkeitsrechnung, Mathematische Statistik, Statistische Qualitätskontrolle; Leipzig, Fachbuchverlag, 1979, 7. Aufl.

[10] *Weber, G.:*
Grundriß der biologischen Statistik; Jena, Gustav-Fischer-Verlag, 1972, 7. Aufl.

2 Empirische Kennwerte statistischer Beobachtungsdaten

2.0 Einführung und Motivation

In diesem Kapitel führen wir Kennwerte ein, die zur kurzen und prägnanten Beschreibung einer statistischen Beobachtungsreihe geeignet sind. Man hat damit die Möglichkeit, eine Meßreihe mit Hilfe einer begrenzten Zahl von Kennwerten zu charakterisieren, zu kennzeichnen, und unter gewissen Umständen lassen sich auch bestimmte Kennwerte zum Vergleich *verschiedener* Beobachtungsreihen heranziehen (so z. B. der Variationskoeffizient, vgl. 2.2.5).

Was ist ein Kennwert?

Hier wollen wir darunter **eine Zahl** verstehen, die **eine (numerische) Information über eine endliche Anzahl von Merkmalswerten eines Merkmals** beinhaltet.

Als **empirischen Kennwert** bezeichnen wir dabei einen solchen Kennwert, der aus den Meßwerten z. B. des Merkmals X berechnet wurde von Elementen, die in einer Stichprobe gezogen wurden (empirisch: griechisch, "aus der Erfahrung gewonnen").
Als **theoretischen Kennwert** bezeichnen wir demgegenüber einen solchen Kennwert, der sich auf die Merkmalswerte z. B. des Merkmals X von *allen* Elementen der Grundgesamtheit bezieht.

Bemerkung:

> Allgemein sind die theoretischen Kennwerte eines Merkmals unbekannt, bzw. nur durch die aufwendige Totalauszählung und -berechnung numerisch zu ermitteln. Die unbekannten theoretischen Kennwerte eines Merkmals X können allgemein durch die zugehörigen empirischen Kennwerte geschätzt werden.

Von jetzt an wollen wir die beobachteten Merkmalswerte

$$x_1, x_2, ..., x_n$$

des Merkmals X als unsere Beobachtungsreihe betrachten, wobei die Merkmalsausprägungen reellwertig sein sollen und der Stichprobenumfang - wie vereinbart - gleich n ist.

2.1 Empirische Mittelwerte einer Beobachtungsreihe

Mit Hilfe der empirischen Mittelwerte beschreibt man das Niveau, die mittlere Größe der Werte von Beobachtungsreihen. Sie dienen damit als erste und einfachste Beschreibung von Meßreihen vermittels *einer* Kennzahl.
Selbstverständlich reicht i. a. in der Praxis diese eine empirische Kennzahl zur Beschreibung einer Beobachtungsreihe nicht aus. Deshalb werden wir uns auch in den Unterpunkten 2.2 und 2.3 noch mit weiteren empirischen Kennwerten, die zur Beschreibung von Meßreihen dienen, beschäftigen.

2.1.1 Der arithmetische Mittelwert

Wir beginnen mit dem sog. arithmetischen Mittelwert:

Def.:

Als arithmetischen Mittelwert der Beobachtungswerte $x_1, x_2, ..., x_n$ bezeichnet man die reelle Zahl

$$\bar{x} \underset{Df}{=} \frac{x_1 + x_2 + \ldots + x_n}{n}$$

also

$$\bar{x} = \frac{1}{n} \sum_{i=1}^{n} x_i$$

Wir betrachten gleich einige Eigenschaften dieser Zahl $\bar{x}$.

1. Die Summenerhaltungseigenschaft von $\bar{x}$.

Es gilt offenbar:

$$x_1 + x_2 + ... + x_n = \bar{x} + ... + \bar{x} \quad ; \quad \text{n-mal;}$$

denn es ist lt. Definition:

$$\sum_{i=1}^{n} x_i = n \cdot \bar{x} \quad .$$

Bem.: Die Summe der Meßwerte bleibt offenbar erhalten, wenn man *jeden* Meßwert durch den arithmetischen Mittelwert ersetzen würde.
Die Summe der x_i's ist zur Berechnung bestimmter anderer Kennwerte nützlich.

2. *Die Nulleigenschaft von $\bar{x}$.*

Diese Eigenschaft wird auch (aus Gründen, die wir gleich erkennen werden) manchmal als Schwerpunkteigenschaft bezeichnet.

Es gilt offenbar:

$$\sum_{i=1}^{n} (x_i - \bar{x}) = 0 \text{ ; d. h.}$$

$$\sum_{i:\, x_i \geq \bar{x}} (x_i - \bar{x}) + \sum_{i:\, x_i < \bar{x}} (x_i - \bar{x}) = 0$$

Bem.: Die Summe der Abweichungen der Meßwerte x_i von ihrem Mittelwert $\bar{x}$ "nach oben" und die Summe der Abweichungen "nach unten" sind betragsmäßig gleichgroß; sie heben sich gegenseitig auf.
Als Nachweis für die Richtigkeit der Behauptung kann man z. B. schreiben:

$$\sum_{i=1}^{n} (x_i - \bar{x}) = \sum_{i=1}^{n} x_i - \sum_{i=1}^{n} \bar{x} = \sum_{i=1}^{n} x_i - n \bullet \bar{x} = 0 \quad ,$$

wobei wir hier die Eigenschaft 1. der Summenerhaltung ausnutzen.

Bsp.: Gegeben sei die Meßreihe mit n = 4 Werten
6, 14, 8, 12.
$\bar{x} = 10$ ist der arithmetische Mittelwert dieser Beobachtungswerte, und die Nulleigenschaft überprüfend erhält man:

$$(6 - 10) + (14 - 10) + (8 - 10) + (12 - 10) = 0$$

$$-4 \quad + \quad 4 \quad + \quad (-2) \quad + \quad 2 \quad = 0 .$$

Um den Begriff "Schwerpunkteigenschaft" zu verdeutlichen, stellen wir uns eine Wippe vor, die an den Markierungspunkten 6, 8, 12, 14 mit jeweils einem Einheitsgewicht belastet ist:

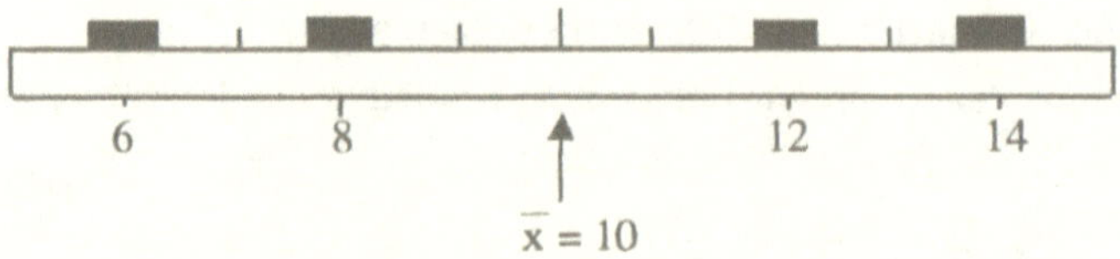

Die Frage nach dem arithmetischen Mittelwert ist hier äquivalent zur Suche nach dem Punkt, wo die Wippe unterstützt werden muß, damit sie sich im Gleichgewicht befindet. Findet die Unterstützung im Punkt $\bar{x} = 10$ statt, so ist die Wippe bei dieser Belastung "in Ruhe"; diesen Punkt erkennt man also als Schwerpunkt.

3. ***Die Minimumeigenschaft von $\bar{x}$ bzgl. der Abweichungsquadratsummen.***
Es gilt:

$$\sum_{i=1}^{n} (x_i - \bar{x})^2 = \min_z \left\{ \sum_{i=1}^{n} (x_i - z)^2 \right\}, \quad z \in R^1 .$$

Bem.: $\bar{x}$ ist also gerade die Zahl, welche so inmitten der Meßwerte $x_1, \ldots, x_n$ liegt, daß die Summe der Abweichungsquadrate von dieser Zahl $\bar{x}$ minimal ist. Diese wichtige Eigenschaft von $\bar{x}$ führte zu einer weit verbreiteten Anwendung einer Methode: Die Methode der kleinsten Quadratsummen (MKQ); (vgl. Kap. 7).

Die Eigenschaft 3. von $\bar{x}$ kann man folgendermaßen nachweisen: Wir nehmen für die Funktion Q die Differenzierbarkeit über R^1 an.

$$Q(z) = \sum_{i=1}^{n} (x_i - z)^2 \rightarrow \min , \quad z \in R^1$$

d. h. es möge die 1. Ableitung existieren:

$$\frac{dQ}{dz} = Q'(z) = -2 \sum_{i=1}^{n} (x_i - z) .$$

Durch Nullsetzen von $Q'(z) = 0$ (um stationäre Punkte zu finden) erhalten wir:

$$-2 \sum (x_i - z) = 0$$

$$\sum (x_i - z) = 0$$

$$\sum x_i - n \cdot z = 0 \quad \text{, und daraus}$$

$$z = \frac{1}{n}\sum_{i=1}^{n} x_i = \bar{x}$$

Das ist die einzige Lösung der 1. Ableitungsfunktion, d. h. es gibt nur einen einzigen stationären Punkt von Q(z). Um zu zeigen, daß es sich um eine Minimumstelle handelt, berechnen wir den Wert der 2. Ableitungsfunktion an dieser Stelle $z = \bar{x}$.
Das ergibt

$$\frac{d^2Q}{dz^2} = Q''(z) = (-2\,[\sum (x_i - n \cdot z)])' = 2 \cdot n > 0 \quad ,$$

woraus folgt, daß der einzige stationäre Punkt $z = \bar{x}$ einer Minimumstelle von Q(z) entspricht; er ist als einziger lokaler Extremwert gleichzeitig der globale Minimumwert von Q(z).

4. Die Ausreißerempfindlichkeit von $\bar{x}$.

Der arithmetische Mittelwert $\bar{x}$ ist (leider) empfindlich gegenüber Ausreißer-Werten in der Beobachtungsreihe. In diesem Zusammenhang bezeichnen wir einzelne, extrem große bzw. kleine (im Vergleich zu den anderen) Meßwerte, welche durch

- grobe Meßfehler
- falsche Erfassung oder
- außergewöhnliche Versuchsbedingungen.

entstanden sind, als *kritische Ausreißerwerte* .

Allerdings kann man unter Umständen die Ausreißerempfindlichkeit von $\bar{x}$ auch ausnutzen. Das ist z. B. möglich in dem Fall, wenn eine Beobachtungsreihe mit dem Umfang n schon bekannt ist (und damit auch ihr Mittelwert), und der (n+1)-te neue Beobachtungswert führte zu einer extremen Veränderung des neu berechneten Mittelwertes.

5. Die Berechnungsmöglichkeit von $\bar{x}$ durch empirische Zerlegung.

Man kann leicht einsehen, daß gilt

$$\bar{x} = z + \frac{1}{n}\sum_{i=1}^{n} (x_i - z) \quad ; \quad z \in R^1$$

wobei z irgendein angenommener reeller Wert sein soll, der " in der Nähe" von $\bar{x}$ liegen kann.

Betrachten wir dazu ein

Bsp.: Gegeben sei die Meßreihe

48,7 ; 49,2 ; 49,4 ,

und z sei gleich 49 angenommen.
Dann ist

$$\bar{x} = 49 + \frac{1}{3}(-0{,}3 + 0{,}2 + 0{,}4) = 49 + \frac{1}{3} \cdot \frac{3}{10} = 49{,}1 \quad .$$

Bem.:
- z kann man auch als angenommenen (provisorischen) Mittelwert $\bar{x}_a$ bezeichnen und

$$\frac{1}{n}\sum_{i=1}^{n}(x_i - \bar{x}_a)$$

als Korrekturglied.

- Falls zufällig $z = \bar{x}_a$ gleich $\bar{x}$ gewählt wurde, dann verschwindet natürlich das Korrekturglied (man vergleiche die Nulleigenschaft von $\bar{x}$ unter 2. in diesem Punkt).

2.1.2 Der Median (der Zentralwert)

Def.: Als **Median** (oder Zentralwert) der Merkmalswerte $x_1, x_2, \ldots, x_n$ in der Stichprobe bezeichnet man

$$\bar{x}_{Med} \underset{Df.}{=} \begin{cases} x^*_{\frac{n+1}{2}} & ; \text{ falls } n \text{ ungerade} \\ \frac{1}{2}(x^*_{\frac{n}{2}} + x^*_{\frac{n}{2}+1}) & ; \text{ falls } n \text{ gerade} \end{cases} ,$$

wobei

$x_1^* \leq x_2^* \leq \ldots \leq x_n^*$ die *geordnete* Folge der ursprünglichen Merkmalswerte $x_1, \ldots, x_n$ ist.

Zu dieser Definition betrachten wir die Beispiele:

(a) n ungerade (n = 5)

i	x_i
1	4
2	7
3	2
4	1
5	8

i	x_i^*
1	1
2	2
3	4
4	7
5	8

$\bar{x}_{Med} = x^*_{\frac{5+1}{2}} = x^*_3 = 4$ (zum Vergleich: $\bar{x} = \frac{22}{5} = 4{,}44$) .

(b) n gerade (n = 6)

i	x_i
1	4
2	7
3	2
4	1
5	8
6	17

i	x_i^*
1	1
2	2
3	4
4	7
5	8
6	17

$\bar{x}_{Med} = \frac{1}{2}(x^*_3 + x^*_4) = 5{,}5$ (zum Vergleich: $\bar{x} = 6{,}5$).

Bem.:

- Der Median einer Meßreihe ist also der Beobachtungswert, der "im Zentrum" der geordneten Folge der Beobachtungswerte liegt.
  Ist dieses Zentrum nicht eindeutig lokalisierbar (Fall: n = gerade), dann ergibt sich $\bar{x}_{Med}$ offenbar aus dem arithmetischen Mittelwert der *beiden* "im Zentrum" liegenden Beobachtungswerte der geordneten Meßreihe.

- Fast (bzw. genau) 50 % aller Werte einer Beobachtungsreihe sind kleiner als der Zentralwert $\bar{x}_{Med}$ dieser Beobachtungsreihe.

- Anwendungsvorteile des Zentralwertes bestehen darin, daß man ihn bei kurzen Meßreihen (z. B. n = 3 oder n = 5) besonders schnell ablesen kann, ohne irgendwelche Berechnungen ausführen zu müssen. Das ist z. B. in der Qualitätskontrolle, wo man u. U. eine Entscheidung bzgl. qualitätsgerechter Hersteller- oder Lieferprozesse anhand einer kleinen Stichprobe sehr *schnell* treffen muß, der Fall. Weiterhin besteht ein gewisser Vorteil bei der

Anwendung von $\overline{x}_{Med}$ darin, daß Ausreißer seinen Wert nicht bzw. nur in speziellen Fällen in geringem Umfang beeinflussen.

- Als ein gewisser Nachteil für seine Anwendung besteht die Tatsache, daß zu seiner Berechnung die Ordnung der Beobachtungswerte eine Voraussetzung ist. Das kann eine sehr langwierige Aufgabe sein, vor allem, wenn der Umfang der Beobachtungsreihe groß ist. (Deshalb ist für großes n die Berechnung von $\overline{x}_{Med}$ gegenüber $\overline{x}$ in einem Rechner-Programm auch zeitaufwendiger.)

2.1.3 Empirische Anfangsmomente

Def.: Als **empirisches Anfangsmoment k-ter Ordnung** ($k = 1, 2, \ldots$) der Beobachtungswerte $x_1, x_2, \ldots, x_n$ bezeichnet man die reelle Zahl

$$M_{Anf,k} \underset{Df.}{=} \frac{1}{n} \sum_{i=1}^{n} x_i^{(k)}$$

Bem.: - Wie man sieht, ist das empirische Anfangsmoment der Beobachtungsreihe $x_1, \ldots, x_n$ eigentlich nichts anderes als der arithmetische Mittelwert der k-ten Potenzen der Beobachtungswerte. Das erkennt man auch aus der ausführlichen Schreibweise:

$$M_{Anf,k} = \frac{x_1^{(k)} + x_2^{(k)} + \ldots + x_n^{(k)}}{n}$$

- Man beachte den Spezialfall, wenn $k = 1$ ist. Dann ist offenbar

$$M_{Anf,1} = \overline{x} .$$

Bsp.: Wir betrachten die Meßreihe aus unserem Wippenbeispiel aus dem Unterpunkt 2.1.1. Dort bestand ja die Meßreihe aus den Beobachtungswerten
$x_1 = 12, \;\; x_2 = 6, \;\; x_3 = 8, \;\; x_4 = 14$.
Wir erhalten also:

$$M_{Anf,1} = \frac{12 + 6 + 8 + 14}{4} = \frac{40}{4} = 10 \quad (\text{vgl. } \overline{x} = 10)$$

$$M_{Anf,2} = \frac{12^2 + 6^2 + 8^2 + 14^2}{4} = \frac{440}{4} = 110$$

$$M_{Anf,3} = \frac{12^3 + 6^3 + 8^3 + 14^3}{4} = \frac{5200}{4} = 1300$$

usw.

Wir werden später sehen (und zwar in dem Unterpunkt 2.3), daß man aus diesen empirischen Momenten (bzw. aus den verwandten Zentral-Momenten) weitere empirische Kennwerte berechnen kann, die zur Beschreibung von Beobachtungsreihen herangezogen werden können.

2.2 Empirische Kennwerte der "Schwankung" (Abweichungsmaße) einer Beobachtungsreihe

In diesem Unterpunkt behandeln wir einige empirische Kennwerte, die nicht - wie die Durchschnittswerte aus 2.1 - das mittlere Niveau einer Beobachtungsreihe $x_1, \ldots, x_n$ beschreiben, sondern welche eine Angabe über die *Variation* der Beobachtungswerte liefern. Wie wir sehen werden, wird bei den meisten Schwankungs-Kennwerten die Variation um den arithmetischen Mittelwert oder eine Funktion dieser Schwankungen als Maß für die Variationsverhältnisse in der Meßreihe benutzt.

2.2.1 Die Spannweite R (Variationsbreite)

Bereits im Unterpunkt 1.3.1 hatten wir diesen empirischen Kennwert eingeführt, da er uns beim Aufbau der sekundären Häufigkeitstabelle geholfen hatte, eine entsprechende Klasseneinteilung zu finden.

2.2.2 Das lineare Abweichungsmaß

Def.: Die reelle Zahl

$$s_{lin} \underset{Df.}{=} \frac{1}{n} \sum_{i=1}^{n} |x_i - \bar{x}|$$

bezeichnet man als das **lineare Abweichungsmaß** der Beobachtungsreihe $x_1, \ldots, x_n$.

Bem.:
- Bei diesem Abweichungsmaß handelt es sich um eine mittlere absolute Abweichung der einzelnen Beobachtungswerte $x_1, \ldots, x_n$ von ihrem arithmetischen Mittelwert $\bar{x}$.
- Man überzeugt sich leicht davon, daß der Wert von S_{lin} immer positiv bzw. nichtnegativ ist.

2.2.3 Die empirische Varianz und die empirische Standardabweichung

Def.: Die reelle Zahl

$$s^2 \underset{Df.}{=} \frac{1}{n-1} \sum_{i=1}^{n} (x_i - \bar{x})^2$$

bezeichnet man als **empirische Varianz**, und die relle Zahl

$$s = +\sqrt{s^2}$$

bezeichnet man als die **empirische Standardabweichung** der Beobachtungswerte $x_1, \ldots, x_n$.

Bem.:
- Wir setzen für die Bemerkung den Fall $n = N$ (also Totalerfassung in der Grundgesamtheit) voraus. Dann bezeichnet man mit σ^2 die *Varianz* des Merkmals X *in der Grundgesamtheit* und meint damit die mittlere quadratische Abweichung *aller* Merkmalswerte $x_1, \ldots, x_{n=N}$ von ihrem arithmetischen Mittel:

$$\sigma^2 = \frac{1}{N} \sum_{i=1}^{N} (x_i - \overline{x})^2 \quad ,$$

und entsprechend

$$\sigma = + \sqrt{\sigma^2} \quad .$$

- s und s_{lin} besitzen die gleiche Maßeinheit wie die Beobachtungswerte $x_1, \ldots, x_n$, und s^2 besitzt das Quadrat dieser Maßeinheit. Daraus folgt, daß zur Interpretation der Abweichungen natürlich die Standardabweichung und das lineare Abweichungsmaß einfacher ist als die der empirischen Varianz.

- Man kann sich leicht von der Gültigkeit der Ungleichungen

  $s^2 \geq 0$, $s \geq 0$, $s_{lin} \geq 0$ und $R \geq 0$

  überzeugen, wobei alle vier Abweichungsmaße verschwinden, falls auch nur eines von ihnen gleich Null ist, und in dem Fall gilt $x_1 = x_2 = \ldots = x_n$.

- s^2 und s sind also um so kleiner, je weniger unterschiedlich (d. h. je homogener) die absoluten Abweichungen der x_i's von $\overline{x}$ sind.
  Hierbei wollen wir noch gesondert darauf achten, daß bei s^2 durch das Quadrieren große absolute Abweichungen stärker ins Gewicht fallen als kleine. Dazu betrachten wir die Abweichungen zweier elementarer Beobachtungsreihen vom Umfang $n = 2$:

  a) homogene (gleiche) Abweichungen:

  1,5 r ; 1,5 r

  Hier ist die Summe der quadratischen Abweichungen gleich

  $$(1{,}5\,r)^2 + (1{,}5\,r)^2 = \frac{9}{2} r^2 \quad .$$

  b) inhomogene (ungleiche) Abweichungen:

  0 r ; 3 r

  Hier ist die Summe der quadratischen Abweichungen gleich

  $$(0\,r)^2 + (3\,r)^2 = 9\,r^2 \quad .$$

Man erkennt sofort, daß die quadratische Abweichungssumme im Fall b) größer ist, obwohl die addierten einfachen Abweichungssummen *in beiden* Beobachtungsreihen gleich sind.

Zur Interpretation der Abweichungsmaße, die wir bisher eingeführt haben, merken wir noch folgendes an:

Wenn wir für einen Moment mit σ_n^2 den arithmetischen Mittelwert der *quadratischen Abweichungen* der Merkmalswerte von X von ihrem Mittelwert in der Grundgesamtheit bezeichnen (also $\sigma_n^2 = \sigma_N^2$), und mit σ_n entsprechend einen speziellen Mittelwert der *einfachen Abweichungen* der Merkmalswerte X in der Grundgesamtheit von ihrem arithmetischen Mittelwert (also $\sigma_n=\sigma_N$), dann läßt sich die empirische Varianz s^2 als ein Schätzwert für $\sigma_n^2 = \sigma_N^2$ ansehen, der aus einer Stichprobe vom Umfang U(SP) = n ermittelt wurde. Gleiches gilt für s bzgl. $\sigma_n = \sigma_N$.

Es taucht nun die Frage auf, warum bei der empirischen Varianz s^2 der Faktor, mit dem die Summe multipliziert werden soll, gleich $\frac{1}{n-1}$ ist, und im Fall von σ_N^2 der Faktor gleich $\frac{1}{N} = \frac{1}{n}$ ist. Eine korrekte Antwort auf diese Frage wird im 3. Kapitel gegeben werden können. Hier geben wir eine mögliche Erklärung für diesen Sachverhalt, wobei wir uns die Minimumeigenschaft von $\bar{x}$ bzgl. der Abweichungsquadrate zunutzen machen (Eigenschaft 3 aus Unterpunkt 2.1):

Für $n < N$ gilt offenbar (zufällige Gleichheit ausgeschlossen!)

$$\bar{x}_n = \frac{x_1 + \ldots + x_n}{n} \neq \bar{x}_N = \frac{x_1 + \ldots + x_N}{N} ,$$

wobei wir mit $\bar{x}_n$ das Stichprobenmittel und mit $\bar{x}_N$ den Mittelwert aller Merkmalswerte von X in der Grundgesamtheit bezeichnen. Wegen der zitierten Eigenschaft gilt nun weiter

$$\sum_{i=1}^{n} (x_i - \bar{x}_n)^2 \leq \sum_{i=1}^{n} (x_i - \bar{x}_N)^2 ,$$

woraus ersichtlich ist, daß die Verwendung von $\frac{1}{n} \sum_{i=1}^{n} (x_i - \bar{x})^2$

immer auf zu kleine Werte als Schätzwerte für σ_N^2 führen würde.
Um diese generelle Unterschätzung "auszubügeln", multipliziert man die Summe

$$\sum_{i=1}^{n} (x_i - \overline{x}_n)^2$$

mit dem (etwas größeren) Faktor $\frac{1}{n-1}$.

Abschließend weisen wir noch auf eine vorteilhafte andere Schreibweise für die empirische Varianz hin.
Es gilt offenbar:

$$s^2 = \frac{1}{n-1} \sum (x_i - \overline{x})^2 = \frac{1}{n-1} \sum (x_i^2 - 2x_i \overline{x} + (\overline{x})^2) \quad ,$$

und das ist gleich

$$= \frac{1}{n-1} (\sum x_i^2 - 2 \overline{x} \sum x_i + \sum (\overline{x})^2)$$

$$= \frac{1}{n-1} (\sum x_i^2 - 2 \overline{x} n \overline{x} + n (\overline{x})^2)$$

$$s^2 = \frac{1}{n-1} (\sum x_i^2 - n (\overline{x})^2) \quad \text{, oder auch}$$

$$s^2 = \frac{1}{n-1} (\sum x_i^2 - \frac{1}{n} (\sum x_i)^2) \quad .$$

Die letzte Berechnungsvorschrift erweist sich vor allem dann von Vorteil, wenn man die Berechnung der empirischen Varianz per Hand auszuführen hat; wie man sieht, ist in ihr die Berechnung des arithmetischen Mittels $\overline{x}$ überflüssig.

Abschließend weisen wir noch auf den Zusammenhang

$$s^2 = \frac{n}{n-1} (M_{Anf,2} - (M_{Anf,1})^2)$$

hin, der analog zum wahrscheinlichkeitstheoretischen Zusammenhang ("Verschiebungssatz")

$$\mathrm{Var}(X) = E(X^2) - (E(X))^2$$

leicht nachgewiesen werden kann. Das ist eine Aufgabe zur Übung.

2.2.4 Die empirische Varianz von Alternativmerkmalen

Bei der Berechnung der empirischen Varianz von Alternativmerkmalen ergeben sich einige Vereinfachungen, die wir in diesem Unterpunkt besprechen wollen.

Gegeben seien folgende Mengen

$$C_1 = \{1, 1, \ldots, 1\} \qquad n_1\text{-mal eine "Eins"}$$

$$C_0 = \{0, 0, \ldots, 0\} \qquad n_0\text{-mal eine "Null"} \quad ,$$

wobei wir C_0 als Menge der "nicht erfolgreichen" Realisierungen des Alternativmerkmals X_{alt} und C_1 als die Menge der "erfolgreichen" Realisierungen betrachten wollen, wenn wir insgesamt $n = n_1 + n_0$ Merkmalswerte von X_{alt} betrachten.
Es ist klar, daß $x_i \in C$ ist, wenn man $C = C_0 \cup C_1$ als die Menge aller n Realisierungen betrachtet.

In diesem speziellen Fall ist der Mittelwert $\bar{x}$ erklärt als

$$\bar{x} = \frac{1}{n} \sum x_i = \frac{\text{Anzahl der "Einsen"}}{n} \quad ,$$

was dem Anteil der "erfolgreichen" Realisierungen an deren Gesamtzahl entspricht; bezeichnen wir diesen mit p (Proportion):

$$p = \bar{x}_{alt} = \frac{1}{n} \sum_{i=1}^{n} x_i \quad .$$

Natürlich gilt für p:

$$0 \leq p \leq 1 \quad \text{, und außerdem ist offenbar} \quad 0^2 = 0 \quad \text{sowie} \quad 1^2 = 1 \quad ,$$

womit wir schreiben können (unter Zuhilfenahme der Summenerhaltungseigenschaft von $\bar{x}$):

$$\sum x_i^2 = \sum x_i = n \bullet p \; (= n \bullet \bar{x}_{alt}) \quad .$$

Nun ist die empirische Varianz gleich

$$s^2 = \frac{1}{n-1} \sum (x_i - \bar{x})^2 = \frac{1}{n-1} \left(\sum x_i^2 - \frac{1}{n} (\sum x_i)^2\right) \quad ,$$

woraus wir erhalten

$$= \frac{1}{n-1} \left(n \bullet p - \frac{1}{n} (n \bullet p)^2 \right)$$

$$= \frac{1}{n-1} (n \bullet p - n \bullet p^2) = \frac{1}{n-1} \bullet n (p \bullet (1-p))$$

$$s^2_{alt} = \frac{n}{n-1} (p (1-p)) \quad .$$

Bem.: - Wegen $\lim\limits_{n\to\infty} \frac{n}{n-1} = 1$ kann man für hinreichend großes n also schreiben:

$$s_{alt}^2 \approx p \cdot (1-p) \; .$$

- Setzt man $q = (1-p)$; $0 \le q \le 1$ und betrachtet die Funktion

$$f(p,q) = p \cdot q$$

unter der Nebenbedingung $p + q = 1$, so liegt ihre einzige Maximalstelle offenbar bei

$$p = q = \frac{1}{2} \quad ; \text{d. h. } f_{max}(p,q) = \frac{1}{4} \quad ,$$

was auch aus der folgenden grafischen Darstellung ersichtlich ist:

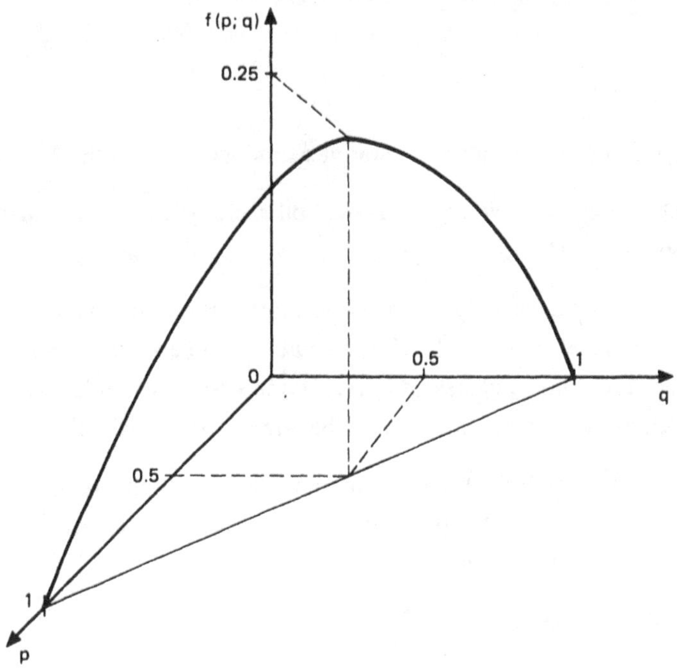

Aus dem Gesagten folgt, daß die empirische Varianz von Alternativmerkmalen (falls n unbeschränkt wächst) maximal gleich 1/4 ist.

2.2.5 Der empirische Variationskoeffinzient

In diesem Unterpunkt betrachten wir das Verhältnis der Standardabweichung einer Beobachtungsreihe mit reellwertigen Angaben zu deren arithmetischem Mittelwert.

Def.: Die reelle Zahl

$$v \underset{Df.}{=} \frac{s}{\overline{x}}$$

nennt man den **empirischen Variationskoeffizienten** einer Meßreihe mit reellen Beobachtungswerten des Merkmals X.

Bem.:
- Oft wird der prozentuale Wert des Variationskoeffizienten

  $$\frac{s}{\overline{x}} \cdot 100\,\%$$

  verwendet.
- v läßt sich deuten als eine **relative Standardabweichung** bezogen auf $\overline{x}$.
- Die Berechnung von v ist nur sinnvoll, wenn alle $x_1, \ldots, x_n$ das gleiche Vorzeichen haben.
- Die Variationskoeffizienten zweier (unterschiedlich dimensionierter) Beobachtungsreihen (z. B. das Körpergewicht von Personen, gemessen in kg und die Körperhöhe, gemessen in cm) lassen sich zum Vergleich der relativen Schwankungsverhältnisse direkt benutzen, da sie beide dimensionslos sind.

Um den Unterschied zwischen dem absoluten Wert der Standardabweichungen von zwei verschiedenen Beobachtungsreihen und den relativen Standardabweichungen zu verdeutlichen, betrachten wir ein

Bsp.: X - Zwillingsgeburten (Anzahl)
Y - Drillingsgeburten (Anzahl)

} in einer Region von Deutschland innerhalb eines Kalenderjahres

	i	x_i	y_i
1988	1	2010	20
1989	2	2000	10
1990	3	1990	30

Wir gehen zu folgenden Arbeitstabellen über:

	i	x_i	$(x_i - \bar{x})^2$
1988	1	2010	100
1989	2	2000	0
1990	3	1990	100
Σ		6000	200
$\bar{x}$		2000	

i	y_i	$(y_i - \bar{y})^2$
1	20	0
2	10	100
3	30	100
Σ	60	200
$\bar{y}$	20	

$$s^2_x = \frac{1}{n-1} \Sigma (x_i - \bar{x})^2 = \frac{1}{2} \cdot 200$$

$$s_x = 10$$

$$v_x = \frac{s_x}{\bar{x}} \cdot 100\,\% = \frac{10}{2000} \cdot 100\,\% = \underline{0{,}5\,\%}$$

$$s^2_y = \frac{1}{n-1} \Sigma (y_i - \bar{y})^2 = \frac{1}{2} \cdot 200$$

$$s_y = 10$$

$$v_y = \frac{s_y}{\bar{y}} \cdot 100\,\% = \frac{10}{20} \cdot 100\,\% = \underline{50\,\%}$$

Hieraus erkennt man, daß, obwohl die Werte der Schwankungskennziffer der absoluten Standardabweichungen in beiden Beobachtungsreihen (vom Umfang $n = 3$) gleich sind, die relative Schwankung der Beobachtungswerte in der Reihe von Drillingsgeburten um zwei Zehnerpotenzen größer ist als im Fall der Zwillingsgeburten!

Man sieht, daß es riskant ist, die Schwankungsverhältnisse zweier verschiedener Beobachtungsreihen direkt miteinander zu vergleichen; besser ist der Übergang zum relativen Schwankungskennwert v.

2.2.6 Empirische Zentralmomente

Def.: Für $k = 1, 2, 3, \ldots$ bezeichnet man die reelle Zahl

$$M_{zen,k} \underset{Df.}{=} \frac{1}{n} \sum_{i=1}^{n} (x_i - \bar{x})^k$$

als **empirisches Zentralmoment k-ter Ordnung.**

Bem.:
- Der Wert des Zentralmomentes k-ter Ordnung einer Meßreihe $x_1, \ldots, x_n$ ist offenbar gleich dem arithmetischen Mittelwert der k-ten Potenzen der Abweichungen der Beobachtungswerte x_i von ihrem Mittel $\bar{x}$.
- Im Falle einer Totalerfassung ($n = N$) ist für $k = 2$ die mittlere quadratische Abweichung als Zentralmoment 2. Ordnung gleich der Varianz des Merkmals X in der Grundgesamtheit

$$\sigma^2 = \frac{1}{N} \sum_{i=1}^{N} (x_i - \bar{x})^2 \quad .$$

- Wir betrachten noch zwei weitere interessante Spezialfälle:

a) Das Zentralmoment 1. Ordnung ist immer gleich Null, denn es ist

$$M_{zen,1} = \frac{1}{n} \sum_{i=1}^{n} (x_i - \bar{x})^1 = 0 \quad ,$$

wegen der bekannten Null-Eigenschaft des arithmetischen Mittels $\bar{x}$. (vgl. 2.1.1)

b) Wir betrachten den Zusammenhang zwischen dem empirischen Zentralmoment 2. Ordnung ($n < N$) und der empirischen Varianz des Merkmals X und erhalten

$$M_{zen,2} = \frac{1}{n} \sum_{i=1}^{n} (x_i - \bar{x})^2 = \frac{n-1}{n} s_x^2 \quad ,$$

wenn man für s_x^2 die definierte Größe

$$\frac{1}{n-1} \sum_{i=1}^{n} (x_i - \bar{x})^2$$

einsetzt.

Das empirische Zentralmoment 2. Ordnung ist also (für endliche n) immer "etwas kleiner" als die zugehörige empirische Varianz!

Wir werden auf diese Tatsache noch einmal im 3. Kapitel über Schätzungen zurückkommen.

- Abschließend bemerken wir, daß zur Berechnung einer Reihe von weiteren empirischen Kennwerten (z. B. Schiefe und Exzeß) gewisse Funktionen der empirischen Momente k-ter Ordnung verwendet werden. Dazu dienen die Ausführungen im nächsten Punkt.

2.3 Empirische Kennwerte und Begriffe für das "äußere Bild" einer Häufigkeitsverteilung

In diesem Punkt wollen wir zunächst sagen, was wir unter einer Häufigkeitsverteilung verstehen wollen:

> Die Verteilung der absoluten bzw. relativen Häufigkeiten h_m bzw. f_m über den $m = 1, 2, \ldots, k$ Klassen einer sekundären Häufigkeitstabelle bzw. deren grafische Darstellung bezeichnet man als **empirische Häufigkeitsverteilung** der Beobachtungswerte des Merkmals X.

2.3.1 Eingipfligkeit, Mehrgipfligkeit empirischer Häufigkeitsverteilungen

Um diese Begriffe möglichst bequem und ohne Definition einführen zu können, betrachten wir ein Beispiel.

Beobachtet seien die Werte der industriellen Warenproduktion in Mio DM von n Betrieben eines Industriezweiges innerhalb eines Abrechnungszeitraumes. Die Grundgesamtheit besteht hier aus allen Betrieben dieses Industriezweiges innerhalb der betrachteten Volkswirtschaft.

X - Produzierte Warenmenge [Mio DM]

n - Anzahl der betrachteten Betriebe

Die n Beobachtungswerte seien über 10 Klassen verteilt nach folgender Häufigkeitsverteilung der h_m:

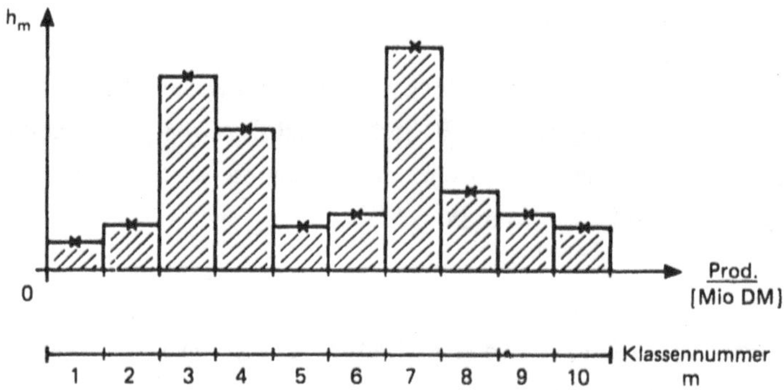

Aus praktischen Gründen der Anschauung ist es sicher gerechtfertigt, in diesem speziellen Fall von einer "zweigipfligen" Häufigkeitsverteilung zu sprechen. Die 3. und 7. Klasse nennt man dann aus naheliegenden Gründen die "Gipfelklassen".

Eine praktische Schlußfolgerung aus einem solchen Sachverhalt könnte darin bestehen, daß es im betreffenden Abrechnungszeitraum vermutlich zwei Hauptgruppen von Betrieben gegeben haben muß (Zuliefer- und Finalproduzenten (?)) mit stark unterschiedlichen Mengen-Ergebnissen.

In der statistischen Praxis ist es ein offenes Problem, ein möglichst sicheres Unterscheidungskriterium zwischen "echten" Gipfeln, d. h. solchen, die in der Grundgesamtheit tatsächlich vorliegen und solchen, die nur zufällig durch die gezogene Stichprobe erscheinen, zu verwenden.

Die Behandlung dieser Thematik geht aber über diesen Grundkurs zur Allgemeinen Statistik hinaus.

2.3.2 Empirische Modalwerte

Im statistischen Sprachgebrauch sind hierfür auch die Begriffe "Dichtemittel" oder "Modus" in häufiger Verwendung. Weshalb das so ist, geht sofort aus der Begriffsbestimmung hervor:

Def.: Als **Modalwert** $\overline{x}_{Mod}$ einer Beobachtungsreihe $x_1, \ldots, x_n$ bezeichnet man den Beobachtungswert (bzw. die Werte), der (die) in der primären Häufigkeitstabelle mit **maximaler Häufigkeit** auftritt (bzw. auftreten).
Analog dazu bezeichnet man in der dazugehörigen sekundären Häufigkeitstabelle die Klasse(n) mit der (den) **maximalen absoluten** Häufigkeit(en) als **Modalklasse(n)**. Den Mittelwert der Modalklasse bezeichnet man in der Praxis auch als den **rohen Modalwert** der Beobachtungsreihe $x_1, \ldots, x_n$.

Bem.:
- Eingipflige empirische Häufigkeitsverteilungen bezeichnet man - entsprechend dem bisher Gesagten - auch als **unimodal**.
- Bei eingepfligen Häufigkeitsverteilungen wird $\overline{x}_{Mod}$ auch zu den Mittelwerten (Dichtemittel) gezählt; man hätte diesen Mittelwert also auch unter 2.1 einführen können.
- Bei mehrgipfligen Verteilungen ist die Angabe der lokalen $\overline{x}_{Mod}$'s i. a. aussagefähiger als $\overline{x}$.
  (Beispiel: Angabe der durchschnittlichen Schuhgröße von Erwachsenen; offensichtlich arbeitet man mit den beiden $\overline{x}_{Mod,weibl.}$ und $\overline{x}_{Mod,männl.}$ sinnvoller als mit $\overline{x}$!)
- $\overline{x}_{Mod}$ ist als Mittelwert nahezu unempfindlich gegenüber einzelnen statistischen Ausreißerwerten.
- In unserem jetzigen Sprachgebrauch lassen sich die beiden Gipfelklassen des Beispiels aus dem vorigen Punkt auch als Modalklassen bezeichnen.

2.3.3 Symmetrie empirischer Häufigkeitsverteilungen

Def.: Eine Häufigkeitsverteilung wird **näherungsweise symmetrisch** genannt, wenn ihr Balkendiagramm der sekundären Häufigkeitstabelle näherungsweise symmetrisch ist.

Bem.: Im Fall von empirischen Beobachtungsdaten haben exakte Symmetriebetrachtungen wenig Sinn, da die Hinzunahme/Abtrennung auch nur eines (nicht verschwindenden) Beobachtungswertes eine exakte Symmetrie in eine Asymmetrie überführen würde. Aus diesem Grunde ist es sinnvoller, ein empirisches Maß für die Schiefe (als Ausdruck der Asymmetrie) zu verwenden.

2.3.4 Die Schiefe einer empirischen Häufigkeitsverteilung

Def.: Die relle Zahl

$$\text{Sch} \underset{Df.}{=} \frac{M_{zen,3}}{M_{zen,2} \cdot +\sqrt{M_{zen,2}}}$$

nennt man **empirische Schiefe** der Beobachtungsreihe $x_1, \ldots, x_n$.

Bem.: - Verwendet man im Nenner der Definitionsgleichung der Schiefe die Schreibweise $(M_{zen,2})^{3/2}$, und geht man über zur expliziten Form

$$\text{Sch}\,(x_1, \ldots, x_n) = \frac{\frac{1}{n} \sum (x_i - \bar{x})^3}{\left(\frac{1}{n} \sum (x_i - \bar{x})^2\right)^{3/2}} ,$$

dann läßt sich die Schiefe deuten als Quotient zwischen der mittleren kubischen Abweichung der x_i's von $\bar{x}$ und der 1,5-fachen Potenz der mittleren quadratischen Abweichungen.

- Man beachte, daß der Nenner in dem Quotienten i. a. immer positiv ist, wohingegen der Zähler beide Vorzeichen annehmen und auch verschwinden kann.

Zur Diskussion der Begriffe links-steil und rechts-schief betrachten wir die folgende Häufigkeitsverteilung:

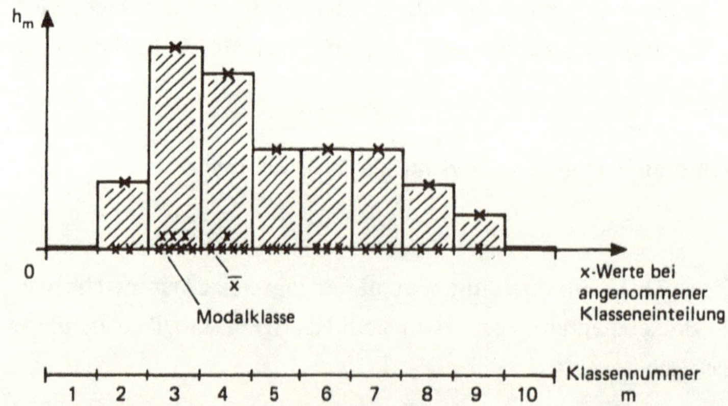

Hier ist offenbar Sch > 0 ; man spricht in diesem Fall von einer **positiven Schiefe**, oder man sagt auch, die eingipflige Häufigkeitsverteilung ist **linkssteil**.

Die Begründung für diese Interpretation ist folgende:

a) In dem Ausdruck $\frac{1}{n} \sum (x_i - \bar{x})^3$

werden große Abweichungen stärker berücksichtigt als kleine, natürlich wegen der 3. Potenz.

b) Liegt x_i "rechts" von $\bar{x}$, so ist $(x_i - \bar{x})^3 > 0$.
Liegt x_i "links" von $\bar{x}$, so ist $(x_i - \bar{x})^3 < 0$.
Liegen also sehr viel mehr Beobachtungswerte weiter "rechts" von $\bar{x}$ als andere "links" davon, ergibt sich eine positive Schiefe.

2.3.5 Der Exzeß einer empirischen Häufigkeitsverteilung

Def.: Die reelle Zahl

$$\mathrm{Exz} \underset{Df.}{=} \frac{M_{zen,4}}{(M_{zen,2})^2} - 3$$

nennt man den **empirischen Exzeß** der Beobachtungsreihe $x_1, \ldots, x_n$.

Bem.: - Eine eingipflige, symmetrische Häufigkeitsverteilung, die "spitzer als die zentrierte Gauß'sche Normal-Glockenkurve" ist, heißt **positiv exzessiv**:

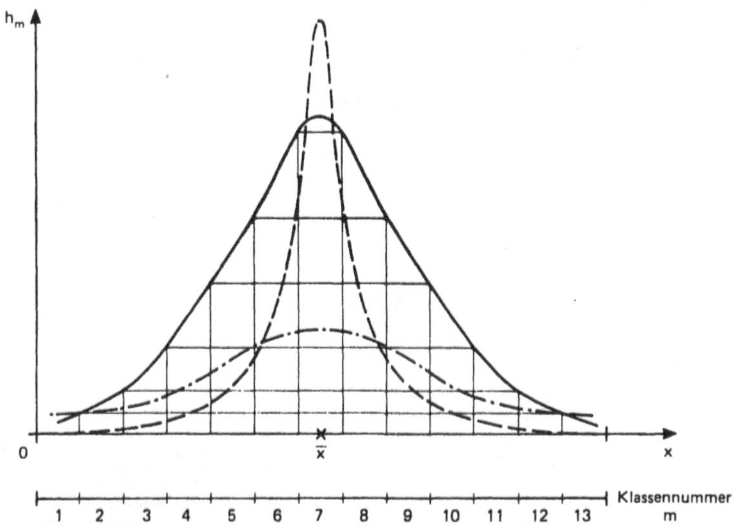

(*zentriert* heißt hier: geeignete Verschiebung des Nullpunktes im Argumentbereich in $\bar{x}$.)
d. h. es treten in der konkret beobachteten Meßreihe *mehr* Werte in der unmittelbaren Umgebung von $\bar{x}$ auf als normal. Die empirische Häufigkeitsverteilung nennt man dann auch *überspitz* .

- Eine eingipflige, symmetrische Häufigkeitsverteilung heißt **negativ exzessiv** für den umgekehrten Fall, d. h. wenn in der konkret beobachteten Meßreihe *weniger* Werte in der unmittelbaren Umgebung von $\bar{x}$ als normal liegen. Man spricht dann in der Praxis auch von einer *abgeplatteten* empirischen Häufigkeitsverteilung.

- Wir erwähnen abschließend, daß man für den Übergang von einer eingipfligen, symmetrischen Häufigkeitsverteilung zur standardisierten Gauß'schen Normalverteilungsdichtefunktion zeigen kann, daß dort sowohl der theoretische Parameter der Schiefe als auch jener des Exzeß verschwinden.

Abschließend diskutieren wir noch bestimmte Zusammenhänge zwischen $\bar{x}$, $\bar{x}_{Med}$ und $\bar{x}_{Mod}$. Es läßt sich zeigen, daß im Falle einer eingipfligen, symmetrischen Häufigkeitsverteilung alle drei Mittelwerte gleich sind:

$$\bar{x} = \bar{x}_{Med} = \bar{x}_{Mod} \quad .$$

Handelt es sich jedoch um eine eingipflige, aber unsymmetrische Verteilung, dann "verlagert" sich $\bar{x}$ gegenüber $\bar{x}_{Mod}$, wobei das Dichtemittel natürlich an der Stelle mit der maximalen Häufigkeit liegt. Die Richtung, in die sich $\bar{x}$ verschiebt, ist das "Tal" der Verteilung. Der Median $\bar{x}_{Med}$ "verbleibt" zwischen den beiden anderen Mittelwerten, und es gilt näherungsweise die Beziehung:

$$\bar{x}_{Mod} \cong \bar{x} - 3(\bar{x} - \bar{x}_{Med}) \quad .$$

Wir können uns die Verhältnisse an der folgenden rechtsschiefen Häufigkeitsverteilung verdeutlichen:

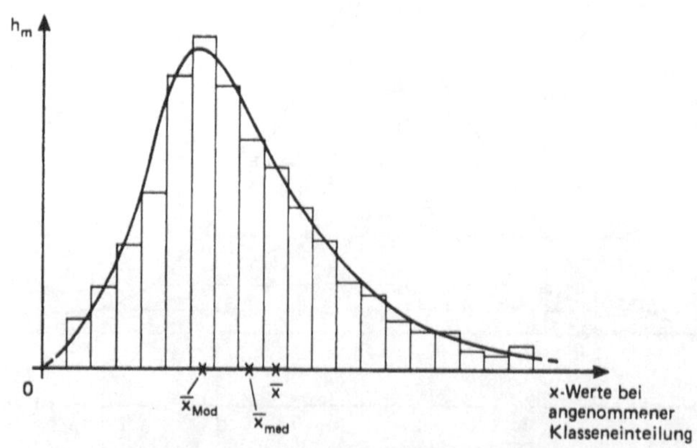

Aus der o. g. Beziehung geht hervor, daß der Abstand des Medians $\overline{x}_{Med}$ vom arithmetischen Mittelwert $\overline{x}$ näherungsweise gleich 1/3 des Gesamtabstandes zwischen $\overline{x}_{Mod}$ und $\overline{x}$ ist.

2.4 Mittelwerte spezieller Datentypen

Oft liegen als statistische Beobachtungen neben den eigentlichen Beobachtungswerten noch weitere Informationen über diese Meßwerte vor. Solche Informationen können z. B. sein : zusätzliche Angaben über die Häufigkeiten, mit denen gewisse Beobachtungswerte in der Beobachtungsreihe auftreten, oder man weiß, daß die Beobachtungswerte Verhältniszahlen darstellen usw.
In diesen Fällen sollten - um zu richtigen Aussagen bzgl. des Niveaus einer Beobachtungsreihe zu gelangen - diese Zusatzinformationen geeignet verwendet werden.
Für zwei solche Situationen, in denen das gewichtete arithmetische Mittel bzw. der geometrische Mittelwert zu verwenden sind, geben wir die entsprechenden Berechnungsvorschriften in den folgenden Unterpunkten an.

2.4.1 Das gewichtete arithmetische Mittel

Dieser Mittelwert besitzt eine gewisse Sonderstellung unter den Mittelwerten, denn zu seiner Berechnung muß für jeden einzelnen Beobachtungswert x_i noch ein Gewicht g_i als Zusatzinformation vorliegen.
Die g_i 's können absolute Häufigkeiten ($g_i \in \Gamma, \forall\ i$) oder
reelle Zahlen ($g_i \in R^1, \forall\ i$) sein.

Def.: Als **gewichteten arithmetischen Mittelwert** der Beobachtungsreihe $x_1, \ldots, x_n$ mit den Gewichten $g_1, \ldots, g_n$ bezeichnet man die reelle Zahl

$$\overline{x}_{gew} \underset{Df.}{=} \frac{\sum\limits_{i=1}^{n} x_i \cdot g_i}{\sum\limits_{i=1}^{n} g_i} \quad .$$

Anwendungen:

- **Mittelung von Verhältniszahlen**

  (Beachte: Die Gewichte $g_1, \ldots, g_n$ müssen stets die Maßeinheit des *Nenners* der zu mittelnden Verhältniszahlen aufweisen)

  Beispiele für Verhältniszahlen sind:

  - Benzinverbrauch [l/km]
  - Erzeugnisgewinn [DM/Stck.]

  usw.

  Wir betrachten das folgende Beispiel:

  Der Benzinverbrauch an 2 Pkw 's wurde beobachtet, und aus den Beobachtungen ist der mittlere Verbrauch für die beiden Wagen zu berechnen.

  $x_1 = 8$ l/100 km bei einer Fahrtroute von 1.500 km
  $x_2 = 10$ l/100km bei einer Fahrtroute von 500 km .

  Da die Gewichte (nämlich die Fahrtroutenangaben) beide die Maßeinheit des Nenners der Verhältniszahl "Verbrauch" besitzen, gelangt man zu

  $g_1 = 15$ [100 km]
  $g_2 = 5$ [100 km]

  Dann erhält man

  $$\bar{x}_{gew} = \frac{x_1 g_1 + x_2 g_2}{g_1 + g_2} = \frac{8 \cdot 15 + 10 \cdot 5}{15 + 5} = \frac{120 + 50}{20} = 8{,}5 \text{ [l/100 km]}$$

  Wir merken gesondert an, daß auf diese Weise im Zähler der Gesamtverbrauch und im Nenner die Gesamtstrecke steht.

  Damit ist der mittlere Verbrauch dieser beiden Pkw 's gleich 8,5 Liter auf 100 km.

  Hier ist der Wert $\bar{x} = 9$ l/100 km unbrauchbar, er würde zu einer "Überbestimmung" des mittleren Verbrauchs führen, denn bei einer zurückgelegten Gesamtstrecke von 2.000 km würde das zu einem Gesamtverbrauch von 180 l führen, was offensichtlich gegenüber 170 l tatsächlich verbrauchter Menge zu groß ist.

- **Berechnung statistischer Zentralpunkte**

  In der Bevölkerungsstatistik ist die Berechnung der sogenannten Bevölke-

rungsschwerpunkte einer bewohnten Region gebräuchlich. Dazu betrachten wir ein Territorium (z. B. ein Staatsgebiet) mit n definierten Ortschaften (z. B. Städte und Dörfer).
Jeder Ort besitzt offensichtlich genau eine

x_i - geografische Länge
y_i - geografische Breite

und eine bestimmte Bevölkerungszahl g_i ; $(i = 1, \ldots, n)$.
Nun läßt sich anhand der konkreten Beobachtungsdaten das Paar von gewichteten Mittelwerten

$$\bar{x}_{gew} = \frac{\sum x_i g_i}{\sum g_i} \qquad \text{und} \qquad \bar{y}_{gew} = \frac{\sum y_i g_i}{\sum g_i}$$

berechnen.

Def.:

Das Koordinatenpaar ($\bar{x}_{gew}$; $\bar{y}_{gew}$) nennt man den (empirischen) **statistischen Bevölkerungsschwerpunkt** des untersuchten Territoriums.

(Man vergleiche die Schwerpunkteigenschaft von $\bar{x}$ aus 2.1.1.)
Die Kenntnis der Lage eines solchen Zentralpunktes ist z. B. bei der Entwicklung einer zentralen Versorgungsstrategie von Bedeutung.

- **Praktische Meßtechnik**

Es sollen mehrere (d. h. k) Beobachtungsreihen *eines Merkmals X* mit den Umfängen $n_1, n_2, \ldots, n_k$ und den arithmetischen Mittelwerten $\bar{x}_1, \bar{x}_2, \ldots \bar{x}_k$ zu *einer* Reihe vereinigt werden, die den Umfang $n = n_1 + n_2 + \ldots + n_k$ besitzt, und es soll $\bar{x}$ berechnet werden. Dieses Problem tritt z. B. bei längeren Versuchsserien in Labors auf, wo unterschiedliche Laboranten (-innen) Messungen am gleichen Merkmal mit unterschiedlichem Fleiß vornehmen.

Dann ist:

$$\sum_{i=1}^{n} x_i = \sum_{i=1}^{n_1} x_i^{(1)} + \sum_{i=1}^{n_2} x_i^{(2)} + \ldots + \sum_{i=1}^{n_k} x_i^{(k)}$$

Durch Erweiterung mit n (bzw. $n_1, n_2, \ldots, n_k$) erhält man offensichtlich:

$$\frac{n \sum_{i=1}^{n} x_i}{n} = \frac{n_1 \sum_{i=1}^{n_1} x_i^{(1)}}{n_1} + \frac{n_2 \sum_{i=1}^{n_2} x_i^{(2)}}{n_2} + \ldots + \frac{n_k \sum_{i=1}^{n_k} x_i^{(k)}}{n_k} ,$$

was aber der Schreibweise

$$n \bar{x} = n_1 \bar{x}_1 + n_2 \bar{x}_2 + \ldots + n_k \bar{x}_k$$

entspricht, woraus man erkennt, daß der Mittelwert der j-ten Beobachtungsreihe ($j = 1, \ldots, k$) das Gewicht n_j besitzt, was ja ihr Umfang n_j ist.

Nun ist aber

$$\bar{x} = \frac{n_1 \bar{x}_1 + n_2 \bar{x}_2 + \ldots + n_k \bar{x}_k}{n} ,$$

d. h.

$$\bar{x} = \frac{\sum_{j=1}^{k} \bar{x}_j n_j}{\sum_{j=1}^{k} n_j} ,$$

was dem gewichteten arithmetischen Mittel der einzelnen Mittelwerte entspricht.

Abschließende Bemerkung zu den g_i's als Gewichte:

Gilt $\sum g_i = 1$ und $0 \leq g_i \leq 1$ für $i = 1, 2, \ldots, n$, so lassen sich die g_i 's als Schätzungen für die Einzelwahrscheinlichkeiten des Auftretens der Beobachtungswerte x_i als Realisierungen einer diskreten Zufallsgröße X auffassen. In diesem Fall kann man $\bar{x}_{gew}$ als Schätzung für den Erwartungswert dieser diskreten Zufallsgröße X ansehen, denn es ist hier

$$E(X) = \sum x_i g_i = \bar{x}_{gew} .$$

(Vergleiche die diskrete Zufallsgröße X - "Augenzahl" bei einem idealen Würfel; hier ist bekanntermaßen $g_1 = g_2 = \ldots = g_6 = 1/6$; $x_1 = 1, x_2 = 2, \ldots, x_6 = 6$ und $E(X) = x_1 g_1 + \ldots x_6 g_6 = 3{,}5$.)

Sind insbesondere alle Gewichte gleich groß und speziell gleich Eins, dann ist offensichtlich der gewichtete arithmetische Mittelwert gleich dem einfachen Mittelwert $\bar{x}$ aus 2.1.1.

2.4.2 Der geometrische Mittelwert

Def.: Als **geometrischen Mittelwert** der Beobachtungswerte $x_1, \ldots, x_n$ bezeichnet man die reelle Zahl

$$\bar{x}_{geo} \underset{Df.}{=} \sqrt[n]{x_1 \cdot x_2 \cdot \ldots \cdot x_n} \quad .$$

Bem.:

- Es läßt sich zeigen, daß $\bar{x}_{geo} \leq \bar{x}$ gilt, wobei der Gleichheitsfall genau dann eintritt, wenn $x_1 = x_2 = \ldots = x_n$ ist.
- $\bar{x}_{geo}$ ist nur dann sinnvoll in der Anwendung, wenn alle x_i 's positiv sind.
- Logarithmiert man beide Seiten der Definitionsgleichung, dann erhält man offenbar

$$\log \bar{x}_{geo} = \frac{1}{n}(\log x_1 + \log x_2 + \ldots + \log x_n)$$

$$= \frac{1}{n} \sum_{i=1}^{n} \log x_i$$

was man auch so deuten kann:
Der Logarithmus des geometrischen Mittelwertes der Beobachtungswerte ist gleich dem arithmetischen Mittelwert der Logarithmen der Beobachtungswerte $x_1, \ldots, x_n$.

Anwendung:

- **Mittelung von dimensionslosen Verhältniszahlen**

Diese Anwendung tritt in der Betriebswirtschaft oder Volkswirtschaft immer dann auf, wenn man mittlere Wachstumsgrößen bestimmen soll, wobei die Beobachtungswerte $x_1, \ldots, x_n$ selbst einzelne Wachstumsquotienten sind.

Bsp.: Es ist das mittlere jährliche Wachstum des Gaststättenumsatzes (GU) aller Einrichtungen einer Frendenverkehrsregion für den Zeitraum 1986 - 1990 zu berechnen:

	i	GU [MioDM]	$x_i = \frac{GU_i}{GU_{i-1}}$; i =1,...,n
1986	0	9.631	-
1987	1	9.851	1,023
1988	2	10.158	1,031
1989	3	10.458	1,028
1990	4	10.811	1,034

Man beachte, daß hier die ursprünglichen statistischen Angaben noch in *dimensionslose Verhältniszahlen* umgerechnet worden sind, denn sie sind unsere eigentlichen Beobachtungswerte, aus denen ein Mittelwert zu berechnen ist.

Lösung: $\bar{x}_{geo} = \sqrt[4]{1{,}023 \cdot 1.031 \cdot 1{,}028 \cdot 1{,}034} \cong 1{,}029$,

das entspricht einem mittleren jährlichen Wachstum um ca. 3 % .

Bem.:

- Um zu einer evtl. einfacheren Berechnungsvorschrift zu kommen, wollen wir die x_i 's explizit in die o. g. Definitionsgleichung aufnehmen:

$$\bar{x}_{geo} = \sqrt[n]{\frac{GU_1}{GU_0} \cdot \frac{GU_2}{GU_1} \cdot \ldots \cdot \frac{GU_n}{GU_{n-1}}}$$

Offensichtlich kürzen sich in dieser Schreibweise jeweils der Zähler des Vorgängerquotienten gegen den Nenner des Nachfolgerquotienten weg, wodurch wir erhalten:

$$\bar{x}_{geo} = \sqrt[n]{\frac{GU_n}{GU_0}}$$

was bedeutet, daß die explizite Berechnung der Einzel-Wachstumsquotienten eigentlich überflüssig ist, wenn man das durchschnittliche mittlere Wachstum für einen gesamten Zeitabschnitt berechnen möchte.
In unserem Beispiel zum Gaststättenumsatz erhält man:

$$\bar{x}_{geo} = \sqrt[4]{\frac{10.811}{9.631}} = \ldots \cong 1{,}029$$

- Wir erinnern daran, daß die fälschliche Verwendung von $\overline{x}$ als mittleres Wachstum bzgl. der $x_1, \ldots, x_n$ zu einer unzulässigen *Überschätzung* des mittleren Wachstums führt (vgl.: $\overline{x}_{geo} \leq \overline{x}$).

2.5 Näherungsweise Berechnung einiger empirischer Kennwerte aus der sekundären Häufigkeitstabelle

Wie wir aus dem Kapitel 1 wissen, dienen sekundäre Häufigkeitstabellen dazu, "große" Datenreihen in aggregierter Form übersichtlich darzustellen. Allerdings geht bei dieser Zusammenfassung die konkrete Einzel-Information bzgl. der jeweiligen Beobachtungswerte verloren.
Trotzdem gibt es Verfahren, mit deren Hilfe man näherungsweise aus einer sekundären Häufigkeitstabelle (also ohne die konkreten Beobachtungswerte zu kennen) die elementaren empirischen Kennwerte berechnen kann.

2.5.1 Näherungsformel zur Berechnung von $\overline{x}$

Def.: Als **Klassenmitte der m-ten Klasse** einer sekundären Häufigkeitstabelle bezeichnen wir die reelle Zahl

$$u_m \underset{Df.}{=} \frac{x_m^{(u)} + x_m^{(o)}}{2} \quad ; \quad (m = 1, \ldots, k)$$

Bem.: Um spezielle Schwierigkeiten bei der Anwendung dieser Definitonsgleichung auszuschließen, betrachten wir hier nur solche sekundären Häufigkeitstabellen, in denen keine offenen Flügelgruppen (vgl. Kap. 1) auftreten.

Im Interesse einer bequemen Handhabbarkeit der Berechnungsvorschrift zur näherungsweisen Berechnung von $\overline{x}$ führen wir eine sogenannte zentrierte Klassennummer m_{zen} ein:

$$m_{zen} \in \{ \ldots, -2, -1, 0, 1, 2, 3, \ldots \} \quad ,$$

wobei in der von uns später festzulegenden Folge von zentrierten Klassennummern der Wert $m_{zen} = 0$ enthalten sein *muß*.

Als nächstes erinnern wir uns an die bekannte Eigenschaft

$$\overline{x} = z + \frac{1}{n} \sum_{i=1}^{n} (x_i - z) \quad ; \forall z \in R^1 \; ; \text{ (vgl. 5. Eigenschaft im Unterpunkt 2.1.1)}$$

Diesen Zusammenhang kann man auch als Näherungsprinzip deuten, wenn man für z einen irgendwie "angenommenen" Mittelwert $\overline{x}_a$ einsetzt:

$$\overline{x} = \overline{x}_a + K \quad ,$$

und den zweiten Summanden K als "Korrekturglied" für den bei der Annahme von $\overline{x}_a$ begangenen Fehler betrachtet. Trifft man zufällig mit der Annahme von $\overline{x}_a$ den wirklichen Mittelwert $\overline{x}$, dann ist (vgl. Nulleigenschaft aus 2.1.1)

$$K = \frac{1}{n} \sum (x_i - \overline{x}) = 0 \quad ,$$

was auch anschaulich interpretierbar ist.

Dieses Näherungsprinzip werden wir uns zunutze machen, um $\overline{x}$ aus der sekundären Häufigkeitstabelle mit hinreichender Genauigkeit zu berechnen.
Allerdings ist nun - wegen der Nicht-Verfügbarkeit der einzelnen Beobachtungswerte - das Korrekturglied i. a. nicht exakt berechenbar. Deshalb trifft man bzgl. der Verteilung der Beobachtungswerte innerhalb jeweils der m-ten Klasse eine Annahme, die es dann ermöglicht, K in Abhängigkeit des konkret angenommenen Wertes $\overline{x}_a$ näherungsweise zu berechnen.

Annahme:

Man tut so, als ob alle Beobachtungswerte innerhalb einer Klasse *in der Mitte* liegen:

Bsp.:

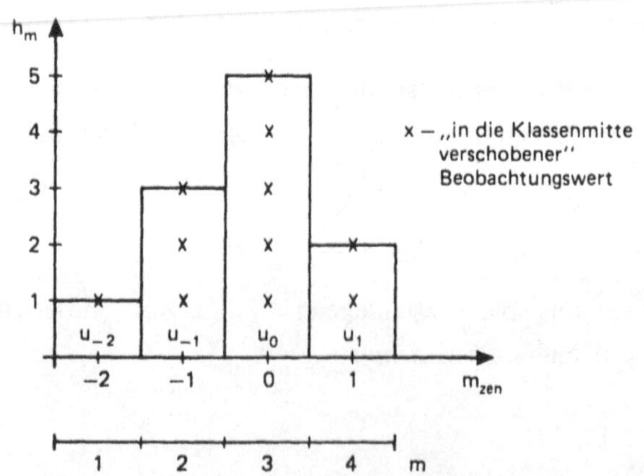

In dem Beispiel handelt es sich offenbar um eine sekundäre Häufigkeitstabelle mit $k = 4$ Klassen und den absoluten Häufigkeiten h_m,

m	Klassengrenzen	h_m
1	$[x_1^{(u)} ; x_1^{(o)})$	1
2	$[x_2^{(u)} ; x_2^{(o)})$	3
3	$[x_3^{(u)} ; x_3^{(o)})$	5
4	$[x_4^{(u)} ; x_4^{(o)})$	2
		$n = 11$

und insgesamt mit $n = 11$ Beobachtungswerten.

Die Lage der Beobachtungswerte innerhalb einer Klasse ist hier nicht mehr bekannt, und aus diesem Grund ist unsere Annahme einem gewissen Abrücken von der Realität gleichzusetzen. Deshalb kann unser Berechnungsergebnis immer nur ein Näherungswert sein!

Diese Annahme ist aber gleichbedeutend mit dem Sachverhalt, als ob für $m = 1, \ldots, k$ der Wert u_m jeweils genau h_m-mal vorkommen würde.
Wählt man nun gemäß dem o. g. Näherungsprinzip für $\overline{x}_a = u_0$, so erhält man offenbar

$$\overline{x} = u_0 + \frac{1}{n} \sum_{m_{zen}} h_m(u_m - u_0) \quad ,$$

wobei h_m als "Gewicht" der m-ten Klasse zu betrachten ist, und die Differenz $(u_m\text{-}u_0)$ für laufende Werte m_{zen} als das Produkt $m \bullet d$ interpretiert werden kann. So erhalten wir für den letzten Zusammenhang die Formel

$$\overline{x} = u_0 + \frac{1}{n} \sum_{m_{zen}} h_m \bullet m \bullet d = u_0 + \frac{d}{n} \sum_{m_{zen}} m \bullet h_m \quad .$$

Schreibt man jetzt noch

$$P = \sum_{m_{zen}} m \bullet h_m \quad ,$$

dann erhält man schließlich die sehr praktische Näherungsformel

$$\overline{x} \cong u_0 + \frac{d}{n} \bullet P \quad ,$$

worin u_0 die Klassenmitte der $m_{zen} = 0$-ten Klasse ist.

Bem.: - Da das Ergebnis unserer Herleitung ohnehin nur eine Näherung ist, wird im praktischen Umgang mit dem genähert berechneten Wert $\overline{x}$ ein vernünftiges Runden zu empfehlen sein. Es ist sinnvoll, bei der Berechnung höchstens mit einer Genauigkeit zu arbeiten, die 1/10 der Erfassungsgenauigkeit der Beobachtungsdaten entspricht.

- Die o. g. Näherungsformel wird am einfachsten (d. h. $|P|$ wird am kleinsten), wenn die zentrierte Klassennummer $m_{zen} = 0$ der Modalklasse vergeben wird.

2.5.2 Näherungsformel zur Berechnung von s^2

Ähnliche Überlegungen und die gleiche Annahme wie im vorigen Unterpunkt führen zu folgender Berechnungsvorschrift für einen Näherungswert der empirischen Varianz:

$$s^2 \cong \frac{d^2}{n-1}\left(Q - \frac{P^2}{n}\right) \quad , \text{ mit } Q = \sum_{m_{zen}} m^2 \cdot h_m$$

Zu dieser Näherungsformel machen wir folgende

Bem.: - Zur Genauigkeit der Näherungsformeln für $\overline{x}$ und s^2:

Der absolute Fehler bei der Berechnung von $\overline{x}$ liegt im Falle von $n \approx 100$ in aller Regel zwischen $2/100 \cdot d$ und $1/10 \cdot d$. Beim Ergebnis für s^2 sind deshalb maximal die ersten beiden besetzten Ziffern (also außer Vor-Nullen) richtig (z. B. $s^2 = 0{,}00\underline{39}4\ldots$).

- Natürlich lassen sich Näherungswerte für s und v aus den Näherungswerten von s^2 und $\overline{x}$ berechnen.

- Zusammengefaßt soll also noch einmal auf die Notwendigkeit eines vernünftigen Rundens hingwiesen werden; es führt zu nichts, wenn Berechnungsgenauigkeit durch die Angabe von möglichst vielen Dezimalstellen *vorgetäuscht* wird.

Abschließend wollen wir unser Berechnungsbeispiel (vgl. 1.3.3.1, und zwar jetzt mit halboffenen Klassen) verwenden, um die genannten Kennwerte näherungsweise zu bestimmen:

m	Klassengrenzen [Th]	h_m	m_{zen}	$m_{zen}h_m$	$m_{zen}^2h_m$
1	[0 ; 4)	10	-1	-10	10
2	[4 ; 8)	80	0	0	0
3	[8 ; 12)	60	1	60	60
4	[12 ; 16)	40	2	80	160
5	[16 ; 20)	10	3	30	90
	d = 4	n = 200		P = 160	Q = 220

Damit erhält man:

$$\bar{x} \cong 6 + \frac{4}{200}\,(160) \cong 9{,}2\ [\mathrm{Th}]\quad , \quad \text{und}$$

$$s^2 \cong \frac{16}{199}\,(220 - \frac{160^2}{200}) \cong 7{,}4\ [\mathrm{Th}]^2\quad .$$

Daraus ergibt sich als Standardabweichung und Variationskoeffizient:

$$s \cong 2{,}7\ [\mathrm{Th}] \qquad \text{und} \qquad v \cong \frac{2{,}7}{9{,}2} \bullet 100 \cong 30\ \%\quad .$$

Abschließend fügen wir noch an, daß es auch für die empirischen Kennwerte der Schiefe und des Exzeß entsprechende Näherungsformeln gibt, auf die wir aber aus Platz- und Zeitgründen im Rahmen dieser Betrachtung nicht eingehen.

2.6 Literatur

[1] *Adam, J.:*
Einführung in die medizinische Statistik; Berlin, Verlag Volk und Gesundheit, 1971, 3. Aufl.

[2] *Clark, C.T.; Schkade, L. L.:*
Statistical Methods for Business Decisions; Cincinnati, South-Western Publ. Co., 1969

[3] *Donda, A.; Herrde, E.; Kuhn, O.; Struck, R.:*
Statistik; Berlin, Verlag Die Wirtschaft, 1972

[4] *Dreyer, H.; Sauer, W.:*
Prozeßanalyse - Elementare stochastische Methoden; Berlin, Verlag Technik, 1982

[5] *Kobelt, H.:*
Wirtschaftsstatistik für Studium und Praxis; Baden-Baden, Verlag für Unternehmensführung, 1977

[6] *Müller, P. H.:*
Wahrscheinlichkeitsrechnung und Mathematische Statistik - Lexikon der Stochastik; Darmstadt, Wissenschaftliche Buchgesellschaft, 1975

[7] *Nachtigall, W.:*
Betriebswirtschaftliche Formeln und Darstellungen; Berlin, Verlag Die Wirtschaft, 1977, 2. Aufl.

[8] *Norusis, M.:*
Advanced Statistics, SPSS/PC; Chicago, SPSS-Inc., 1985

[9] *Smirnow, N. W.; Dudin-Barkowski, L. W.:*
Mathematische Statistik in der Technik; Berlin, Deutscher Verlag der Wissenschaften, 1969

[10] *Stockton, J. R.; Clark, C. T.:*
Business and Economic Statistics; Cincinnati, South-Western Publ. Co., 1971, 4. Ed.

[11] *Storm, R.:*
Wahrscheinlichkeitsrechnung, Mathematische Statistik, Statistische Qualitätskontrolle; Leipzig, Fachbuchverlag, 1979, 7. Aufl.

[12] *Weber, G.:*
Grundriß der biologischen Statistik; Jena, Gustav-Fischer-Verlag, 1972, 7. Aufl.

3 Schätzungen

3.0 Einführung und Motivation

Im Kapitel 2 hatten wir unser statistisches Grundmodell eingeführt. Ausgehend davon fassen wir noch einmal unsere statistische Aufgabenstellung zusammen:

a) Es liege eine Grundgesamtheit mit endlich vielen Elementen (U(GG) = N ; N - "groß") vor.

b) An allen Elementen läßt sich mindestens ein Merkmal, z. B. das Merkmal X beobachten.

c) In der Praxis ist häufig die Beobachtung von X an *allen* Elementen *nicht* möglich, da dies zu aufwendig wäre.

d) Daher zieht man nach einem geeigneten Ziehungsverfahren eine Stichprobe (SP) mit dem Umfang n (U(SP) = n ; $n \leq N$), d. h. man wählt n Elemente aus der Grundgesamtheit zufällig aus und beobachtet an ihnen das Merkmal X.

e) In Auswertung der Stichprobe bzgl. des Merkmals X liegen dann die Beobachtungswerte (oder auch: Merkmalswerte) $x_1, \ldots, x_n$ vor.

Aufgabe:

Zur Lösung bestimmter Entscheidungsprobleme sollen gewisse numerische Informationen über die Merkmalswerte *aller* Elemente in der Grundgesamtheit auf Basis der gezogenen Stichprobe näherungsweise ermittelt werden.

Wir nennen hier für diese typische Aufgabenstellung einige
Beispiele:

1. Zu ermitteln sei der Anteil der Elemente in der Grundgesamtheit, die bestimmte Eigenschaften besitzen (z. B. der Ausschußanteil in einer Gut-Schlecht-Produktion).
   Dabei könnte man diese Ausschußeigenschaft folgendermaßen erklären:

   $$\text{Ausschuß} \underset{Df.}{=} x_i \notin [a\,,b] \quad ; \quad a < b \quad ,$$

   wobei a und b bestimmte Toleranzgrenzen für eine qualitätsgerechte Realisierung des Merkmals X darstellen.

2. Zu bestimmen sei der Mittelwert aller Merkmalswerte von X in der Grundgesamtheit (z. B. eine mittlere Körperhöhe der Tiere eines Zuchtbestandes oder die mittlere Fertigungszeit aller Produkte einer bestimmten Massenproduktion usw.).

3. Zu ermitteln sei ein Zahlenwert dafür, wie stark die Merkmalswerte von X in der Grundgesamtheit schwanken.

Wenn wir in diesem Zusammenhang von "ermitteln", "bestimmen" oder "näherungsweise berechnen" sprechen, dann meinen wir eigentlich: **schätzen**.

Zur Verdeutlichlung bzw. zur Vorbereitung der Definition "Schätzung" (oder genauer: "Schätzfunktion") wollen wir zwei wichtige Analogien zwischen Wahrscheinlichkeitsrechnung und Statistik, die sog. Modellanalogie und die Parameteranalogie, betrachten.

Analogie (A)
(Modellanalogie):

Beschreibung **eines Merkmals X** (mit zahlenmäßiger Variation) in der Statistik als **Zufallsvariable X** in der Wahrscheinlichkeitsrechnung (WR).

Die folgende Tabelle enthält Begriffe und Sachverhalte, die in den beiden genannten wissenschaftlichen Disziplinen als äquivalent zu betrachten sind:

WR	Stat.
Versuch(sanordnung)	Grundgesamtheit als beschriebene, abgegrenzte Menge von Elementen
Einmalige Versuchsdurchführung	Zufällige Entnahme *eines* Elementes aus der Grundgesamtheit (Verfahren: Z.m.Z.)
Zufallsvariable (Auswertevorschrift für den Versuch)	Merkmal (der entnommenen Elemente)
Eine Realisierung der Zufallsvariablen	*Ein* Beobachtungs-(bzw. Meß-)wert des Merkmals an dem *einen* entnommenen Element

Analogie (B)
(Parameteranalogie):

Bei $N = n$ (also speziell für Totalerfassung) gilt:

1. $$P(\text{"}X = a\text{"}) = \frac{\text{Anzahl der Elemente i.d. GG mit Merkmalswert} = a}{N}$$

oder auch:

$$P(\text{"}X \in [a\,,b]\text{"}) = \frac{\text{Anzahl d. Elemente i.d. GG mit Merkm.wert aus } [a,b]}{N}$$

2. E(X) = Arithmetischer Mittelwert der Merkmalswerte $x_1, \ldots, x_N$ in der Grundgesamtheit GG,

   d. h.:

   der Kennwert E(X) der Zufallsvariablen X ist gleich dem entsprechenden empirischen Kennwert bezogen auf *alle* Elemente in der Grundgesamtheit.

Man hat also - um statistische Merkmale auszuwerten - die Analogien (A) und (B) im Auge, wobei man unter Verwendung der beiden Analogien alle Kenntnisse aus der Wahrscheinlichkeitsrechnung zur Beschreibung von Zufallsvariablen verwendet.

Gemäß der Parameteranalogie (B) sind also gesucht:

1. Wahrscheinlichkeiten P ("X = a") bzw. P("X ∈ [a , b]")
2. Kennwerte

der Zufallsvariable(n).

WR	Stat.
P(" ... ") Kennwerte	aus empirischen Beobachtungswerten
GG-Aussagen	SP-Aussagen

Wie werden denn in der Wahrscheinlichkeitsrechnung nun die angesprochenen Wahrscheinlichkeiten und die Kennwerte bestimmt?
Das erfolgt bekanntlich anhand der Wahrscheinlichkeitsverteilung der betreffenden Zufallsvariable(n).

Wir geben dazu einen Überblick zur vollständigen Beschreibung der Wahrscheinlichkeitsverteilung, wobei offenbar unterschiedliche Möglichkeiten bestehen:

Entweder

mittels der Verteilungsfunktion $F_X(t) \underset{Df.}{=} P("X < t")$, für alle $t \in (-\infty;+\infty)$

Oder bei

a) einer diskreten Zufallsvariablen mittels der *Verteilungstabelle* (-diagramm) der Einzelwahrscheinlichkeiten (z. B. beim Würfeln):

verschiedene mögliche Werte der x_i	1	2	3	4	5	6
$p_i = P("X = x_i")$	1/6	1/6	1/6	1/6	1/6	1/6

b) stetigen Zufallsvariablen mittels der *Dichtefunktion* $f_X(x)$, für alle $x \in (-\infty;+\infty)$; also mit der Funktion

$$F_X(t) = \int_{-\infty}^{t} f_X(x)\,dx \quad ; \quad \forall \ t \in (-\infty;+\infty),$$

Oder falls die Wahrscheinlichkeitsverteilung zu einem bestimmten Verteilungstyp gehört, und es ist bekannt, zu welchem, mittels der *Parameterwerte* (aus dem jeweiligen Parameterbereich).

Ebenfalls zur Vorbereitung des Begriffs "Schätzfunktion" behandeln wir eine spezielle Parameteranalogie zwischen Wahrscheinlichkeitsrechnung und Statistik, nämlich die Analogie zwischen Relativer Häufigkeit (Statistik) und Wahrscheinlichkeit (WR):

Bezeichnen wir nämlich mit h die Anzahl des Eintretens des Ereignisses A in n unabhängigen Durchführungen eines Versuchs (eines konstanten Bedingungskomplexes) und mit

$\frac{h}{n}$ - die relative Häufigkeit für das Eintreten von A,

so zeigt sich, daß das Verhältnis h/n bei genügend großem n einen fast konstanten Wert annimmt, wobei größere Abweichungen desto seltener beobachtet werden, je mehr Durchführungen des Versuches erfolgen.

Ein bekanntes Lehrbeispiel dazu wurde durch die englischen Statistiker BUFFON und PEARSON (vgl. [3]) ausgearbeitet. Es handelt sich dabei um einen Münzwerf-Versuch, wobei eine Versuchsdurchführung bekanntlich nur zu einem von zwei möglichen Versuchsergebnissen (Zahl oder Markierung) führen kann.

	Anzahl der Würfe (Vers.-durchführg.)	Anzahl des Auftretens des Ereignisses "Markierung" h	Relative Häufigkeit h/n	Wahrscheinlichkeit d. Auftret. d. Ereignisses "Markierg." p
Buffon	4.040	2.048	0,5069	0,5
Pearson	12.000	6.019	0,5016	0,5
Pearson	24.000	12.012	0,5005	0,5

Man spricht in diesem Zusammenhang von einer *Stabilität* der relativen Häufigkeit. Offenbar ist es sinnvoll, die Abweichung $|h/n - p|$ in Abhängigkeit von n zu verfolgen, wobei wir anschaulich feststellen können, daß diese Abweichung immer kleiner wird, je größer n gehalten wird.

Dieses Ergebnis wurde zusammengefaßt im folgenden

Satz (von BERNOULLI):

Sei h die Anzahl des Auftretens des Ereignisses A in n unabhängigen Versuchen (mit dem gleichen Bedingungskomplex), und in jedem dieser Versuche sei p die (konstante) Wahrscheinlichkeit für das Eintreten von A. Dann ist für beliebig kleines $\varepsilon > 0$

$$\lim_{n \to \infty} P\left(\left|\frac{h}{n} - p\right| < \varepsilon\right) = 1$$

Bem.:

- Die Begriffe "Wahrscheinlichkeit für das Eintreten des Ereignisses A" und der statistische Begriff "Relative Häufigkeit" lassen sich in diesem Sinne jeweils analog verwenden.

- Jedem Ereignis A läßt sich eine Zufallsvariable K_A zuordnen:

$$K_A = \begin{cases} 0 & \text{, falls } \overline{A} \text{ eintritt} \\ 1 & \text{, falls } A \text{ eintritt} \end{cases} .$$

Dann ist aus der Wahrscheinlichkeitsrechnung bekannt, daß K_A **binomialverteilt** ist mit den Parametern $n > 1$ und $p = P(A)$, d. h. die Zufallsvariable K_A nimmt die Realisierung 1 mit der Wahrscheinlichkeit P(A) an.

Abschließend erwähnen wir noch, daß man aus Schätzwerten für die Wahrscheinlichkeitsverteilung einer Zufallsvariablen X, die aus den Beobachtungen $x_1, \ldots, x_n$ bestimmt wurden, mit Hilfe der Wahrscheinlichkeitsrechnung auch Schätzwerte für beliebige Wahrscheinlichkeiten P(" ... ") und Kennwerte (ohne weitere Benutzung der $x_1, \ldots, x_n$) berechnen kann.

Oder Eine gegebene Verteilungsfunktion kann als Parameter bzgl. des Verteilungstyps betrachtet werden.

Oder Eine gegebene Dichtefunktion kann als Parameter der stetigen Wahrscheinlichkeitsverteilungen betrachtet werden.

usw.

Aus dem Gesagten folgt, daß "fast alles", was man statistisch schätzen will, als Parameter betrachtet werden kann.

3.1 Schätzfunktionen (Punktschätzungen)

Nach den Vorbereitungen in Punkt 3.0 kommen wir nun zur Definition des Begriffs "Schätzfunktion".

Wir gehen dabei vorteilhaft von der Situation aus, daß für X der Verteilungstyp bekannt sei (wobei eventuell noch die Werte einiger, aber noch nicht aller Parameter ebenfalls bekannt sein können, z. B.: $N \sim N(\mu ; \sigma^2)$ mit μ - bekannt und σ^2 zu schätzen).

Es besteht also folgende Aufgabe:

> Schätzung des unbekannten Parameterwertes auf der Grundlage der in der Stichprobe beobachteten Merkmalswerte $x_1, \ldots, x_n$.

Zur Lösung der Aufgabe und zur weiteren Vorbereitung auf die Definition des Begriffs "Schätzfunktion" führen wir die folgenden Bezeichnungen ein:

Mit Θ bezeichnen wir den gesuchten Parameter (bzw.Parametervektor $\boldsymbol{\Theta}$);
mit Θ^* bezeichnen wir seinen wahren, aber unbekannten Wert in der zu untersuchenden Grundgesamtheit (bzw. $\boldsymbol{\Theta}^*$).

Bsp.: Wir betrachten eine normalverteilte Zufallsvariable X, d. h. es ist

$$f_X(x) = \frac{1}{\sqrt{2\pi\sigma^2}} \cdot e^{-\frac{1}{2}\left(\frac{x-\mu}{\sigma}\right)^2}$$

$$, -\infty < x < +\infty$$
$$-\infty < \mu < +\infty$$
$$0 < \sigma < +\infty \quad .$$

a) $\Theta = \mu$; $\Theta^* = 6{,}8$ (falls Θ in der Grundgesamtheit als Erwartungswert die Größe 6,8 besitzt)

b) $\boldsymbol{\Theta} = (\mu \,;\, \sigma)$; $\boldsymbol{\Theta}^* = (6{,}8\,;\,2)$, falls außerdem $\sigma^{2*} = 4$ in der Grundgesamtheit ist.
↑
Vektor

Damit haben wir uns ausreichend vorbereitet für die folgende

Def. (Schätzfunktion):

Jede Funktion $\tilde{\Theta}$, die für jede Stichprobe vom Umfang n den zugehörigen Merkmalswerten $x_1, \ldots, x_n$ einen zulässigen Parameterwert $\tilde{\Theta}(x_1, \ldots, x_n)$ zuordnet, heißt **Schätzfunktion für den Parameter** Θ; und $\tilde{\Theta}(x_1, \ldots, x_n)$ heißt **Schätzwert** für Θ aus der konkreten Stichprobe vom Umfang n.

Bsp.: Zur möglichen Schätzung des Parameters des Erwartungswertes $\Theta = \mu$ aus den n Beobachtungswerten $x_1, \ldots, x_n$:

a) $\tilde{\Theta}_a(x_1, \ldots, x_n) = \frac{1}{n} \sum x_i = \bar{x}$,
← Berechnungsvorschrift a

oder als eine weitere mögliche Schätzfunkton

b) $\tilde{\Theta}_b(x_1, \ldots, x_n) = \frac{x_{min} + x_{max}}{2}$,
← Berechnungsvorschrift b

oder als weitere mögliche Schätzfunktion(en)

c) $\tilde{\Theta}_c(x_1, \ldots, x_n) = \lambda\tilde{\Theta}_a + (1 - \lambda)\tilde{\Theta}_b$; $0 \leq \lambda \leq 1$
← Berechnungsvorschrift c

oder

d) …… usw.

Bem.: - Als *Definitionsbereich DB* der Schätzfunktion $\tilde{\Theta}$ erklären wir alle n-Vektoren $(x_1, \ldots, x_n)$, die als Meßreihe bei einer Stichprobe mit dem Umfang $U(SP) = n$ aus einer Grundgesamtheit mit dem betrachteten Verteilungstyp für die Zufallsvariable X auftreten *können* .

- Als *Wertevorrat WV* der Schätzfunktion $\tilde{\Theta}$ erklären wir den gesamten möglichen Parameterbereich, d. h. die Menge aller *zulässigen* Parameterwerte.

Bsp.: Betrachten wir die obige Schätzfunktion $\tilde{\Theta}_b$:

$$DB(\tilde{\Theta}_b) = R^n$$
$$WV(\tilde{\Theta}_b) = R^1 \quad .$$

Man bezeichnet den Schätzwert $\tilde{\Theta}(x_1, \ldots, x_n)$ - weil er offenbar einen punktuellen Wert repräsentiert - als *Punkt*schätzung von Θ, und man schreibt verkürzend $\hat{\Theta} = \tilde{\Theta}(x_1, .., x_n)$.

Problem:

Da offenbar zur Schätzung eines Parameters mehrere (sogar unendlich viele) Schätzfunktionen existieren, taucht die Frage auf, welche denn vorteilhafterweise im konkreten Fall zu verwenden ist.

Zur Vorbereitung der Antwort auf diese Frage betrachten wir das folgende einfache

Bsp.: Bekannt sei der Verteilungstyp von X:
Es sei Gleichverteilung auf $[a, b]$; $(a < b)$ vorgegeben, wobei außer der Tatsache $a < b$ die Parameterwerte der Intervallgrenzen unbekannt seien.

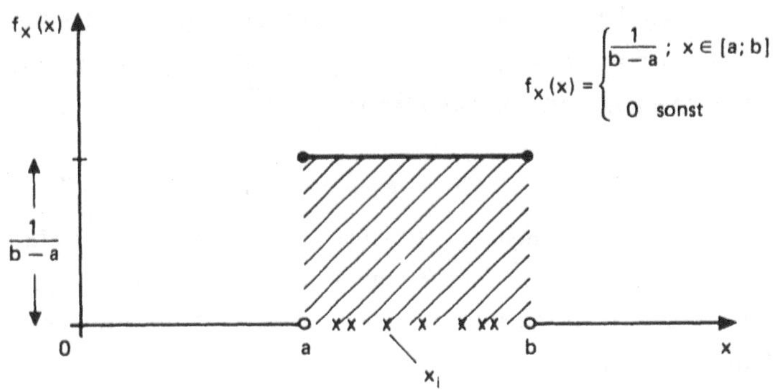

Die Aufgabe bestehe nun darin, z. B. b zu schätzen und zwar anhand der Stichprobenwerte $x_1, \ldots, x_n$ $(x \in [a, b])$.

Offenbar ist eine mögliche Schätzfunktion

$$\tilde{\Theta}_1(x_1, \ldots, x_n) = \max_{\forall i} \{x_i\} = x_{max} \quad .$$

Sehr oft wird jedoch - das sagt uns die bloße Anschauuung - der reelle Wert x_{max} *kleiner* sein als der wahre (aber unbekannte) Parameterwert von b. Wir werden also bei Verwendung dieser Schätzfunktion $\tilde{\Theta}_1$ den gesuchten Parameterwert in der Regel zu *niedrig* schätzen. In einem solchen Fall spricht man in der Statistik von einer "nach unten verzerrten" Schätzfunktion oder kurz von einer verzerrten Schätzung.
Stellen wir dieser Schätzfunktion deshalb eine andere gegenüber:

$$\tilde{\Theta}_2(x_1, \ldots, x_n) = x_{max} + \frac{x_{max} - x_{min}}{n} \quad .$$

Als Konsequenz dessen treten sofort zwei Fragen auf:

1. Schätzt $\tilde{\Theta}_2$ im allgemeinen schon "zu hoch", ist das eine "Überschätzung" vom Parameterwert b ?
2. Ist die Schätzfunktion $\tilde{\Theta}_2$ der Schätzfunktion $\tilde{\Theta}_1$ in irgendeiner Hinsicht vorzuziehen?

Um diese Fragen beantworten zu können, müssen wir offenbar gewisse Eigenschaften von bestimmten Schätzfunktionen herausarbeiten.

3.1.1 Wünschenswerte Eigenschaften von Schätzfunktionen

1. Forderung:

Man möchte gern eine solche Schätzfunktion benutzen, für die der arithmetische Mittelwert der Ergebnis-Schätzwerte aus vielen (d. h.: m) unterschiedlichen Stichproben vom (gleichen) Umfang n annähernd gleich dem wahren (aber unbekannten) Parameterwert Θ^* ist.

Ist das ein berechtigter Wunsch?

Ja, denn man möchte u. a. damit erreichen, daß die Schätzfehler (die Abweichungen der Ergebnis-Schätzwerte von Θ^*) sich in der Summe nach "unten" und "oben" nahezu ausmitteln, sozusagen aufheben (Man vergleiche dazu die sog. Nulleigenschaft von $\bar{x}$ im Kap. 2!).
Außerdem möchte man mit dieser Forderung erreichen, daß keine systematische Verzerrung in den Schätzvorgang (z. B. zu häufig "zu niedrig") eingeht.

Die Forderung Nr. 1 läßt sich also folgendermaßen ausdrücken:

$$\frac{1}{m}\sum_{j=1}^{m} \tilde{\Theta}(x_1^{(j)}, \ldots, x_n^{(j)}) \approx \Theta^* \quad ,$$

wobei wir mit m die Anzahl der gezogenen Stichproben gleichen Umfangs ($U(SP_j) = n, j = 1, \ldots, m$),

mit $x_i^{(j)}$ - den i-ten Beobachtungswert der j-ten Stichprobe

und mit

$\tilde{\Theta}(x_1^{(j)}, \ldots, x_n^{(j)})$ - den Ergebnis-Schätzwert aus der j-ten Stichprobe

bezeichnet haben.

Welche Überprüfungsmöglichkeiten bestehen, um zu entscheiden, ob eine vorliegende, gegebene Schätzfunktion $\tilde{\Theta}$ diese Forderung Nr. 1 erfüllt?

a) Man könnte sie explizit ausprobieren, indem man m verschiedene Stichproben vom (gleichen) Umfang n zieht, den jeweiligen Ergebnis-Mittelwert registriert und von allen m Ergebnis-Schätzwerten das arithmetische Mittel bildet, und dies müßte für jeden zulässigen Parameterwert aus dem Parameterbereich erfolgen. Das wäre aber viel zu aufwendig, und man müßte solche aufwendigen Simulationsberechnungen schon auf sehr schnellen Rechnern abwickeln, um zum Ziel zu gelangen.

b) Man kann demgegenüber - mit geringem Aufwand - die analoge wahrscheinlichkeitstheoretische Eigenschaft der vorgegebenen Schätzfunktion $\tilde{\Theta}$ überprüfen.

Dazu bezeichnen wir mit

$X_{i;\Theta_0}$ - (zufälliger) Merkmalswert des i-ten Elementes in der Stichprobe.*

Dann ist

$$\tilde{\Theta}(X_{1;\Theta_0}, \ldots, X_{n;\Theta_0})$$

ein *zufälliger* Schätzwert für Θ, bzw. eine Verknüpfung von Zufallsvariablen bzgl. des Versuches V.

---

* Das ist eine Zufallsvariable bzgl. des folgenden Versuchs:

V = { Entnahme einer Stichprobe mit U(SP) = n aus einer "gedachten" Grundgesamtheit, in der das Merkmal X den betrachteten Verteilungstyp mit dem Parameterwert Θ_0 besitzt.

Damit gelangen wir zur Definition der zur Forderung Nr. 1 analogen wahrscheinlichkeitstheoretischen Eigenschaft:

Def.: Eine Schätzfunktion $\tilde{\Theta}$ heißt **erwartungstreue Schätzfunktion** für den Parameter Θ, wenn für *jeden* zulässigen Parameterwert Θ_0 gilt:

$$E(\tilde{\Theta}(X_{1;\Theta_0}, \ldots, X_{n;\Theta_0})) = \Theta_0 \quad .$$

Bem.:

- Diese Eigenschaft wird deshalb für *jeden zulässigen* Parameterwert Θ_0 gefordert, damit sie auch für den *unbekannten* Parameterwert Θ^* der zu untersuchenden Grundgesamtheit gesichert ist.
- Im statistischen Sprachgebrauch setzt man "erwartungstreu" mit "unverzerrt" gleich und gebraucht diese Ausdrücke synonym.
- Allgemein wissen wir, daß näherungsweise

  $E(Y) \cong \frac{1}{m} \sum y_i$ gilt, falls m "genügend" groß ist,

  d. h. wir können feststellen:
  Eine erwartungstreue Schätzfunktion erfüllt die Forderung Nr. 1.

Bsp.: Sei $X \sim N(\mu ; \sigma^2)$
Zu schätzen sei $\Theta = \mu$, der Erwartungswert von X aus n Realisierungen $x_1, \ldots, x_n$.
Betrachten wir zwei unterschiedliche Schätzfunktionen:

$$\Theta_I(x_1, \ldots, x_n) = \bar{x}$$
$$\Theta_{II}(x_1, \ldots, x_n) = \frac{x_1 + x_n}{2} \quad ,$$

welche wir auf Erwartungstreue untersuchen wollen.
Es gilt offenbar:

$$E(\tilde{\Theta}_I(X_{1;\Theta_0}, \ldots, X_{n;\Theta_0})) = E(\frac{1}{n}(X_{1;\mu_0} + \ldots + X_{n;\mu_0}))$$

$$= \frac{1}{n}[E(X_{1;\mu_0}) + \ldots + E(X_{n;\mu_0})]$$

$$= \frac{1}{n}[\mu_0 + \ldots + \mu_0] = \frac{n}{n} \cdot \mu_0$$

$$= \mu_0 \quad ,$$

woraus folgt, daß $\tilde{\Theta}_I$ erwartungstreu ist!

Demgegenüber gilt offenbar:

$$E(\tilde{\Theta}_{II}(X_{1;\Theta_0}, \ldots, X_{n;\Theta_0})) = E(\frac{1}{2}(X_{1;\mu_0} + X_{n;\mu_0}))$$

$$= \frac{1}{2}[E(X_{1;\mu_0}) + E(X_{n;\mu_0})]$$

$$= \frac{1}{2}(\mu_0 + \mu_0) = \mu_0 \quad ,$$

woraus die Erwartungstreue-Eigenschaft auch für $\tilde{\Theta}_{II}$ folgt!

Das Beispiel zeigt uns, daß bzgl. der Unverzerrtheit beide Schätzfunktionen "gleich verwendbar" sind, sie erfüllen offenbar beide die Forderung Nr. 1.
Um nun trotzdem beide noch hinsichtlich ihrer Geeignetheit voneinander trennen zu können, wäre offenbar die Aufstellung (mindestens) einer weiteren Forderung sinnvoll. Sie wollen wir gleich im Anschluß aufstellen. Vorher machen wir aber noch die folgende

Bem.: Sowohl $\bar{x}$ als auch $\frac{x_1 + x_n}{2}$ schwanken mit ihren Ergebnis-Schätzwerten von Stichprobe zu Stichprobe und zwar um den wahren (aber unbekannten) Wert μ^* herum, da sie ja erwartungstreu sind.

2. Forderung:

Man möchte eine solche Schätzfunktion $\tilde{\Theta}$ benutzen, die möglichst *geringe* Schwankungen um Θ^* aufweist! Das ist offenbar unter den unendlich vielen möglichen Schätzfunktionen diejenige mit der kleinsten Varianz.

Def.: Eine Schätzfunktion $\tilde{\Theta}_a$ heißt **wirksamer** als eineSchätzfunktion $\tilde{\Theta}_b$, wenn

$$Var(\tilde{\Theta}_a(X_{1;\Theta_0}, \ldots, X_{n;\Theta_0})) < Var(\tilde{\Theta}_b(X_{1;\Theta_0}, \ldots, X_{n;\Theta_0}))$$

für *jedes* n und jeden zulässigen Parameterwert Θ_0 gilt.

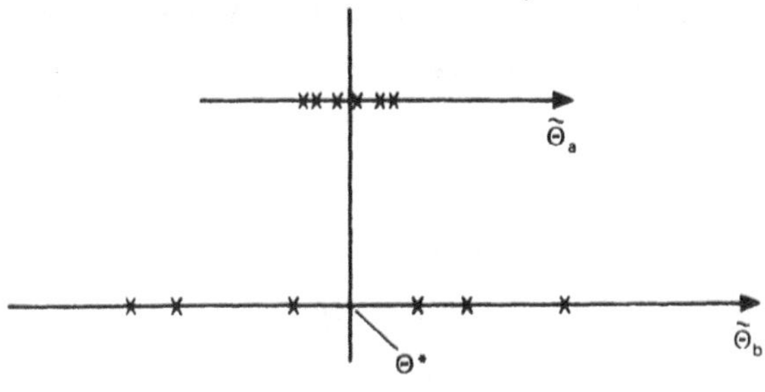

Natürlich gibt es noch weitere wünschenswerte Eigenschaften von Schätzfunktionen. Wir erwähnen hier nur noch folgende:

a) $\mathrm{Var}(\tilde{\Theta}(X_{1;\Theta_0}, \ldots, X_{n;\Theta_0})) \underset{n \to \infty}{\longrightarrow} 0$, (möglichst schnell und monoton.)

b) Die Konsistenzeigenschaft (bei sehr großem n interessant)

c) Die Robustheit, (Ausreißer-Unempfindlichkeit)

Leser, die sich mit solchen weiterführenden und anderen Eigenschaften beschäftigen möchten, verweisen wir z. B. auf [9].

3.1.2 Konstruktion geeigneter Schätzfunktionen nach dem Maximum-Likelihood-Prinzip

Wie wir gesehen haben, läßt sich zur Lösung einer (Punkt-)Schätzaufgabe eine große Vielfalt unterschiedlicher Schätzfunktionen verwenden. Es wäre jedoch vorteilhaft, wenn man von vornherein solche Schätzfunktionen verwenden könnte, für die bekannt ist, daß sie zumindest den Forderungen Nr. 1 und 2 genügen.
Solche Schätzfunktionen lassen sich (mit wenigen Ausnahmen) für die uns interessierenden Schätzaufgaben herleiten, wenn man das sog. Maximum-Likelihood-Prinzip einsetzt.
Um das ML-Prinzip zu erklären, gehen wir von folgenden Sachverhalten aus:
In der betrachteten Grundgesamtheit ist der Verteilungstyp von X bekannt mit dem zulässigen Parameterwertvektor $\boldsymbol{\Theta}_0$.
Wir ziehen *eine* Stichprobe vom Umfang n : $x_1, \ldots, x_n$.
Bei Einsatz eines korrekten Ziehungsverfahrens ist es offenbar eine vernünftige Annahme, wenn wir behaupten, die Verteilung der Merkmalswerte wird vermutlich dergestalt sein, daß die von uns ermittelte Beobachtungsreihe $x_1, \ldots, x_n$ keine außergewöhnlich "seltene" ist. Sie wird also insbesondere kaum solche Merkmalswerte enthalten, die in der Grundgesamtheit extrem selten vorkommen; d. h. aber nichts anderes als:

> Die vorliegende Beobachtungsreihe besitzt eine maximale (wenigstens eine hohe) Eintrittswahrscheinlichkeit!

ML-Prinzip:

> Als ML-Schätzwert $\Theta_{ML}(x_1, \ldots, x_n)$ für den unbekannten Parameterwert Θ nehmen wir denjenigen zulässigen Parameterwert Θ_0, für den die *Eintrittswahrscheinlichkeit* der Beobachtungsreihe $x_1, \ldots, x_n$ *am größten* ist.

Um die maximale Eintrittswahrscheinlichkeit der Stichprobenwerte $x_1, \ldots, x_n$ in Abhängigkeit von Θ bzw. $\boldsymbol{\Theta}$ bestimmen zu können, benutzt man die folgende Funktion, die sog. Likelihood-Funktion:

Def.: Sind $x_1, \ldots, x_n$ die festen, aus *einer* Stichprobe erhaltenen Beobachtungswerte für die Zufallsgröße X mit dem bekannten Verteilungstyp $F_{X_\Theta}(t)$, dann bezeichnet man die Funktion

$$L_{x_1,\ldots,x_n}(\Theta) \underset{Df.}{=} \begin{cases} P("X_\Theta = x_1") \bullet \ldots \bullet P("X_\Theta = x_n") & ; \ X \text{ - diskret} \\ f_{X_\Theta}(x_1) \bullet \ldots \bullet f_{X_\Theta}(x_n) & ; \ X \text{ - stetig} \end{cases}$$

als (die zu $x_1, \ldots, x_n$ gehörende) **Likelihood-Funktion.**

Bem.:

- Bezeichnet man allgemein mit $\boldsymbol{X}$ den n-Vektor der Zufallskomponenten $X_1, \ldots, X_n$, die alle wechselseitig (stochastisch) unabhängig sein und die gleiche Verteilungsfunktion $F_{X_\Theta}(t)$ besitzen sollen, dann ist mit

$$P("(X_{1\Theta}, \ldots, X_{n\Theta}) = (x_1, \ldots, x_n)")$$

die Eintrittswahrscheinlichkeit der konkreten Stichprobenwerte $x_1, \ldots, x_n$ angebbar. Es ist nämlich diese Wahrscheinlichkeit - anders geschrieben - gleich

$$P("X_{1\Theta} = x_1" \cap \ldots \cap "X_{n\Theta} = x_n") \ ,$$

falls die Einzelereignisse tatsächlich unabhängig voneinander sind.*
Nach dem Multiplikationssatz unabhängiger Ereignisse gilt aber

$$P("X_{1\Theta} = x_1" \cap \ldots \cap "X_{n\Theta} = x_n") = P("X_{1\Theta} = x_1") \bullet \ldots \bullet P("X_{n\Theta} = x_n") \ ,$$

was unter den o. g. Annahmen der Definition der Likelihood-Funktion im diskreten Fall entspricht.

- Ist die Zufallsgröße X stetig, so ist bekanntermaßen für jede einzelne Realisierung $X = x_i$, $(i = 1, \ldots, n)$ die Eintrittswahrscheinlichkeit **per definitionem** gleich Null.
In der Praxis ist jedoch jeder beobachtete Merkmalswert (von Meßfehlern einmal abgesehen) das Ergebnis einer Rundung. Wenn man z. B. mit einer

---

* Das läßt sich i. a. zumindest theoretisch durch das Ziehungsverfahren "mit Zurücklegen" absichern.

Erfassungsgenauigkeit EG = 10^{-1} den Beobachtungswert $x_1 = 3{,}7$ auf eine Stelle nach dem Komma genau erhalten hat, so ist dieser Wert ja entstanden durch das Runden einer Zahl aus dem Intervall
$[3{,}65\,;\,3{,}75) \triangleq [3{,}7-0{,}05;3{,}7+0{,}05)$. Daraus folgt, daß man die Eintrittswahrscheinlichkeit für den Wert x_1 (bei einer EG von 10^{-1}) bei bekannter Verteilungsfunktion F_{X_Θ} für X schreiben kann als

$$P(\text{"}X_\Theta^{\text{gerundet}} = x_1\text{"}) = P(\text{"}X_\Theta = [x_1 - 0{,}05\,;\,x_1 + 0{,}05)\text{"})$$
$$= \int_{x_1-0{,}05}^{x_1+0{,}05} f_{X_\Theta}(x)dx \approx 10^{-1} \cdot f_{X_\Theta}(x_1) > 0\,.$$

Das bedeutet aber: Die Eintrittswahrscheinlichkeit von $x_1, \ldots, x_n$ ist proportional zu $L_{x_1, \ldots, x_n}(\Theta)$ mit dem Proportionalitätsfaktor $(10^{-1})^n$, da das n-Produkt

$$10^{-1} f_{X_\Theta}(x_1) \cdot \ldots \cdot 10^{-1} f_{X_\Theta}(x_n) \quad ,$$

welches der Eintrittswahrscheinlichkeit bei der Erfassungsgenauigkeit 10^{-1} entspricht, zu bilden ist. Bei der Maximierung der Likelihood-Funktion kann man selbstverständlich den Proportionalitätsfaktor übergehen.

Zur Konstruktion von ML-Schätzfunktionen trifft man noch (bzgl. der Schreibweise) vorteilhafterweise folgende

Vereinbarung:

Mit

$$\tilde{\Theta}_{ML}(x_1, \ldots, x_n) \underset{Df.}{=} \text{derjenige zulässige Parameterwert } \Theta_0 \text{, für den die Likelihood-Funktion } L_{x_1, \ldots, x_n}(\Theta) \text{ maximal ist} \quad ,$$

bezeichnet man **die nach dem ML-Prinzip** konstruierte Schätzfunktion, kurz als **ML-Schätzung**.

Bem.:

- Für jeden unbekannten Parameter Θ ist die ML-Schätzfunktion $\tilde{\Theta}_{ML}(x_1, \ldots, x_n)$ "praktisch" die wirksamste, erwartungstreue Schätzfunktion. Das gilt in guter Näherung zumindest für großen Stichprobenumfang n. Das bedeutet, daß man für großes n beruhigt mit den ML-Schätzfunktionen arbeiten kann, solange kein Verdacht auf Ausreißer in der Stichprobe vorliegt.
- In Form eines (hier nicht bewiesenen) Satzes formulieren wir zur Betonung der Bedeutung des ML-Prinzips folgendes zusammenfassendes Ergebnis:

Ist die Zufallsgröße in einer Grundgesamtheit

normal-, exponential-, POISSON- oder binomialverteilt,

so ist

$$\tilde{\Theta}_{ML}(x_1, \ldots, x_n) = \overline{x}$$

die wirksamste, erwartungstreue Schätzfunktion für E(X), also für den arithmetischen Mittelwert aller Merkmalswerte von X in der Grundgesamtheit.

Dazu vergleiche man auch die Angaben der Übersichtstabelle im Unterpunkt 3.1.4.

3.1.3 Die Konstruktion der ML-Schätzfunktionen für den Erwartungswert und die Varianz einer normalverteilten Zufallsgröße

Hier ist also $X \sim N(x; E(X)=\mu, Var(X)=\sigma^2)$, d. h. $\boldsymbol{\Theta} = (\mu, \sigma^2)$, mit der bekannten Dichtefunktion

$$f_{X_{\boldsymbol{\Theta}}}(\ldots,x_i,\ldots) = \frac{1}{\sqrt{2\pi\sigma^2}} \cdot e^{-\frac{(x-\mu)^2}{2\sigma^2}} \quad ; -\infty < x < +\infty$$

Die Likelihood-Funktion für die festen x-Werte $x_1, \ldots, x_n$ ist dann

$$L_{x_1,\ldots,x_n}(\boldsymbol{\Theta}) = f_{X_{\boldsymbol{\Theta}}}(x_1) \cdot \ldots \cdot f_{X_{\boldsymbol{\Theta}}}(x_n)$$

$$= \prod_{i=1}^{n} f_{X_{\boldsymbol{\Theta}}}(x_i) = \left(\frac{1}{\sqrt{2\pi\sigma^2}}\right)^n \prod_{i=1}^{n} e^{-\frac{(x_i-\mu)^2}{2\sigma^2}}$$

$$= \left(\frac{1}{\sqrt{2\pi\sigma^2}}\right)^n \cdot e^{-\frac{1}{2\sigma^2}\Sigma(x_i-\mu)^2} = (2\pi\sigma^2)^{n/2} \cdot e^{-\frac{1}{2\sigma^2}\Sigma(x_i-\mu)^2}$$

wobei μ und σ^2 die Argumente der Funktion $L_{x_1,\ldots,x_n}(\mu, \sigma^2)$ sind; $-\infty < \mu < +\infty$ und $0 < \sigma^2$ sind die zulässigen Bereiche der Parameter.

Wir suchen die globale Maximumstelle $\tilde{\boldsymbol{\Theta}}_{ML} = (\tilde{\mu}_{ML}; \tilde{\sigma}^2_{ML})$ dieser Funktion, was wir durch Übergang von $L_{x_1,\ldots,x_n}(\boldsymbol{\Theta})$ zur logarithmisch transformierten Funktion

$$\ln(L_{x_1,\ldots,x_n}(\boldsymbol{\Theta}))$$

vorbereiten.*

Wir setzen

$$\mathbf{L}(\mu , \sigma^2) := \ln (L_{x_1,\ldots,x_n}(\mu , \sigma^2)) = -\frac{n}{2} \ln 2\pi - \frac{n}{2} \ln \sigma^2 - \frac{1}{2\sigma^2} \sum (x_i - \mu)^2$$

und suchen die stationären Punkte der transformierten Funktion **L**.

(1) $$\frac{\partial \mathbf{L}}{\partial \mu}(\mu , \sigma^2) = \frac{1}{\sigma^2} \sum (x_i - \mu) \overset{!}{=} 0 \qquad | \cdot \sigma^2$$

(2) $$\frac{\partial \mathbf{L}}{\partial \sigma^2}(\mu , \sigma^2) = -\frac{n}{2\sigma^2} + \frac{1}{2(\sigma^2)^2} \sum (x_i - \mu)^2 \overset{!}{=} 0 \quad | \cdot \frac{2\sigma^2}{n} \quad ,$$

und lösen beide Gleichungen nach μ und σ^2 auf.

Aus (1) erhalten wir:

$$\sum (x_i - \mu) = 0 \qquad \Rightarrow \qquad -n\mu + \sum x_i = 0$$

$$\mu_0 = \frac{1}{n} \sum x_i = \bar{x}$$

und aus (2) erhalten wir:

$$-1 + \frac{1}{n\sigma^2} \sum (x_i - \mu)^2 = 0 \quad \Rightarrow \quad \sigma^2_0 = \frac{1}{n} \sum (x_i - \bar{x})^2 \quad .$$

als entsprechende Punktschätzwerte bei Anwendung der ML-Schätzfunktion.

Der Punkt $\tilde{\boldsymbol{\Theta}}_{ML} = (\tilde{\mu}_{ML}; \tilde{\sigma}^2_{ML}) = (\bar{x}; \frac{1}{n}\sum (x_i - \bar{x})^2)$ ist - wie sich zeigen läßt - der *einzige* stationäre Punkt von $\mathbf{L}(\mu ; \sigma^2)$, da das Gleichungssystem (1) und (2) genau *eine* Lösung besitzt.

---

* Sachverhalt zur Vereinfachung der Ermittlung der Maximumstellen:

Die Betrachtung der Logarithmusfunktion $\ln(y)$ läßt erkennen, daß sie eine streng monoton wachsende Funktion ist, woraus folgt, daß $\ln(L_{x_1,\ldots,x_n}(\Theta))$ und $L_{x_1,\ldots,x_n}(\Theta)$ ihre maximalen Funktionswerte an den gleichen Argumentstellen des Definitionsbereiches annehmen. Vorteil bei der Suche nach diesen stationären Punkten: Produkte in der L-Funktion werden zu Summen in der ln(L)-Funktion.

Man hätte abschließend noch zu prüfen, ob die partiellen Ableitungen 2. Ordnung eine negativ definite Funktionaldeterminante ergeben, um ein *lokales Maximum* nachzuweisen. Dies läßt sich leicht zeigen, was wir in dieser Statistik-Betrachtung jedoch übergehen.

Darüberhinaus läßt sich weiter zeigen, daß dies sogar die *globale* Maximumstelle von $L(\mu\ ;\ \sigma^2)$ ist, und wegen der strengen Monotonie der Logarithmusfunktion ist dies auch die globale Maximumstelle für die Likelihood-Funktion selbst.

Zusammengefaßt:

Als ML-Schätzfunktion erhielten wir für den *Erwartungswert E(X)* der normalverteilten Zufallsgröße das *arithmetische Mittel* der n Beobachtungswerte.

Als ML-Schätzfunktion für die *Varianz Var(X)* der normalverteilten Zufallsgröße erhielten wir die *mittlere quadratische Streuung* der Beobachtungswerte um den arithmetischen Mittelwert.

Obwohl dies eine nicht erwartungstreue, "nach unten" verzerrte Schätzung für Var(X) ist (man verwendet daher üblicherweise die *empirische Varianz* s_x^2 als geeignete Schätzfunktion, da sie unverzerrt ist), kann man sie für *große Stichprobenumfänge* n als brauchbare Schätzung benutzen.

3.1.4 Zusammenstellung wichtiger Schätzfunktionen

Für die wenigen, im Rahmen unserer Betrachtungen verwendeten Schätzaufgaben sind natürlich alle entsprechenden ML-Schätzfunktionen bekannt; deshalb geben wir im folgenden Unterpunkt eine Übersicht zu den von uns zu verwendenden ML-Schätzfunktionen .

zu schätzender Parameter		Verteilungstyp von X	übliche Schätzfunktion (Eigenschaften)		ML-Schätzfunktion
E(X)	$=\mu$ $=1/\alpha$ $=\lambda$ $=n\cdot p$	Normal-, Exp.-, Poisson- oder Binomialvertlg.	$\overline{x}$ wirksamste, erwartungstreue Schätzfkt.	=	$\overline{x}$
		beliebig	$\overline{x}$ erwartungstreu		nur bei festgelegtem Verteilungstyp bestimmbar
Var(X)	$=\sigma^2$	Normalvertlg.	$s^2=\frac{1}{n-1}\sum_{i=1}^{n}(x_i-\overline{x})^2$ erwartungstreu	>	$s_n^2=\frac{1}{n}\sum_{i=1}^{n}(x_i-\overline{x})^2$ (also *nicht* erwartungstreu)
		beliebig	s^2 erwartungstreu		nur bei festgelegtem Verteilg.typ bestimmbar
P(A)		als Zweipunktverteilg.betrachtbar * $A \triangleq$ "X = 1" $\overline{A} \triangleq$ "X = 0"	$f_n(A) = \overline{x}$ wirksamste, erwartungstreue Schätzfunktion	=	$f_n(A)$
a		Gleichverteilung	$x_{min} - \frac{1}{n-1}(x_{max} - x_{min})$	<	x_{min}
b		auf	$x_{max} + \frac{1}{n-1}(x_{max} - x_{min})$	>	x_{max}
		[a , b]	beide erw.treu		(also nicht erwartg.treu)

* Die Zweipunktverteilung läßt sich als spezielle Binomialverteilung mit den Parametern n = 1 und p auffassen.

Zu dieser Übersicht fügen wir folgende *Bemerkungen* hinzu:

- Die von uns bisher betrachteten empirischen Kennwerte werden *üblicherweise* als geeignete Schätzungen für die entsprechenden theoretischen Parameter benutzt, obwohl z. B. s_x, v und die Schiefe i. a. nicht einmal erwartungstreu sind.
- Hinsichtlich der Exponentialverteilung ist zwar für $\alpha = \frac{1}{E(X)}$ der Kehrwert des arithmetischen Mittels $1 / \bar{x}$ die dazugehörige ML-Schätzfunktion, jedoch ist sie ebenfalls nicht erwartungstreu.
- Hinsichtlich der Binomialverteilung läßt sich feststellen, daß

$$\frac{\bar{x}}{n}$$

die wirksamste, erwartungstreue Schätzfunktion für p (und die ML-Schätzfunktion) ist.

Ein gewisser Nachteil von Punktschätzungen besteht darin, daß man auch bei Verwendung der "geeignetsten" Schätzfunktion nicht angeben kann, um wieviel man eventuell am tatsächlich existierenden, aber unbekannten Paramterwert "vorbeigeschätzt" hat.
Aus diesem Grunde beschäftigen wir uns noch mit einem anderen Typ von Schätzungen, den sog. Konfidenzschätzungen.

3.2 Konfidenzschätzungen

Das Anliegen bei der Verwendung dieses Schätzfunktionstyps besteht in der Schätzung eines (möglichst schmalen) Konfidenzintervalls, in dem der gesuchte Parameterwert mit einer (möglichst hohen) statistischen Sicherheit liegt, das also den unbekannten Parameterwert mit hoher Wahrscheinlichkeit überdeckt.
Im praktischen statistischen Sprachgebrauch benutzt man die folgenden Begriffe synonym:

Bereichsschätzungen
Konfidenzintervalle
Vertrauensintervalle.

Bevor wir diesen Schätzfunktionstyp einführen, wollen wir noch einen weiteren statistischen Sprachgebrauch einführen:

α	-	Irrtumswahrscheinlichkeit ($0 < \alpha < 1$)
$(1 - \alpha)$	-	Konfidenzniveau
$(1 - \alpha) \cdot 100\%$	-	Statistische Sicherheit.

Wir gehen - wie im Punkt 3.1 - davon aus, daß der Verteilungstyp von X bekannt ist und der Wert einer (oder mehrerer) Parameter der Verteilung von X gesucht wird, d. h. Θ^* - als der wahre, aber unbekannte Parameterwert - ist auf der Grundlage der Beobachtungswerte $x_1, \ldots, x_n$ zu bestimmen.

Wir stehen damit vor folgender

Schätzaufgabe:

Gesucht sind zwei Funktionen g_u und g_o, die Stichprobenwerten $x_1, \ldots, x_n$ ein solches Intervall

$$[\, g_u (x_1, \ldots, x_n) \, ; g_o (x_1, \ldots, x_n)]$$

zuordnen, welches mit einer (von uns festgelegten) statistischen Sicherheit $S = (1 - \alpha) \cdot 100\ \%$ den unbekannten Parameterwert Θ^* enthält.

Bem.: In diesem Zusammenhang bedeutet "Statistische Sicherheit" von z. B. 99,9 % (also $\alpha = 0{,}001$):

Beim Ziehen sehr vieler Stichproben vom gleichen Umfang n aus ein- und derselben Grundgesamtheit sollen (etwa) 99,9 % der aus den jeweiligen Stichprobenwerten mit den gleichen Funktionen g_u und g_o berechneten Intervalle den Wert Θ^* überdecken und nur etwa 0,1 % nicht. Der Sachverhalt soll durch die folgende Darstellung verdeutlicht werden:

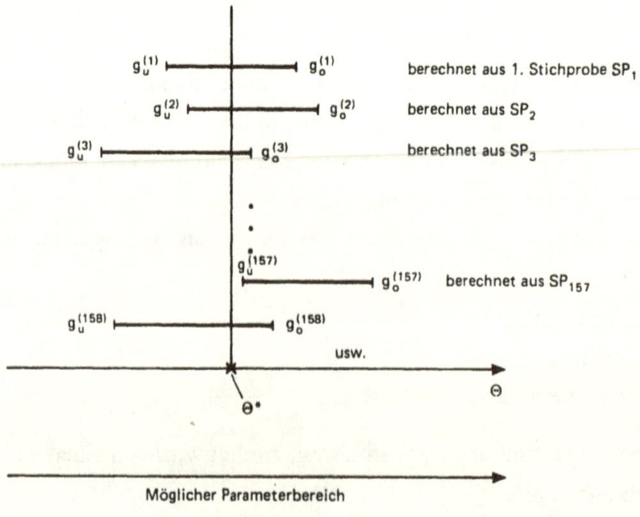

Der Fall 157, in dem das entsprechende Intervall den gesuchten Parameterwert Θ^* *nicht* überdeckt, soll nur "sehr selten" auftreten; ausschließen kann man ihn ja nicht generell.

Zum Nachweis des Einhaltens einer geforderten statistischen Sicherheit benutzt man wieder Hilfsmittel aus der Wahrscheinlichkeitsrechnung.
Wir betrachten dazu

$$g_u (X_{1;\Theta}, \ldots, X_{n;\Theta})$$
$$g_o (X_{1;\Theta}, \ldots, X_{n;\Theta})$$

als zufällige untere bzw. obere Intervallgrenzen.

Def.: Ein aus den Stichprobenwerten $x_1, \ldots, x_n$ berechnetes Intervall

$$[\, g_u (x_1, \ldots, x_n) \,;\, g_o (x_1, \ldots, x_n)] \mid S = (1 - \alpha) \cdot 100\,\%$$

heißt **konkretes Konfidenzintervall für den unbekannten Parameterwert Θ^* zum Konfidenzniveau $1 - \alpha$** , wenn für jeden zulässigen Parameterwert Θ das (zufällige) Intervall

$$\mathfrak{J}_{n;\Theta} := [\, g_u (X_{1;\Theta}, \ldots, X_{n;\Theta}) \,;\, g_o (X_{1;\Theta}, \ldots, X_{n;\Theta})]$$

den Wert Θ mit einer Wahrscheinlichkeit von $(1 - \alpha)$ enthält, also wenn

$$P(\text{"}\Theta \in \mathfrak{J}_{n;Q}\text{"}) = 1 - \alpha$$

gilt.

Bem.:

- Ein konkretes Konfidenzintervall
  $[\, g_u (x_1, \ldots, x_n) \,;\, g_o (x_1, \ldots, x_n)] \mid S = (1 - \alpha) \cdot 100\,\%$
  ist folglich *eine* Realisierung des zufälligen Intervalls $\mathfrak{J}_{n;\Theta}$. Es gilt natürlich auch

  $$P(\text{"}\Theta^* \in \mathfrak{J}_{n;\Theta^*}\text{"}) = 1 - \alpha \quad ,$$

  was zur Folge hat, daß (wie in der Aufgabenstellung gefordert) das konkrete Konfidenzintervall $[g_u \,;\, g_o]$ den unbekannten, wahren Parameterwert Θ^* mit einer statistischen Sicherheit von $(1 - \alpha) \cdot 100\,\%$ enthält.

- α kann natürlich vom Anwender entsprechend der von ihm gewünschten (und aus der Stichprobenziehung, d. h. aus der "Versuchsanordnung" resultierend geforderten) statistischen Sicherheit festgelegt werden.

Zur Konstruktion geeigneter Funktionen g_u und g_o zwecks Intervallschätzung für die unterschiedlichen Parameter ist die Kenntnis der folgenden Wahrscheinlichkeitsverteilungen bzw. Dichtefunktionen und insbesondere ihrer Quantile notwendig.

3.2.1 Grundlegende Verteilungen der Mathematischen Statistik und ihre Quantile

a) Die Standard-Normalverteilung

Wir betrachten dazu die (standardisierte) Zufallsvariable Z

$$Z := \frac{X - \mu}{\sigma} \quad , \quad \text{mit } \mu = E(X) \text{ und } \sigma^2 = Var(X).$$

Aus der Wahrscheinlichkeitsrechnung wissen wir, daß Z normalverteilt ist, wenn sie die Dichtefunktion

$$f_Z(z) = \phi(z) = \frac{1}{\sqrt{2\pi}} \cdot e^{-\frac{z^2}{2}} \quad ; \quad -\infty < z < +\infty$$

besitzt:

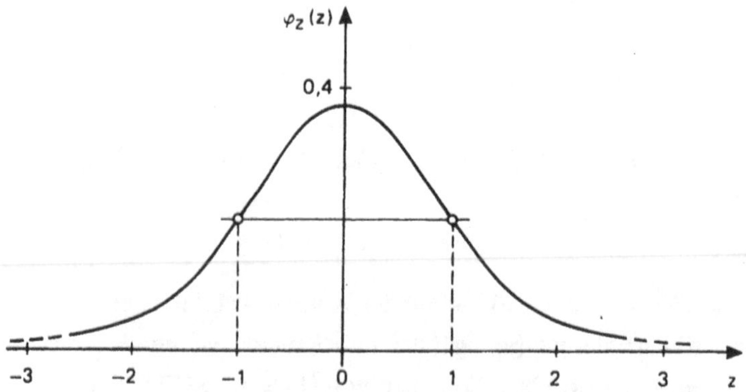

Die zu $f_Z(z)$ gehörende Verteilungsfunktion ist bekanntlich:

$$\Phi_Z(z) = \frac{1}{\sqrt{2\pi}} \int_{-\infty}^{z} e^{-\frac{t^2}{2}} dt \quad ; \quad -\infty < z < +\infty$$

Wir bezeichnen mit z_α das sog. (1- α)-Quantil der Standard-Normalverteilung, $(-\infty < z_\alpha < +\infty)$ und fragen:

Wie groß ist die Wahrscheinlichkeit dafür, daß - wenn Z solchermaßen verteilt ist - das Ereignis

$$"Z \geq z_\alpha"$$

eintritt? (Sie soll gleich α sein.)
Grafisch kann man sich diese Frage an der folgenden Darstellung verdeutlichen:

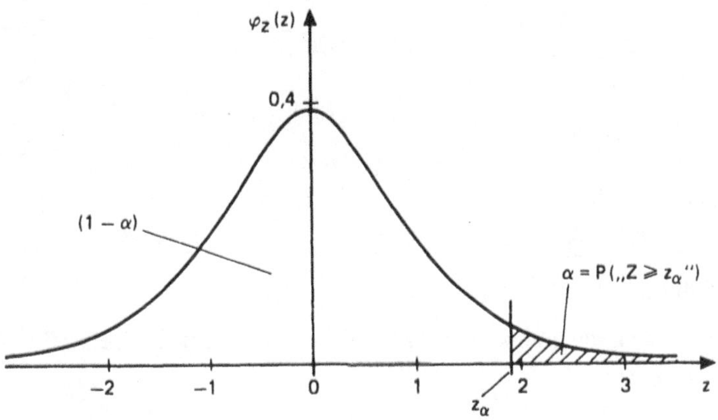

Die Größe der schraffierten Fläche (nämlich die Antwort auf unserer obige Frage) läßt sich offenbar bei dieser bekannten Dichte- (bzw. Verteilungsfunktion) in Abhängigkeit vom konkret gewählten Wert z_α genau ermitteln.

Also könnte man in dem Fall auch schreiben:

$$\Phi(z_\alpha) = P("Z < z_\alpha") = 1 - \alpha \quad ,$$

d. h. das **z_α-Quantil der Standardnormalverteilung** ist der Argumentwert der Funktion Φ, für den ihr Funktionswert **gleich 1 - α** ist.

Bsp.:

Gesucht ist das (1 - α)-Quantil der Standard-Normalverteilung für die Werte

$\alpha = 0{,}5 \quad ; \quad \alpha = 0{,}05 \quad ; \quad \alpha = 0{,}025$, d. h.

$$\begin{aligned} \Phi(z_{0,5}) &= 1 - 0{,}5 &&= 0{,}5 \\ \Phi(z_{0,05}) &= 1 - 0{,}05 &&= 0{,}95 \\ \Phi(z_{0,025}) &= 1 - 0{,}025 &&= 0{,}975 \quad . \end{aligned}$$

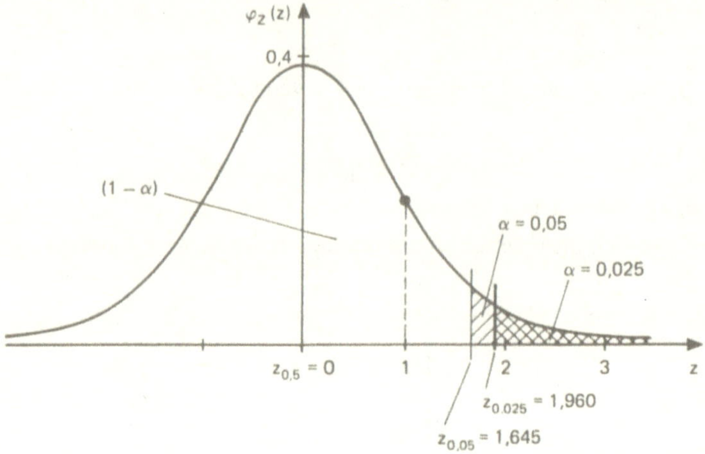

Also ist

$$z_{0,5} = 0$$
$$z_{0,05} = 1{,}645$$
$$z_{0,025} = 1{,}960 \quad ,$$

was man auch in den entsprechenden Tafelwerken zur Mathematischen Statistik nachschlagen kann (vgl. [4]).

b) Die t-Verteilungen (nach STUDENT)

Def.: Eine Zufallsvariable t_m heißt **t-verteilt mit m Freiheitsgraden**, falls sie die Dichtefunktion

$$f_{t_m}(x) = D_m \left(1 + \frac{x^2}{m}\right)^{-\frac{m+1}{2}} \quad ; \quad -\infty < x < +\infty$$

besitzt. Dabei sind m = 1, 2, 3, … die zulässigen Werte; und D_m ist eine bestimmte (von m abhängige) Konstante. Die Anzahl der Freiheitsgrade m ist gleich dem Stichprobenumfang n minus der Anzahl der verwendeten Schätzungen.

Bem.: - D_m ist (abhängig von m) wegen $\int_{-\infty}^{+\infty} f_{t_m}(x)\,dx = 1$

eindeutig bestimmt und in der Literatur (z. B. [4]) nachzulesen. Im Rahmen unserer Betrachtungen ist die Bestimmung dieser Konstanten nicht nötig.

- Die Dichtefunktionen $f_{t_m}(x)$ sind eingipflig, symmetrisch, und es gilt

$$E(t_m) = 0$$
$$Var(t_m) \cong \frac{m}{m-2} \quad ,$$

wobei in der letzten Beziehung das Gleichheitszeichen nur für m ≥ 3 gilt.*

- Es läßt sich auch zeigen, daß

$$f_{t_m}(x) \underset{m \to +\infty}{\longrightarrow} \varphi(x)$$

gilt, d. h. für große Werte der Freiheitsgrade m nähert sich die Dichte der t-Verteilungen der Standard-Normalverteilungsdichtefunktion φ(x).

- Für endliche Werte von m sind die t-Verteilungsdichten abgeflachter, "platter" als die Standard-Normalverteilungsdichte φ(x).

Bsp.: Gesucht ist das (1 - α)-Quantil der t-Verteilung mit FG = 3 Freiheitsgraden für den Wert α = 0,05 .
Wir fragen wieder: Wie groß ist die Wahrscheinlichkeit dafür, daß - wenn die Zufallsvariable t_m nach t verteilt ist - das Ereignis

$$"t_m \geq t_{m;\alpha}"$$

eintritt? (Sie soll gleich α sein.)
Die Antwort läßt sich aus folgender Grafik entnehmen:

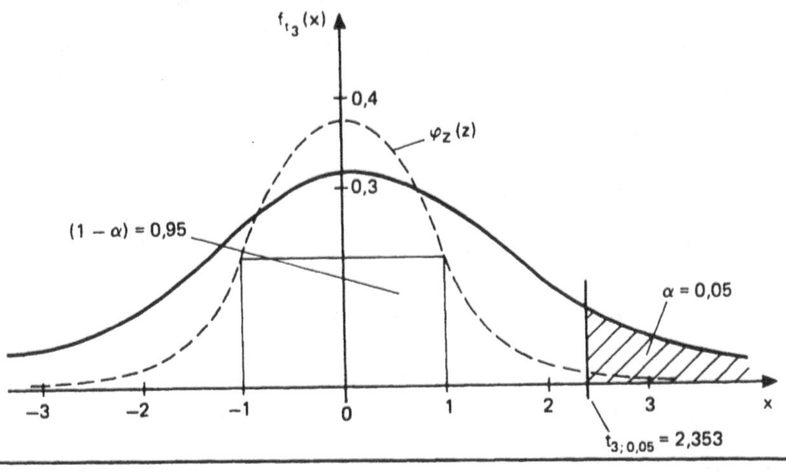

* Aus der Beziehung $Var(t_m) = \frac{m}{m-2}$ kann man wegen $\lim_{m \to +\infty} \frac{m}{m-2} = 1$ auch leicht er kennen, daß für hinreichend großes m die Varianz näherungsweise gleich der Varianz einer standardnormalverteilten Zufallsgröße Z ist.

Unsere obige Frage kann man auch kurz so schreiben:

$$P(\text{"}t_m \geq t_{m;\alpha}\text{"}) = \alpha \quad .$$

Will man demgegenüber die Wahrscheinlichkeit für das Ereignis

$$P(\text{"}|t_m| \geq t_{m;\alpha/2}\text{"}) = \alpha \quad , \quad \text{also}$$

$$P(\text{"}t_m \leq -t_{m;\alpha/2}\text{" und "}t_m \geq t_{m;\alpha/2}\text{"}) = \alpha$$

bestimmen, dann handelt es sich offenbar um die Untersuchung des Falles, in dem einmal die Zufallsgröße *kleiner oder gleich* dem Wert $-t_{m;\alpha/2}$ und einmal *größer oder gleich* dem Wert $t_{m;\alpha/2}$ sein soll. Man spricht - im Gegensatz zum vorherigen "einseitigen" Fall - von einer sog. "zweiseitigen" Fragestellung und kennzeichnet dies in der Schreibweise durch $\alpha/2$ als Index am jeweiligen Quantil.

Also ist in unserem Beispiel für die zweiseitige Fragestellung (bei m = 3 und $\alpha = 0{,}05$):

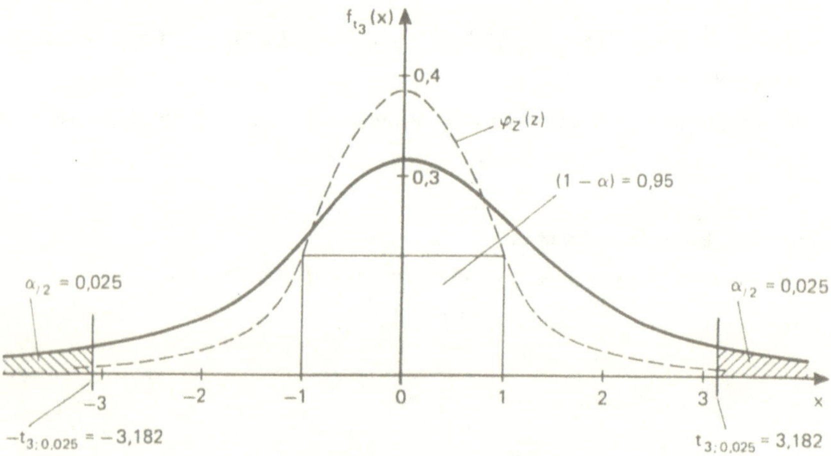

Schließlich läßt sich auch unsere obige Frage so schreiben:

$$P(\text{"}|t_m| < t_{m;\alpha/2}\text{"}) = 1 - \alpha \quad .$$

Zusammengefaßt wollen wir sagen, daß wir mit

$t_{m;\alpha}$ - das einseitige $(1 - \alpha)$-Quantil der t-Verteilung

$t_{m;\alpha/2}$ - das zweiseitige $(1 - \alpha)$-Quantil der t-Verteilung

bezeichnen.

Wann immer wir mit Quantilen arbeiten, wird damit aus unserer Schreibweise hervorgehen, ob wir im konkreten Fall mit einer einseitigen oder zweiseitigen Fragestellung arbeiten.

Als Antwort auf unsere obige Frage erhalten wir (bei einseitiger Fragestellung):

$$F_{t3}(t_{3;0,05}) = 1 - 0{,}05 = 0{,}95 \quad , \text{ d. h.}$$
$$P(\text{"}t_3 \geq t_{3;0,05}\text{"}) = 0{,}05 \qquad \text{mit } t_{3;0,05} = 2{,}353 \text{ ;}$$

und (bei zweiseitiger Fragestellung):

$$F_{t3}(t_{3;0,05/2}) = 1 - 0{,}05 = 0{,}95 \quad , \text{ d. h.}$$
$$P(\text{"}|t_3| \geq t_{3;0,05/2}\text{"}) = 0{,}05 \qquad \text{mit } t_{3;0,05/2} = 3{,}182 \text{ bzw. } -t_{3;0,05/2} = -3{,}182.$$

Die konkreten Werte der (1-α)-Quantile findet man natürlich tabelliert, z. B. in [4].

c) *Die χ^2-Verteilungen*

Def.: Eine Zufallsgröße $\chi_m{}^2$ heißt **χ^2-verteilt mit m Freiheitsgraden,** falls sie die Dichtefunktion

$$f_{\chi^2_m}(x) = \begin{cases} 0 & \text{für } x \leq 0 \\ C_m \, e^{-\frac{x}{2}} \cdot x^{\frac{m}{2}-1} & \text{für } x > 0 \end{cases}$$

besitzt. Dabei sind m = 1, 2, 3, ... die zulässigen Werte, und C_m ist eine (nur von m abhängige) Konstante.

Bem.:
- Die Dichtefunktionen der χ^2-Verteilungen sind unsymmetrisch und eingipflig. Mit wachsendem m werden sie immer steiler.
- Es gilt $E(\chi^2{}_m) = m$ und $Mod(\chi^2{}_m) = m - 2$.
- In Übereinstimmung mit unserer vorherigen Schreibweise bezeichnen wir mit $\chi^2{}_{m;\alpha}$ das einseitige (1 - α)-Quantil von der Zufallsvariablen $\chi^2{}_m$.

Bsp.: Gesucht sei das einseitige (1 - α)-Quantil der χ^2-Verteilung mit m = 10 Freiheitsgraden für den Wert α = 0,025:

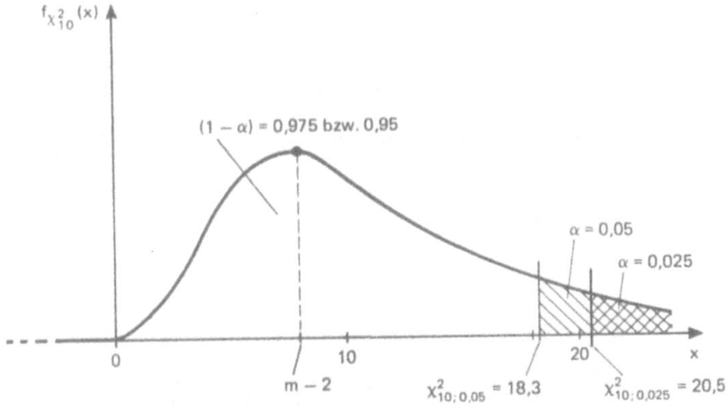

Als Antwort erhalten wir:

$$F_{\chi^2_{10}}(\chi^2_{10;0,025}) = 1 - 0{,}025 = 0{,}975 \quad , \text{ d. h.}$$

$$P(\text{"}\chi^2_{10} \geq \chi^2_{10;0,025}\text{"}) = 0{,}025 \qquad \text{mit } \chi^2_{10;0,025} = 20{,}5 \ .$$

Die zweiseitige Fragestellung erfolgt analog; jedoch erhält man hier (wegen der Asymmetrie der Dichtefunktion) für *einen* festen Wert $\alpha/2$ in der Regel zwei *unterschiedliche* Quantilswerte (die natürlich beide positiv sind). Auch diese Quantilswerte sind tabelliert und in entsprechenden Tafelwerken auffindbar.

Zusatz: In praktischen Anwendungen kommt es oft vor, daß m größer wird als z. B. der Wert 100. Dann lassen sich die entsprechenden Quantile nur noch aus Spezialtabellen [8] (und dort auch nur für "runde" Freiheitsgrade) heraussuchen.

In [4] findet sich jedoch für diesen Fall eine Näherungsformel, welche man hier vorteilhaft verwenden kann:

Für $m > 100$ gilt $\chi^2_{m;1-\alpha} \cong \frac{1}{2}\,[\sqrt{2m-1} + z_{(1-\alpha)}]^2$
bei einseitiger Fragestellung.

Bsp.: $\alpha = 0{,}025$, d. h. es ist z. B. mit $m = 110$

$$\chi^2_{110;0,975} \cong \frac{1}{2}\,[\sqrt{2 \cdot 110 - 1} + z_{0,975}]^2$$

$$= \frac{1}{2}\,[\sqrt{219} - z_{0,025}]^2$$

$$= \frac{1}{2}\,[14{,}80 - 1{,}96]^2$$

$$= \frac{1}{2} \cdot 12{,}84^2$$

$$\cong 82{,}4 \ .$$

Zur Anwendung dieser speziellen Prüf-Verteilungen der Mathematischen Statistik zitieren wir (ohne Beweis) folgenden

Satz: Sind $X_1, \ldots, X_n$ (stochastisch) unabhängige Zufallsvariablen, von denen jede die **gleiche Normalverteilung** $N(\mu;\sigma^2)$ besitzt, dann gelten mit den Bezeichnungen

$$\overline{X} := \frac{1}{n}\,(X_1 + \ldots + X_n) \quad \text{und} \quad S^2 := \frac{1}{n-1}\sum_{i=1}^{n}(X_i - \overline{X})^2$$

die Aussagen

a) $\overline{X} \sim N(\mu;\sigma^2/n)$ und folglich $Z := \frac{\overline{X} - \mu}{\sigma} \cdot \sqrt{n} \sim N(0;1)$

b) $t_{n-1} := \frac{\overline{X} - \mu}{S} \cdot \sqrt{n}$ ist t-verteilt mit FG = n - 1 Freiheitsgraden

c) $\chi^2_{n-1} := (n-1)\frac{S^2}{\sigma^2}$ ist χ^2-verteilt mit FG = n - 1 Freiheitsgraden.

3.2.2 Konfidenzintervalle für die Parameter einer Normalverteilung

In der nachfolgenden Tabelle sind konkrete Konfidenzintervalle zum Konfidenzniveau (1 - α) für die Parameter einer Normalverteilung angegeben:

Fall	Voraussetzungen für das Merkmal X	zu schätzender Parameter	$g_u(x_1, \ldots, x_n) =$ $g_o(x_1, \ldots, x_n) =$
a	Normalverteilung $\sigma^2 = \sigma^{*2}$ bekannt	μ	$\overline{x} - z_{\alpha/2} \cdot \frac{\sigma}{\sqrt{n}}$ $\overline{x} + z_{\alpha/2} \cdot \frac{\sigma}{\sqrt{n}}$
b	Normalverteilung (es stehen höchstens Schätzwerte für μ u. σ zur Verfügung)	μ	$\overline{x} - t_{n-1;\alpha/2} \cdot \frac{s}{\sqrt{n}}$ $\overline{x} + t_{n-1;\alpha/2} \cdot \frac{s}{\sqrt{n}}$
c	Normalverteilung (es steht höchstens ein Schätzwert für σ zur Verfügung)	σ^2	$s^2 \cdot \frac{n-1}{\chi^2_{n-1;\alpha/2}}$ $s^2 \cdot \frac{n-1}{\chi^2_{n-1;(1-\alpha/2)}}$
d	Normalverteilung $\mu = \mu^*$ bekannt	σ^2	$\frac{1}{n}\sum (x_i-\mu)^2 \cdot \frac{n}{\chi^2_{n;\alpha/2}}$ $\frac{1}{n}\sum (x_i-\mu)^2 \cdot \frac{n}{\chi^2_{n;(1-\alpha/2)}}$

Zum Nachweis der Richtigkeit der Angaben, d. h. daß die aufgeschriebenen Funktionen g_u und g_o tatsächlich zu Konfidenzintervallen auf dem Konfidenzniveau $(1 - \alpha)$ führen, betrachten wir die folgenden Ausführungen.
Laut Definition des konkreten Konfidenzintervalls aus dem Punkt 3.2 gilt

$$P(\text{"}\Theta \in \mathfrak{I}_{n;\Theta}\text{"}) = 1 - \alpha$$

Das heißt z. B. für den Fall a) der obigen Tabelle:

$$\text{"}\mu \in \mathfrak{I}_{n;\mu}\text{"} = \text{"}\overline{X} - z_{\alpha/2} \cdot \frac{\sigma}{\sqrt{n}} \leq \mu \leq \overline{X} + z_{\alpha/2} \cdot \frac{\sigma}{\sqrt{n}}\text{"} \quad .$$

Addiert man in allen Gliedern der Ungleichungsfolge $-\ \overline{X}$, dann ergibt sich

$$= \text{"}- z_{\alpha/2} \cdot \frac{\sigma}{\sqrt{n}} \leq \mu - \overline{X} \leq z_{\alpha/2} \cdot \frac{\sigma}{\sqrt{n}}\text{"} \quad .$$

und das ist - mit -1 multipliziert -

$$= \text{"}\, z_{\alpha/2} \cdot \frac{\sigma}{\sqrt{n}} \geq \overline{X} - \mu \geq - z_{\alpha/2} \cdot \frac{\sigma}{\sqrt{n}}\text{"} \quad .$$

Wenn man diese Ungleichungsfolge durch $\frac{\sigma}{\sqrt{n}}$ dividiert, ergibt sich

$$= \text{"}z_{\alpha/2} \geq \frac{\overline{X} - \mu}{\sigma} \cdot \sqrt{n} \geq - z_{\alpha/2}\text{"} \quad ;$$

und wegen $Z := \frac{\overline{X} - \mu}{\sigma} \cdot \sqrt{n} \sim N(0;1)$ aus dem vorigen Punkt 3.2.1 können wir schreiben:

$$= \text{"}z_{\alpha/2} \geq Z \geq - z_{\alpha/2}\text{"} \quad ,$$

woraus folgt:

$$\begin{aligned} P(\text{"}\mu \in \mathfrak{I}_{n;\mu}\text{"}) &= P(\text{"}- z_{\alpha/2} \leq Z \leq z_{\alpha/2}\text{"}) \\ &= \Phi(z_{\alpha/2}) - \Phi(- z_{\alpha/2}) \\ &= 1 - \alpha/2 - \alpha/2 \\ &= 1 - \alpha \quad . \end{aligned}$$

Da dieses Ergebnis laut Definition für *jeden* beliebigen Wert μ richtig ist, gilt es erst recht für den unbekannten Wert μ^*. Die Fälle b) und c) können analog behandelt werden, um das entsprechende Ergebnis herzuleiten.

Komplex-Beispiel:

Als zu beobachtendes Merkmal an den Elementen der Grundgesamtheit betrachten wir die Montagedauer einzelner Geräte *eines* Typs in einer Groß-Serienproduktion. Sie kann (näherungsweise) als normalverteilt vorausgesetzt werden. Die Parameterwerte μ^* und σ^{2*} seien aber unbekannt.

Aufgabe:

Zu schätzen seien die unbekannten μ^* und σ^{2*} als (I) Punktschätzungen aus einer Stichprobe vom Umfang $n = 16$. Weiterhin soll (II) je ein 95 % - Konfidenzintervall für den Erwartungswert (d. h. die durchschnittliche Montagedauer aller Geräte in der Grundgesamtheit), für die Varianz und die Standardabweichung berechnet werden.

Lösung:

Aus der zufällig gezogenen Stichprobe wurden die empirischen Werte

$$\bar{x} = 205 \ [\text{min}]$$
$$s = 20 \ [\text{min}]$$

berechnet. Um die Schätzaufgabe (I) zu lösen, erhalten wir nach Unterpunkt 3.1.3

$$\mu_{ML} := \bar{x} = 205 \text{ min}$$
$$\sigma^2_{ML} := s^2 = 400 \text{ min}^2 \quad ;$$

das sind die "besten" Schätzwerte für den Erwartungswert und die Varianz der Normalverteilung in der Grundgesamtheit. Um die Aufgabe (II) zu lösen, wenden wir den Fall b) der Tabelle dieses Unterpunktes 3.2.2 an:

Bei einer statistischen Sicherheit von 95 % ist

$$S = (1 - \alpha) \cdot 100 = 95 \%$$
$$1 - \alpha = \frac{95}{100} = 0{,}95$$
$$\alpha = 1 - 0{,}95$$
$$\alpha = 0{,}05$$

und damit $\alpha/2 = 0{,}025$.

Mit $n = 16$ erhalten wir damit

$$t_{n-1;\alpha/2} \cdot \frac{s}{\sqrt{n}} = t_{15;0{,}025} \cdot \frac{20}{\sqrt{16}} = 2{,}13 \cdot 5 = 10{,}65 \approx 11 \quad .$$

Das bedeutet:

$$[205 - 11 \,;\, 205 + 11] \quad | \quad S \cong 95\,\%$$

ist das gesuchte konkrete 95 % - Konfidenzintervall für den Erwartungswert. Man sagt auch im statistischen Sprachgebrauch:
Mit einer statistischen Sicherheit von 95 % enthält das konkrete Intervall [194 ; 216] den unbekannten Parameterwert μ^*.

Bem.: Wir erkennen, daß es sich bei diesem Intervall um ein *symmetrisches* Intervall in dem Sinne handelt, daß $\bar{x}$ in seiner Mitte liegt.

Zur Lösung von Aufgabe (II) gehört weiterhin die Bestimmung eines Konfidenzintervalls für die Varianz bzw. die Standardabweichung. Dazu benutzen wir das konkrete Konfidenzintervall c) aus der o. g. Tabelle:

$$s^2 \cdot \frac{n-1}{\chi^2_{n-1;\alpha/2}} = 400 \cdot \frac{15}{\chi^2_{15;0,025}} = 400 \cdot \frac{15}{27,5} = 400 \cdot 0,55 = 220$$

$$s^2 \cdot \frac{n-1}{\chi^2_{n-1;1-\alpha/2}} = 400 \cdot \frac{15}{\chi^2_{15;0,975}} = 400 \cdot \frac{15}{6,26} = 400 \cdot 2,4 = 960 \quad .$$

Das bedeutet:

$$[220 \,;\, 960] \quad | \quad S \cong 95\,\%$$

ist das gesuchte konkrete Konfidenzintervall für die Varianz. Dieses 95 % - Intervall überdeckt mit einer statistischen Sicherheit von 95 % den gesuchten, unbekannten Parameterwert σ^{2*}.

Bem.: Wir erkennen, daß es sich bei diesem Intervall um ein *unsymmetrisches* Intervall bzgl. s^2 handelt, denn $s^2 = 400$ liegt ja nicht die Mitte dieser Bereichsschätzung.

Natürlich ergibt sich für σ^*:

$$\begin{aligned} 220 \leq \sigma^{2*} &\leq 960 & | \quad S = 95\,\% \\ +\sqrt{220} \leq \sigma^* &\leq +\sqrt{960} & | \quad S = 95\,\% \\ 15 \leq \sigma^* &\leq 31 & | \quad S = 95\,\% \quad , \end{aligned}$$

d. h. [15 ; 31] ist das 95 % - Konfidenzintervall für σ^*, das konkret auf der Basis der gezogenen Stichprobe vom Umfang $n = 16$ berechnet wurde.

Wir wollen nun das Komplex-Beispiel dahingehend ändern, daß wir von einer "sichereren" Ausgangsinformation ausgehen: Wir mögen nun etwas mehr über den Prozeß der Montage der Geräte insofern wissen, als $\sigma = \sigma^* = 20$ min bekannt sei. Gegebenenfalls könnte diese Information ein findiger Fertigungsdisponent aus den Projektierungsunterlagen für den betrachteten Montageprozeß herausgesucht haben.
Wenn nun die Schätzaufgabe (I) gelöst werden soll, dann können wir mit dem konkreten Konfidenzintervall a) aus der o. g. Tabelle arbeiten:

$$z_{\alpha/2} \cdot \frac{\sigma}{\sqrt{n}} = z_{0,025} \cdot \frac{20}{\sqrt{16}} = 1{,}96 \cdot 5 = 9{,}8 \approx 10 \quad .$$

Das bedeutet:

$$[205 - 10 \,;\, 205 + 10] = [195 \,;\, 215] \quad | \quad S \cong 95\,\%$$

ist jetzt die konkrete Bereichsschätzung für den Erwartungswert.

Bem.: Dieses Konfidenzintervall zum *gleichen* Niveau $(1 - \alpha)$ ist etwas "schmaler", und damit engt es den gesuchten Parameterwert μ^* besser ein als das Intervall $[194 \,;\, 216]$, welches ohne Kenntnis von $\sigma^* = 20$ berechnet wurde.
Eine genauere Information über die *Streuungsverhältnisse im Prozeß* führt offenbar zu einer "kürzeren" Bereichsschätzung.

3.2.3 Bestimmung des minimal notwendigen Stichprobenumfangs bei der Schätzung des Erwartungswertes einer normalverteilten Zufallsvariablen

Sehr oft möchte man aus Gründen der sinnvollen Aufwands-Einteilung wissen, wie groß man den Stichprobenumfang der zu ziehenden Stichprobe mindestens wählen muß, damit bei einer festgelegten statistischen Sicherheit von $(1 - \alpha) \cdot 100\,\%$ der Stichproben-Mittelwert $\bar{x}$ einer normalverteilten Zufallsvariablen X um nicht mehr als ein feststehender Betrag Δ vom unbekannten Parameterwert μ^* abweicht.
Zur Klärung dieser Frage, die man allgemein in die Vorbereitung der statistischen Erfassung einordnet (Man spricht auch von "Versuchsplanung"), gehen wir vom Fall a) der Tabelle im vorigen Unterpunkt aus:

$$\bar{x} - z_{\alpha/2} \cdot \frac{\sigma}{\sqrt{n}} \le \mu^* \le \bar{x} + z_{\alpha/2} \cdot \frac{\sigma}{\sqrt{n}} \quad | \quad S = (1 - \alpha) \cdot 100\,\% \quad .$$

Diesen Sachverhalt kann man auch grafisch darstellen:

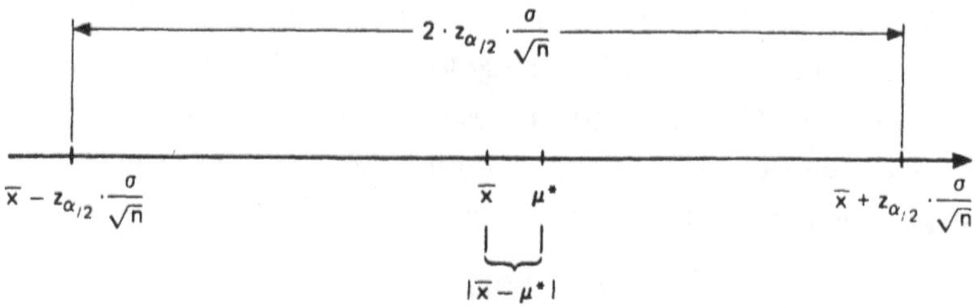

Wenn das in der Darstellung gezeigte Intervall den unbekannten Parameterwert μ^* mit einer statistischen Sicherheit von S % überdeckt, dann gilt offenbar:

$$|\bar{x} - \mu^*| \leq \underbrace{z_{\alpha/2} \bullet \frac{\sigma}{\sqrt{n}}}_{\Delta} \qquad | \; S = (1 - \alpha) \bullet 100\,\% \quad ,$$

d. h. das Konfidenzintervall kann auch als eine Aussage über die Genauigkeit der Punktschätzung $\mu_{ML} = \bar{x}$ interpretiert werden.

Aufgabe:

Zu vorgegebenen α, σ und Δ bestimme man den minimal notwendigen Stichprobenumfang n_{min}, für den mit einer statistischen Sicherheit von $(1 - \alpha) \bullet 100\,\%$ der Stichproben-Mittelwert $\bar{x}$ um nicht mehr als Δ von μ^* abweicht, d. h.

$$z_{\alpha/2} \bullet \frac{\sigma}{+\sqrt{n}} \leq \Delta$$

und das ist gleich

$$z_{\alpha/2} \bullet \sigma \leq \Delta \bullet +\sqrt{n}$$

$$\left(z_{\alpha/2} \bullet \frac{\sigma}{\Delta}\right)^2 \leq n$$

woraus folgt, daß n_{min} wenigstens gleich $\left(z_{\alpha/2} \bullet \frac{\sigma}{\Delta} \right)^2$ sein muß.

Bsp.: $\alpha = 0{,}05$
$\alpha/2 = 0{,}025$
$z_{\alpha/2} = 1{,}96$
$\sigma = \sigma^* = 20$

Die maximal zulässige Abweichung von $\overline{x}$ zu μ^* sei mit $\Delta = 2$ vorgegeben. Dann ist in diesem Falle:

$$n_{min} \geq (1{,}96 \cdot \frac{20}{2})^2 = 19{,}6^2 = 384{,}16$$

$$n_{min} \geq 385 \quad ,$$

d. h. um in diesem Falle die Genauigkeitsforderung $|\overline{x} - \mu^*| \leq 2$ mit einer statistischen Sicherheit von S = 95 % zu erfüllen, müssen mindestens 385 Elemente in die Stichprobe gezogen werden.

Natürlich ist vor Anwendung der o. g. Formel zur Bestimmung von n_{min} die Normalverteilungshypothese für X zu prüfen (z. B. mit dem χ^2-Anpassungstest aus Punkt 4.1).

Gehorcht X irgendeiner anderen Verteilung, dann ist selbstverständlich zur Herleitung von n_{min} ein anderes Schätzintervall zu verwenden.
Diese Fragestellungen gehen aber über den Rahmen unserer Betrachtungen zur Allgemeinen Statistik hinaus.

Wegen der Spezifik und Bedeutung der Schätzintervalle für Alternativmerkmale behandeln wir diesen Fall gesondert im folgenden Unterpunkt.

3.2.4 Konfidenzintervalle für unbekannte Wahrscheinlichkeiten (bzw. Anteilswerte)

Zur Schätzung des Erwartungswertes von Alternativ-Zufallsvariablen sind wegen der Verteilungs-Spezifik besondere Überlegungen nötig. Um ein konkretes Konfidenzintervall zur Schätzung des Erwartungswertes in diesem Fall herzuleiten, betrachten wir ein Ereignis A, das alternativ eintritt oder nicht eintritt.

Gesucht ist hier ein Konfidenzintervall für $p = P(A)$, und zwar auf der Basis von n Stichprobenbeobachtungen (p - positiver Versuchsausgang; P(A) - Wahrscheinlichkeit des Eintretens des Ereignisses A). Zum Vergleich ziehe man die beschriebenen Versuchsdurchführungen "Münzwurf" aus dem Punkt 3.0 heran.

Die dem Ereignis A entsprechende Alternativ-Variable sei

$$X_1, \dots, X_n \quad , \text{ d. h.}$$

$$X_i \underset{Df.}{=} \begin{cases} 1 & \text{falls A beim i-ten Stichprobenelement eintritt} \\ 0 & \text{falls } \overline{A} \text{ beim i-ten Stichprobenelement nicht eintritt.} \end{cases}$$

Bilden wir die Zufallsvariable

$$h_n^{zuf}(A) = X_1 + X_2 + \dots + X_n \quad ,$$

dann ist aus der Wahrscheinlichkeitsrechnung bekannt, daß sie binomialverteilt ist mit den Parametern n und $p = P(A)$.

Die Zufallsgröße der relativen Häufigkeit

$$f_n^{zuf}(A) = \frac{X_1 + \dots + X_n}{n} = \overline{X}$$

als "Mittelwert" der absoluten Häufigkeit $h_n^{zuf}(A)$ ist - falls die Bedingung $n \cdot p(1\text{-}p) > 4$ erfüllt ist - näherungsweise normalverteilt mit den Parametern $\mu = p$ und $\sigma^2 = \frac{p(1-p)}{n}$.

Mit $\alpha = 0{,}05$ und damit $z_{\alpha/2} = 1{,}96$ könnte man dann für $\overline{X}$ (aufgrund der sog. 2-σ-Regel) näherungsweise schreiben:

$$P(\text{"}\mu - 1{,}96\,\sigma \le \overline{X} \le \mu + 1{,}96\,\sigma\text{"}) \approx 0{,}95 \quad ,$$

woraus sich das konkrete Konfidenzintervall

$$p - 1{,}96 \cdot +\sqrt{\frac{p\,(1-p)}{n}} \le \overline{x} \le p + 1{,}96 \cdot +\sqrt{\frac{p\,(1-p)}{n}} \qquad | \quad S \approx 95\,\%$$

ergibt, wobei $\overline{x} = f_n(A)$ als "beste" Schätzung für $p = P(A)$ verwendet wird.
Nach einigen Umstellungen für p erhält man

$$g_{u,o}(x_1, \dots, x_n) = \frac{n}{n+1{,}96^2}\left[\overline{x} + \frac{1}{2n} \cdot 1{,}96^2 \mp 1{,}96 \cdot \sqrt{\frac{\overline{x}\,(1-\overline{x})}{n} + \left(\frac{1{,}96}{2n}\right)^2}\,\right]$$

als konkretes Konfidenzintervall für p mit einer annähernden statistischen Sicherheit von $S \approx 95\,\%$, falls $n \cdot p(1\text{-}p) > 4$ erfüllt ist.

Bem.: - Die Bedingung $n \cdot p(1\text{-}p) > 4$ kann nicht exakt überprüft werden, da p unbekannt ist. Deshalb benutzt man zur Prüfung zunächst $\overline{x} = f_n(A)$ für p, was aus der Stichprobe ermittelt werden kann.

- Die Grenzen des obigen konkreten Konfidenzintervalls sind einigermaßen verwickelt; allerdings gilt für große Werte n

$$\frac{n}{n+1{,}96^2} \approx 1 \quad , \text{ und}$$

$$\frac{1}{2n} \cdot 1{,}96^2 \approx 0 \quad , \text{ sowie } \left(\frac{1{,}96}{2n}\right)^2 \approx 0 \quad .$$

Daraus lassen sich Vereinfachungen ableiten:

$$g_u(x_1, \ldots, x_n) = \bar{x} - 1{,}96 \cdot +\sqrt{\frac{\bar{x}\,(1-\bar{x})}{n}}$$

$$g_o(x_1, \ldots, x_n) = \bar{x} + 1{,}96 \cdot +\sqrt{\frac{\bar{x}\,(1-\bar{x})}{n}}$$

Dies ist nun (näherungsweise) ein handhabbares konkretes 95 % - Konfidenzintervall für p, falls n genügend groß ist, und zwar so groß, daß

$$\frac{12}{n+12} < g_u \qquad \text{und} \qquad g_o < \frac{n}{n+12}$$

gelten. Diese Ungleichungen sind durch umfangreiche Simulationsrechnungen bestätigt.

- Ist n so klein, daß mit dem erhaltenen $\bar{x}$ keine der beiden Anwendungsregeln erfüllt sind, dann muß das Konfidenzintervall unmittelbar durch Ausnutzung der Binomialverteilung gewonnen werden. Diese kann man auch in speziellen statistischen Tafelwerken (z. B. [9]) bei vorgegebenem n und berechnetem $\bar{x}$ direkt aufsuchen.

Bsp.: Sei $n = 100$ und $\bar{x} = 0{,}36$,
d. h. $f_n(A) = 0{,}36$ bzw. $h_n(A) = 36$, also ist A genau 36 mal bei 100 Versuchsdurchführungen eingetreten.

Lösung: $\bar{x}(1 - \bar{x}) = 0{,}36 \cdot (1 - 0{,}36) = 0{,}2304\ (= 0{,}48^2)$
Da n "genügend groß" ist, wenden wir die "vereinfachten" g_u und g_o an:

$$g_u(x_1, \ldots, x_{100}) = \bar{x} - 1{,}96 \cdot +\sqrt{\frac{\bar{x}\,(1-\bar{x})}{100}}$$

$$= 0{,}36 - 1{,}96 \cdot 0{,}048 = 0{,}266 \overset{?}{>} \frac{12}{100+12} \approx 0{,}1 \quad \text{(ja)}$$

$$g_o(x_1, \ldots, x_{100}) = 0{,}36 + 1{,}96 \cdot 0{,}048 = 0{,}454 \overset{?}{<} \frac{100}{100+12} \approx 0{,}9 \quad \text{(ja)} \quad .$$

Das bedeutet, daß

$$[0{,}266\,;\,0{,}454] \quad | \quad S \approx 95\ \%$$

ein konkretes 95 % - Intervall für den gesuchten Parameter p ist.

Bem.: Bei Benutzung des Tafelwerkes in [9] , Tabelle A 6 gelangt man unter Verwendung von $\bar{x}_{tab} = 35$ und $(n - \bar{x}) = 60$ zum konkreten Intervall

$$[0{,}272\,;\,0{,}474] \quad | \quad S = 95\ \% \quad ,$$

woraus man erkennt, daß beide berechneten Schätzintervalle ähnlich sind und näherungsweise (nach Rundung) zu ungefähr gleichen Ergebnissen führen. Der Vorteil des Aufsuchens der Intervallgrenzen aus Tafelwerken besteht offenbar darin, daß keine Berechnungen per Hand auszuführen sind.

3.3 Literatur

[1] *Deutsche Gesellschaft für Qualität* (Hrsg.):
Stichprobenprüfung anhand qualitativer Merkmale (Verfahren und Tabellen nach DIN 40 080); Berlin, Beuth-Verlag, 1986, 9. Aufl.

[2] *Fizs, M.:*
Wahrscheinlichkeitsrechnung und Mathematische Statistik; Berlin, Deutscher Verlag der Wissenschaften, 1989, 11. Aufl.

[3] *Gnedenko, B. W.:*
Lehrbuch der Wahrscheinlichkeitsrechnung; Berlin, Akademie-Verlag, 1968

[4] *Göhler, W.:*
Höhere Mathematik - Kleiner Wissensspeicher; Leipzig, Deutscher Verlag Grundstoffindustrie, 1989, 10. Aufl.

[5] *Graybill, F. A.; Mood, A. M.:*
Introduction to the Theory of Statistics; New-York, Mc Graw-Hill Book Co., 1963, Sec. Ed.

[6] *Linnik, J. W.:*
Die Methode der kleinsten Quadrate in moderner Darstellung; Berlin, Deutscher Verlag der Wissenschaften, 1961

[7] *Müller, P. H.:*
Wahrscheinlichkeitsrechnung und Mathematische Statistik - Lexikon der Stochastik; Darmstadt, Wissenschaftliche Buchgesellschaft, 1975

[8] *Owen, D. B.:*
Handbook of Statistical Tables; Reading (Mass.) & London, Addison-Wesley Publ. Co., 1962

[9] *Rasch, D.:*
Einführung in die Mathematische Statistik; Berlin, Deutscher Verlag der Wissenschaften, Bd. I, II, 1978

[10] *Storm, R.:*
Wahrscheinlichkeitsrechnung, Mathematische Statistik, Statistische Qualitätskontrolle; Leipzig, Fachbuchverlag, 1979, 7. Aufl.

4 Statistische Testverfahren

4.0 Vorbereitende Bemerkungen und Einführung

Um die Problematik statistischer Tests einzuführen, erinnern wir noch einmal an die Ausführungen im Unterpunkt 3.2. Dort besprachen wir mögliche Aufgabenstellungen bei der Bestimmung der Wahrscheinlichkeitsverteilung einer Zufallsvariablen X:

a) Bekannt ist : Der Verteilungstyp
   Gesucht sind : Die zugehörigen Parameterwerte
   Lösung : *Mittels Schätzungen* (Punkt- oder Intervallschätzungen)

b) Man hat Vermutungen (hypothetischer Art) über den Verteilungstyp oder über zugehörige Parameterwerte oder über die Verteilung als Ganzes, und man möchte *diese Hypothese prüfen* .

Die Fragestellung b) nennt man in der Statistik "Hypotheseprüfung" oder kurz die "Durchführung eines statistischen Tests".

Erklärung zum Begriff

Hypothese-Test:

> Dies ist ein Verfahren, welches *aufgrund der Merkmalswerte* ***einer*** *Stichprobe* entscheidet, ob eine Hypothese H_0 über die Verteilung der Zufallsvariablen (d. h. des Merkmals) oder über geschätzte Parameterwerte in der Grundgesamtheit mit einer gewissen statistischen Sicherheit *abgelehnt* oder *nicht abgelehnt* wird.

Man muß natürlich davon ausgehen, daß eine solche Entscheidung nicht fehlerfrei zu sein braucht. So kann z. B. eine "ungünstige" Stichprobe zur Ablehnung einer wahren Hypothese führen und umgekehrt eine "günstige" Stichprobe die Nicht-Ablehnung einer falschen Hypothese zur Folge haben.

In diesem Zusammenhang ist es nützlich, die nachfolgende Vierfeldertafel über die möglichen Fehlentscheidungen zu studieren:

Aussage gewonnen aus einer Stichprobe ↓ Entscheidung durch den Test

Realität \ Entscheidung durch den Test	H_0 wird auf Basis einer Stichprobenentscheidung *nicht* abgelehnt ≙ "Stimmenthaltung"	H_0 wird auf Basis einer Stichprobenentscheidung *abgelehnt*
H_0 wahr	"Richtige Entscheidung"	Fehlentscheidung 1. Art [P(" ...") = α]
H_0 falsch	Fehlentscheidung 2. Art	"Richtige Entscheidung"

↑ Aussage bezogen auf die Grundgesamtheit

Dabei ist z. B. unter der Fehlentscheidung 1. Art der Fall zu verstehen, wenn eine wahre Hypothese H_0 auf Basis einer "ungünstigen" Stichprobe abgelehnt wird.
Mit α bezeichnen wir in diesem Zusammenhang die sog. Irrtumswahrscheinlichkeit, d. h. eine obere Schranke der *Wahrscheinlichkeit* dafür, daß unter allen möglichen Stichproben eine "ungünstige" gezogen wird, deren Auswertung dann zur Ablehnung der an sich wahren Hypothese H_0 führt.

Bsp.:(vgl. Kap. 3)

X - Montagedauer eines Gerätes *eines* bestimmten Erzeugnistyps, gemessen in Minuten [min]

Als bekannt war vorausgesetzt:
X ist normalverteilt.

Wir betrachten jetzt die Hypothese $H_0 : \mu = 220$ min, d. h. wir treffen die (hypothetische) Behauptung, daß die im Durchschnitt zu erwartende Montagedauer eines beliebigen in der gesamten laufenden Fertigung erzeugten Gerätes dieses Typs gleich 220

Minuten ist (z. B. weil im Vorjahr die durchschnittliche beobachtete Montagedauer *aller* Geräte 220 min war).
Unsere Hypothese ist also nicht ganz unbegründet, sie geht aber offenbar von dem Ablauf der Montage des Vorjahres aus.
Deshalb ziehen wir aus der gegenwärtig laufenden Produktion eine Stichprobe von $n = 16$ Geräten, und wir bekämen so z. B. einen Wert $\overline{x}_{16} = 205$ min als Mittelwert heraus.
Es ergibt sich nun die Frage: Kann diese Stichprobe vom Umfang $n = 16$ aus einer normalverteilten Grundgesamtheit mit dem Erwartungswert $\mu = 220$ entstammen oder muß H_0 aufgrund dieser konkreten Stichprobe abgelehnt werden?

Hinweis: α muß vom Tester v o r der Auswertung der Stichprobe und der Hypotheseprüfung festgelegt werden, z. B. entsprechend dem Schaden, den die Ablehnung einer wahren Hypothese hervorruft.

In der statistischen Praxis sind folgende Werte üblich:

$$\alpha = 0{,}05 \quad \text{oder}$$
$$\alpha = 0{,}01 \quad ,$$

jedoch in speziellen Fällen kann man auch $\alpha = 0{,}95$ als begründet annehmen.

Deutung von z. B. $\alpha = 0{,}05$:
Würde ein Test mit $\alpha = 0{,}05$ an einer Grundgesamtheit, für die H_0 wahr ist, sehr oft mit unterschiedlichen Stichproben (gleichen Umfangs) durchgeführt, dann würde H_0 *nur bei etwa 5 % dieser Tests abgelehnt* .

Daraus folgt:
Führt man den Test (mit $\alpha = 0{,}05$ als angenommenen Wert für die Irrtumswahrscheinlichkeit) an einer beliebigen Grundgesamtheit *einmal* durch und wird dabei H_0 abgelehnt, dann kann man mit hoher Gewißheit davon ausgehen, daß H_0 für diese Grundgesamtheit *tatsächlich falsch ist* !

Hinweise:

1. Je kleiner man α festlegt, um so seltener werden wahre Hypothesen abgelehnt, **aber** um so häufiger werden falsche Hypothesen *nicht abgelehnt* !

2. Die Nicht-Ablehnung besitzt deshalb nur geringe Aussagekraft und ist insbesondere bei kleinen α–Werten nur als Stimmenthaltung interpretierbar.

Ein statistischer Hypothese-Test hat im allgemeinen einen ganz formalen Ablauf:

Ablaufschema eines Tests

0. Aufstellen der Hypothese H_0
1. Festlegung von α
2. Berechnung eines Testgrößenwertes für die gezogene Stichprobe
3. Entscheidung über die Hypothese

4.1 Der χ^2 - Anpassungstest

Dieser Test liefert eine Aussage, ob eine Zufallsvariable X eine bestimmte, (hypothetisch angenommene) Verteilung besitzen kann, wobei die Aussage näherungsweise gilt.

Eine solche Aussage ist wichtig, z. B. bei den von uns in Kap. 3 angegebenen Intervallschätzungen, wo man ja wissen muß, ob X irgendeiner Normalverteilung gehorcht.

zu 0.: H_0 dieses Tests bezieht sich auf die Verteilungsfunktion $F_X(t)$, denn durch sie wird die Verteilung von P("X ∈ [..., ...]") eindeutig bestimmt.
Schreibweise: $H_0 : F_X = F_{\Theta_0}$
{genauer : $H_0 : F_X(t) = F_{\Theta_0}(t)$ für jedes $t \in (-\infty ; \infty)$}, wobei F_{Θ_0} eine (hypothetisch) vorgebbare Verteilungsfunktion ist:
z. B.: $H_0 : F_X = \Phi_{2;9}(x)$
≙ Nullhypothese: X genügt einer Normalverteilung mit dem Erwartungswert $\mu = 2$ und der Standardabweichung $\sigma = 3$.

Hinweis: Will man nur testen, ob X einen bestimmten *Verteilungstyp* besitzt, dann benutzt man für die unbekannten Parameterwerte ihre ML-Schätzwerte, z. B.:

H_0 : X ist normalverteilt mit $\Phi_{...;...}$, dann setzt man
$H_0 : F_X = \Phi_{\mu_{ML};\sigma^2_{ML}}$.

zu 1.: Um nicht zu viele falsche Hypothesen nicht abzulehnen, wählt man beim χ^2-Anpassungstest i. a. mindestens

$\alpha = 0{,}05$ (oder noch größer; sogar 0,95 ist möglich!).

zu 2.: Beim vorliegenden Test berechnet man aus den Stichprobenbeobachtungswerten $x_1, \ldots, x_n$, welche in einer sekundären Häufigkeitstabelle mit k Klassen und den absoluten Häufigkeiten $h_m(x_1, \ldots, x_n)$ erfaßt sind:

$$Q_{SP} = \sum_{m=1}^{k} \frac{(h_m - n \cdot p_m)^2}{n \cdot p_m} \quad ;$$

m ist dabei wieder die bereits in Kap. 1 eingeführte Klassennummer. Weiterhin ist in der reellen Zahl Q_{SP}

$$p_m = P_{H_0}(\text{"X liegt in der m-ten Klasse"}) = P_{H_0}(\text{"}X \in (x_m^{(u)}, x_m^{(o)}]\text{"})$$

die Wahrscheinlichkeit, daß X in der m-ten Klasse liegt, *wenn H_0 wahr ist*. Deshalb bezeichnen wir auch p_m als die *hypothetische Wahrscheinlichkeit* der m-ten Klasse.

Daraus folgt: $$p_m = F_{\Theta_0}(x_m^{(o)}) - F_{\Theta_0}(x_m^{(u)}) \quad ,$$

wobei für F_{Θ_0} die Stetigkeit vorausgesetzt wird.

Hinweis: Randklassen sind hier als offene Klassen (sog. *offene Flügelklassen*) zu betrachten, also

$$x_1^{(u)} \mathrel{\hat{=}} -\infty \quad ; \quad x_k^{(o)} \mathrel{\hat{=}} +\infty \quad .$$

Wir erhalten also:

$$p_1 = F_{\Theta_0}(x_1^{(o)}) \quad , \text{wegen } \lim_{t \to -\infty} F_{\Theta_0}(t) = 0$$

$$p_k = 1 - F_{\Theta_0}(x_k^{(u)}) \quad , \text{wegen } \lim_{t \to +\infty} F_{\Theta_0}(t) = 1 \quad .$$

Desweiteren wird in Q_{SP} der Wert $n \cdot p_m$ als die *zu erwartende absolute Häufigkeit in der m-ten Klasse* (bei einer Stichprobe vom Umfang n und bei wahrer Hypothese H_0) bezeichnet. Der Grund hierfür besteht darin, daß die Zufallsvariable $h_m(X_1, \ldots, X_n)$ nämlich bei wahrer Hypothese H_0 (man vgl. dazu Unterpunkt 3.2.4 "Konfidenzintervalle für Anteilswerte") **binomialverteilt** ist mit den Parametern n und p_m.

Anwendungsregeln zum χ^2-Anpassungstest:

- Für jedes $m = 1, \ldots, k$ muß $n \cdot p_m \geq 5$ gelten.
- Zur Erfüllung dieser Regel darf man benachbarte Klassen bzgl. ihrer Häufigkeiten zusammenfassen, obwohl damit die Forderung einer konstanten Klassenbreite verletzt wird.
- Nach erfolgter Zusammenfassung sollte möglichst noch $k \geq 10$ gelten, andernfalls werden zu viele falsche Hypothesen nicht abgelehnt.

- Ein einfaches Vorgehen um die o. g. Regel ohne Klassenzusammenfassung zu erfüllen besteht im folgenden:

  Man kann (im Nachhinein) den Stichprobenumfang n erhöhen (falls das die Versuchsanordnung zuläßt), und damit erhöht sich auch $n \cdot p_m$.

zu 3.: Als Entscheidungsvorschrift gilt beim vorliegenden Test:

H_0 ist abzulehnen, falls $Q_{SP} \geq \chi^2_{k^*-j-1;\alpha}$ ist, wobei j die Anzahl der zur Festlegung von F_{Θ_0} verwendeten Schätzungen für die dazugehörigen Parameter ist (z. B. ist bei Normalverteilung j maximal gleich 2). k* ist die neue, nach einer evtl. Klassenzusammenlegung entstandene Klassenanzahl.

Als Begründung dieses Testverfahrens schauen wir uns die verwendete Testgröße

$$Q_{SP} = \sum_{m=1}^{k} \frac{(h_m - n \cdot p_m)^2}{n \cdot p_m} \geq 0$$

heuristisch etwas näher an. Q_{SP} wird offenbar dann groß, wenn die $|h_m - n \cdot p_m|$ für $m = 1, \ldots, k$ so groß sind, daß man sie nicht mehr als zufällig entstandene Abweichungen betrachten kann, also wenn H_0 vernünftigerweise abgelehnt werden muß, d. h. wenn die Differenz der empirischen absoluten Häufigkeiten von denen der hypothetisch zu erwartenden Häufigkeiten - über alle Klassen aufsummiert - "zu groß" wird.

Wir kommen nun zum folgenden

Satz :

Sind die Anwendungsregeln erfüllt und ist H_0 wahr, dann besitzt die Zufallsvariable

$$Q = \sum_{m=1}^{k} \frac{(h_m(X_1, \ldots, X_n) - n \cdot p_m)^2}{n \cdot p_m}$$

näherungsweise eine **χ^2 - Verteilung mit $v = k-j-1$ Freiheitsgraden.**

Bem.: - Die (stetige) Zufallsvariable Q besitzt demnach näherungsweise die Dichtefunktion

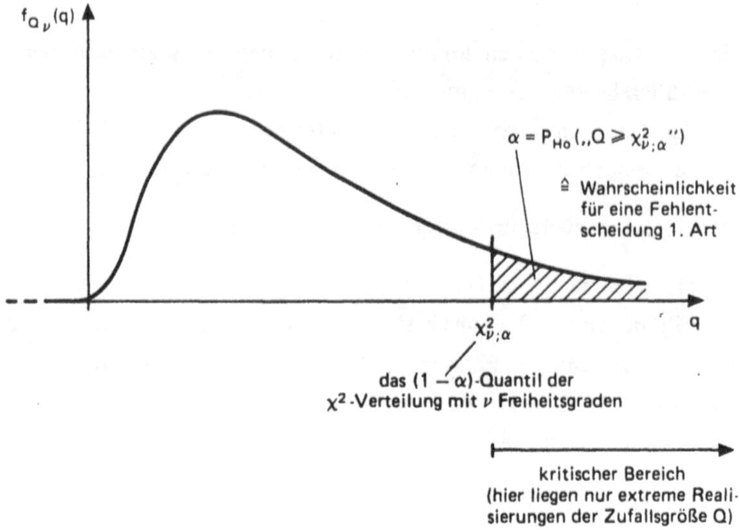

- Liegt Q_{SP} als eine Realisierung von Q im kritischen Bereich (gilt also $Q_{SP} \geq \chi^2_{v,\alpha}$) dann liegt der Schluß nahe, daß Q für die vorliegende Grundgesamtheit gar nicht diese χ^2-Verteilung besitzt, also daß H_0 abgelehnt werden muß, d. h. daß also X nicht nach F_{Θ_0} verteilt ist.

Wir können uns den χ^2-Anpassungstest bzw. die Testgröße Q_{SP} anhand einer angenommenen Verteilungsfunktion, z. B. $\Phi_{35;100}$ auch grafisch erläutern. Die Hypothese lautet hier also:

$$H_0 : X \sim N(35;10^2) \quad \text{oder} \quad H_0 : F_X = \Phi_{35;100} \quad .$$

Dieser speziellen Normalverteilung entspricht offenbar die Dichtefunktion, welche wir in der nachfolgenden grafischen Darstellung engezeichnet haben, und in dieser sind mit der Beziehung

$$f_m = \frac{h_m}{n}$$

bei der Schreibweise der Testgröße Q_{SP} aus Zweckmäßigkeitsgründen gewisse Veränderungen vorgenommen worden:

$$Q_{SP} = \sum_{m=1}^{k} \frac{(n \cdot f_m - n \cdot p_m)^2}{n \cdot p_m} = \frac{n^2}{n} \sum_{m=1}^{k} \frac{(f_m - p_m)^2}{p_m}$$

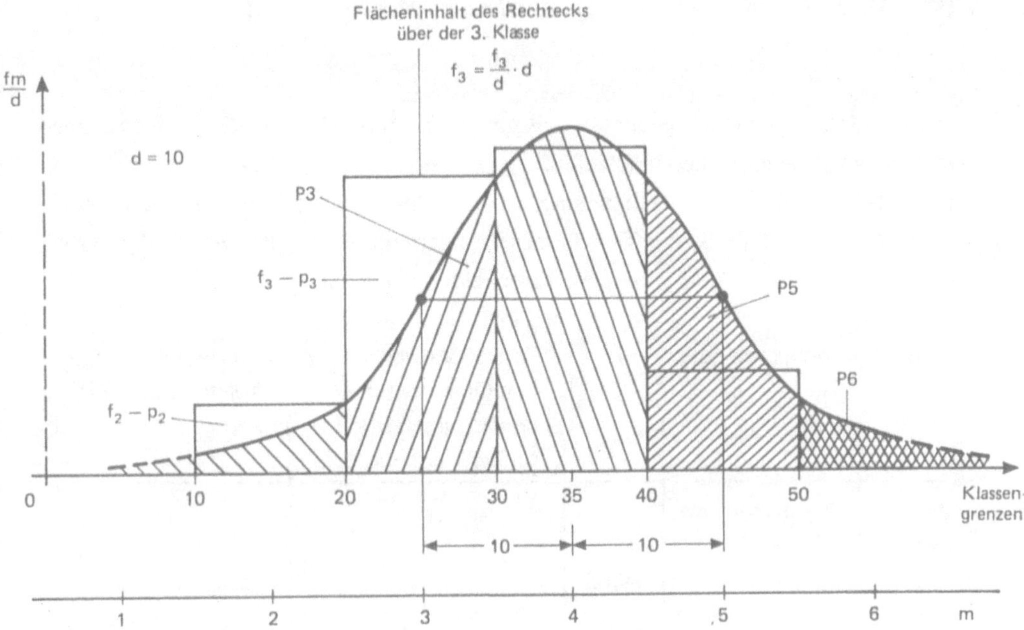

Hierbei werden die 1. und die 6. Klasse als offene Randklassen betrachtet. Die Rechtecke über der 2. bis 5. Klasse sollen in Form eines Balkendiagramms die empirisch beobachteten (relativen) Häufigkeiten je Klasse darstellen.

Wir erkennen also in der grafischen Darstellung: Weicht das (mit 1/d gestauchte) Diagramm der (relativen) Häufigkeiten stark von der hypothetisch angenommenen Dichtefunktion ab, dann wird Q_{SP} groß, woraus folgt, daß H_0 abzulehnen ist, d. h. die Dichtefunktion "paßt nicht". Daher auch der Name "Anpassungstest".

In der praktischen Statistik ist der Einsatz des χ^2-Anpassungstests dann zu empfehlen, wenn der Stichprobenumfang genügend groß ist und der Aufbau der entsprechenden sekundären Häufigkeitstabelle auch gerechtfertigt ist.

Für kleine Stichprobenumfänge wird zur Prüfung einer Verteilungshypothese der KOLMOGOROV-SMIRNOV-Test (vgl. [2]) eingesetzt. Mit ihm können wir uns aus Platz- und Zeitgründen hier nicht beschäftigen.

4.2 Übersicht zu Tests für einige parameterbezogene Hypothesen

Im Punkt 4.0 hatten wir schon gesagt, daß statistische Hypothese-Tests alle formal nach dem dort abgegebenen Schema ablaufen.
Wir werden deshalb bei der Behandlung weiterer Tests jeweils in der Übersicht lediglich den Namen des Tests, die Testvoraussetzungen, die Hypothese H_0, die Testgröße und die zum jeweiligen Test gehörende Entscheidungsregel angeben.

Name	Voraussetzungen	H_0	Testgrößenwert; zu berechnen mit den beobachteten Stichprobenwerten $x_1,\ldots,x_n$	Entscheidungsregel: Ablehnung von H_0, wenn ...
Mittelwertstest f. ein normalvert. X bei bekannter Var. σ^2	X - normalvert. $\sigma^2 = \sigma^{2*}$ ist bekannt	$\mu=\mu_0$	$T_{SP} = \frac{\bar{x} - \mu_0}{\sigma} \cdot \sqrt{n}$	$\lvert T_{SP}\rvert \geq z_{\alpha/2}$
Mittelwertstest f. ein normalvert. X bei unbek. Var. σ^2	X - normalvert.	$\mu=\mu_0$	$T_{SP} = \frac{\bar{x} - \mu_0}{s} \cdot \sqrt{n}$	$\lvert T_{SP}\rvert \geq t_{n-1;\alpha/2}$
Streuungstest f. ein normalvert. X (bei unbek. Mittelwert)	X - normalvert.	$\sigma^2=\sigma_0^2$	$T_{SP} = (n-1)\frac{s^2}{\sigma_0^2}$	$T_{SP} < \chi^2_{n-1;1-\alpha/2}$ und auch wenn $T_{SP} \geq \chi^2_{n-1;\alpha/2}$
Test des Korr.koeff. v. Bravais (Kap. 6) auf Null	(X, Y) - zweidim. normalverteilt	$\rho_{xy}=0$	$T_{SP} = \frac{r_{xy} \cdot \sqrt{n-2}}{\sqrt{1 - r_{xy}^2}}$	$\lvert T_{SP}\rvert \geq t_{n-2;\alpha/2}$

Die Handhabung dieser (auszugsweisen) Übersicht kann der Leser hauptsächlich durch eigenständige Übung erlernen, wozu die Behandlung einer Reihe von Beispielen beiträgt. Wir können an dieser Stelle naturgemäß nur ein demonstratives Beispiel angeben.

Dafür behandeln wir die unter 4.0 begonnene Hypotheseprüfung zur Montagedauer von verschiedenen Erzeugnisexemplaren *eines* Erzeugnistyps:

$$X \text{ - Montagedauer in [min].}$$

Als bekannt war für X vorausgesetzt, daß es einer Normalverteilung genügt. Setzen wir weiter voraus, daß die Varianz dieser Verteilung $\sigma^2 = \sigma_0{}^2 = 400 \text{ min}^2$ bekannt ist. Dann soll die Hypothese H_0 geprüft werden,

0. $H_0 : \mu = \mu_0 = 220$ min
1. Die Prüfung soll auf dem Signifikanzniveau von 0,95 , d. h. bei $\alpha = 0{,}05$ stattfinden.
2. Zur Berechnung von T_{SP} ziehen wir eine Stichprobe von $n = 16$ (angenommenen) Geräten; aus den jeweils gemessenen Montagezeiten möge sich wie vorher ein mittlerer Wert von $\overline{x}_{16} = 205$ min ergeben haben. Daher ist:

$$T_{SP} = \frac{\overline{x} - \mu_0}{\sigma} \cdot \sqrt{n} = \frac{205 - 220}{20} \cdot 4 = -3 \ .$$

3. In Anwendung der Entscheidungsregel erhalten wir:

$$|T_{SP}| \ (= |-3| = 3) \geq z_{\alpha/2} (= z_{0.025} = 1{,}96) \ .$$

Tatsächlich ist der Testgrößenwert betragsmäßig größer als das entsprechende zweiseitige $(1 - \alpha)$-Quantil der Standardnormalverteilung, d. h. H_0 ist abzulehnen. Das bedeutet: Auf dem gewählten Signifikanzniveau führt die zu starke Abweichung zwischen $\overline{x}$ und μ_0 zur Abkehr von der Annahme, daß auch in diesem Fertigungsjahr die durchschnittlich erwartete Montagezeit gleich 220 min ist.

Bem.: - Es gilt für $\alpha = 0{,}001$

$$z_{\alpha/2} = z_{0.0005} = 3{,}29 \ .$$

Hätte man den Test mit dieser Irrtumswahrscheinlichkeit durchgeführt, dann wäre H_0 (noch) nicht abgelehnt worden!
Das bedeutet: Bei einer Irrtumswahrscheinlichkeit von $\alpha = 0{,}001$ wäre *aufgrund der gezogenen Stichprobe* nichts dagegen einzuwenden, daß (trotz

der "ungünstigen" Stichprobe) behauptet wird, daß die Montagedauer X auch in diesem Fertigungsjahr den Mittelwert $\mu = 220$ min haben *kann* .

- In diesem Zusammenhang sei noch einmal darauf verwiesen, daß α vom Statistiker *vor* dem Test festzulegen ist und zwar hauptsächlich unter dem Gesichtspunkt eines Schadensüberschlages für das Eintreten einer Fehlentscheidung 1. Art.

Abschließend geben wir noch eine Übersicht zu gewissen Standard-Werten des (zweiseitigen) $(1-\alpha)$-Quantils der Standardnormalverteilung:

α	0,05	0,01	0,001
S	95 %	99 %	99,9 %
$z_{\alpha/2}$	1,960	2,576	3,291

mit $S = (1-\alpha) \cdot 100\,\%$

$\hat{=}$ Statistische Sicherheit .

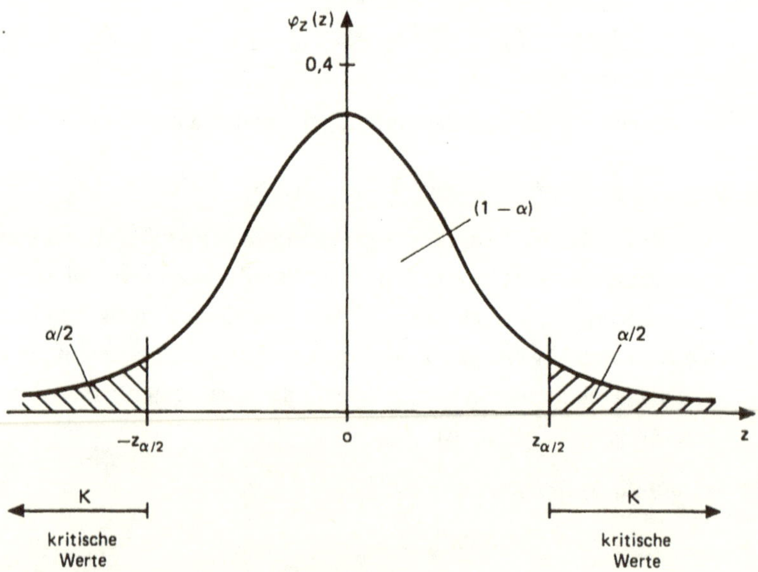

Wir stellen noch aus methodischen Gründen fest:

Je *kleiner* das α festgelegt wird, um so (betragsmäßig) *größer* ergibt sich das dazugehörige $(1-\alpha)$-Quantil für Z.

4.3 Tests mittels Konfidenzintervallen

Statistische Tests mittels Konfidenzintervallen besitzen gegenüber den im vorigen Punkt behandelten Tests gewisse Vorteile. Ihr Testergebnis ist - obwohl der formale Ablauf entsprechend dem gleichen Schema wie am Ende von 4.0 beschrieben erfolgt - mit einer umfassenderen Information versehen. Das macht sie überlegen.

Wir formulieren hier unsere Null-Hypothese und den gesamten Ablauf des Tests allgemein bzgl. dem hypothetischen Parameterwert Θ_0.

Ablaufschema:

0. $H_0 : \Theta = \Theta_0$

1. Festlegung von α

2. Berechnung des konkreten Konfidenzintervalls
   $[g_u(x_1, \ldots, x_n) ; g_o(x_1, \ldots, x_n)] \mid S = (1-\alpha) \cdot 100\,\%$
   für den Parameterwert Θ zum Konfidenzniveau $1 - \alpha$ aus den beobachteten Stichprobenwerten .

3. Entscheidung nach der Regel:
   H_0 ist abzulehnen, falls $\Theta_0 \notin [g_u(x_1, \ldots, x_n);g_o(x_1, \ldots, x_n)] \mid S = (1-\alpha) \cdot 100\,\%$

Bsp.: (vgl. vorige Punkte)

$$\bar{x} = 205 \text{ min} \quad \text{und} \quad z_{\alpha/2} \cdot \frac{\sigma}{\sqrt{n}} = 1{,}96 \cdot \frac{20}{4} \approx 10$$

0. $H_0 : \mu = \mu_0 = 220$

1. $\alpha = 0{,}05$

2. $[g_u(x_1, \ldots, x_n) ; g_o(x_1, \ldots, x_n)]$
   $$= [\ \bar{x} - z_{\alpha/2} \cdot \frac{\sigma}{\sqrt{n}} \ ; \ \bar{x} + z_{\alpha/2} \cdot \frac{\sigma}{\sqrt{n}}\ ] \mid S \triangleq 95\,\%$$
   $$\cong [\ 205 - 10 ; 205 + 10] \mid S = 95\,\%$$

3. $\mu_0(= 220) \notin [g_u(\cong 195) ; g_o(\cong 215)]$,
   woraus folgt, daß H_0 abgelehnt wird, wenn man die Entscheidung mit einer statistischen Sicherheit von $S = 95\,\%$ trifft.

Mit diesem Testergebnis gelangen wir zu einer sehr praktischen Interpretation:
Die "Entfernung" von $\mu_0 = 220$ zum oberen Rand des Konfidenzintervalls beträgt

$$220 - 215 = 5 \text{ min} \quad .$$

Die gesamte Länge des 95%-Intervalls beträgt 215 - 195 = 20 min. Also ist im Vergleich zur Länge des Intervalls der Wert $\mu_0 = 220$ "nicht allzuweit" vom Rand entfernt:

$$5/20 = 1/4 = 0{,}25 \quad .$$

Daraus kann man schließen, daß $H_0 : \mu = \mu_0 = 220$ zwar mit einer statistischen Sicherheit von 95 % auf Basis der konkreten Stichprobe vom Umfang n = 16 abgelehnt wird, aber diese Hypothese nicht "extrem falsch" sein muß.

Wir führen noch den Nachweis für die Richtigkeit unserer "Testgröße" bzw. unserer Entscheidungsregel, d. h. wir führen diesen Test mit Konfidenzintervallen auf die Testart zurück, die wir im vorigen Unterpunkt 4.2 behandelt haben. Dabei beschränken wir uns auf den Mittelwertstest mit bekannter Varianz:

$$\mu_0 \notin [\ \bar{x} - z_{\alpha/2} \cdot \frac{\sigma}{\sqrt{n}} \ ; \ \bar{x} + z\alpha/2 \cdot \frac{\sigma}{\sqrt{n}}\ ]$$

$$\Leftrightarrow |\ \bar{x} - \mu_0\ | \geq z_{\alpha/2} \cdot \frac{\sigma}{\sqrt{n}}$$

$$\Leftrightarrow \frac{|\ \bar{x} - \mu_0\ |}{\sigma} \cdot \sqrt{n} \geq z_{\alpha/2}$$

und mit der uns schon bekannten Schreibweise

$$T_{SP} = \frac{\bar{x} - \mu_0}{\sigma} \cdot \sqrt{n}$$

erhalten wir dann $|T_{SP}| \geq z_{\alpha/2}$, was dann - wie beschrieben - zur Ablehnung von H_0 führt.

Zusammenfassende Bemerkungen:

- Die Interpretation - wie "falsch" H_0 vermutlich ist, d. h. wie "weit" der hypothetisch angenommene Parameterwert außerhalb des entsprechenden $(1-\alpha)$-Konfidenzintervalls liegt - kann bei den Parameterwert-Hypothesen nicht in der anschaulichen Art und Weise gegeben werden wie bei dem KI-Test. Man weiß bei den einfachen Parametertests ja nicht, wie "weit man vorbei"geschätzt hat!

- Hinsichtlich der Ablehnung bzw. Nicht-Ablehnung von $H_0 : \Theta = \Theta_0$ führen beide Testverfahren bei gleichem α stets zu gleichen Entscheidungen, und zwar für alle von uns behandelten Konfidenzintervalle.

4.4 Literatur

[1] *Freudenthal, H.:*
Wahrscheinlichkeit und Statistik; München, Odenbourg-Verlag, 1968, 2. Aufl.

[2] *Göhler, W.:*
Höhere Mathematik - Kleiner Wissensspeicher; Leipzig, Deutscher Verlag Grundstoffindustrie, 1989, 10. Aufl.

[3] *Graybill, F. A.; Mood, A. M.:*
Introduction to the Theory of Statistics; New-York, Mc Graw-Hill Book Co., 1963, Sec. Ed.

[4] *Malinvaud, E.:*
Statistical Methods in Economics; Amsterdam, North-Holland Publ. Co., 1970

[5] *Müller, P. H.:*
Wahrscheinlichkeitsrechnung und Mathematische Statistik - Lexikon der Stochastik; Darmstadt, Wissenschaftliche Buchgesellschaft, 1975

[6] *Rasch, D.; Enderlein, G.; Herrendörfer, G.:*
Biometrie - Verfahren, Tabellen, Angewandte Statistik; Berlin, Deutscher Verlag für Landwirtschaft, 1973

[7] *Smirnow, N. W.; Dudin-Barkowski, L. W.:*
Mathematische Statistik in der Technik; Berlin, Deutscher Verlag der Wissenschaften, 1969

[8] *Storm, R.:*
Wahrscheinlichkeitsrechnung, Mathematische Statistik, Statistische Qualitätskontrolle; Leipzig, Fachbuchverlag, 1979, 7. Aufl.

[9] *Tintner, G.:*
Handbuch der Ökonometrie; Heidelberg, Springer-Verlag, 1960

5 Statistische Qualitätskontrolle

5.0 Einführung und Motivation

In fast allen Zweigen der industriellen und landwirtschaftlichen Produktion, in der Laborarbeit sowie in der Auswertung soziologischer Angaben werden heute mathematisch-statistische Prüfverfahren und Kontrollmethoden herangezogen. Diese Tatsache ist darin begründet, daß diese statistischen Untersuchungsverfahren den wesentlichen Bestandteil der modernen Qualitätskontrolle bilden.
Vor allem die Verfügbarkeit von neuzeitlichen Computer-Techniken gestattet es, entsprechende Ergebnisse zur Entscheidungsfindung bzgl. der Güte einer Lieferung, der Prozeßstabilität eines Produktionsablaufes oder des Meinungsumschwunges in einer Bevölkerung schnell bereitzustellen.
Die Schlußfolgerungen von den Beobachtungswerten aus einer Stichprobe auf eine Grundgesamtheit (von unter näherungsweise gleichen Fertigungsbedingungen hergestellten Produkten und Baueinheiten) können als numerische Entscheidungshilfe bei der Qualitätssicherung verwendet werden.

Dabei ist es in der Praxis das Hauptziel, die Kosten des Prüfaufwandes in einer vernünftigen Relation zu jenen finanziellen Belastungen für den Hersteller zu halten, die durch Ausschußproduktion, durch Reklamationen und wegen erzwungener Ausführung von Garantie-Leistungen entstehen.

Der Prüfaufwand besteht hauptsächlich aus Lohnkosten des Prüfpersonals, welches die

- Stichprobenentnahme,
- Messung/Beobachtung und Dokumentation der Merkmalswerte,
- Auswertungen und Berechnungen

vornimmt.
Dazu kommen noch Ausrüstungs-, Material- und Hilfskosten, die wegen der Anschaffung von Prüfgeräten, evtl. nicht weiterverwendbaren Untersuchungsobjekten, verschleißender Arbeitsmittel usw. entstehen.

Gemäß ihrer Verwendung in der wirtschaftlichen Praxis lassen sich die Verfahren der Qualitätskontrolle in zwei verschiedene Gruppen einteilen:

a) Statistische Qualitätsregulierung (Kontrollkartentechnik)
b) Statistische Stichprobenpläne.

Um beide Arten von Qualitäts-Sicherungsverfahren zu motivieren, wollen wir eine etwas verallgemeinerte Interpretation unseres statistischen Grundmodells aus dem Unterpunkt 1.2 betrachten. Die leichte Verallgemeinerung besteht lediglich darin, daß wir nun an jedem gezogenen Element in der Stichprobe nicht nur ein Merkmal X beobachten, sondern insgesamt m verschiedene Merkmale $X_1, X_2, \ldots, X_m$:

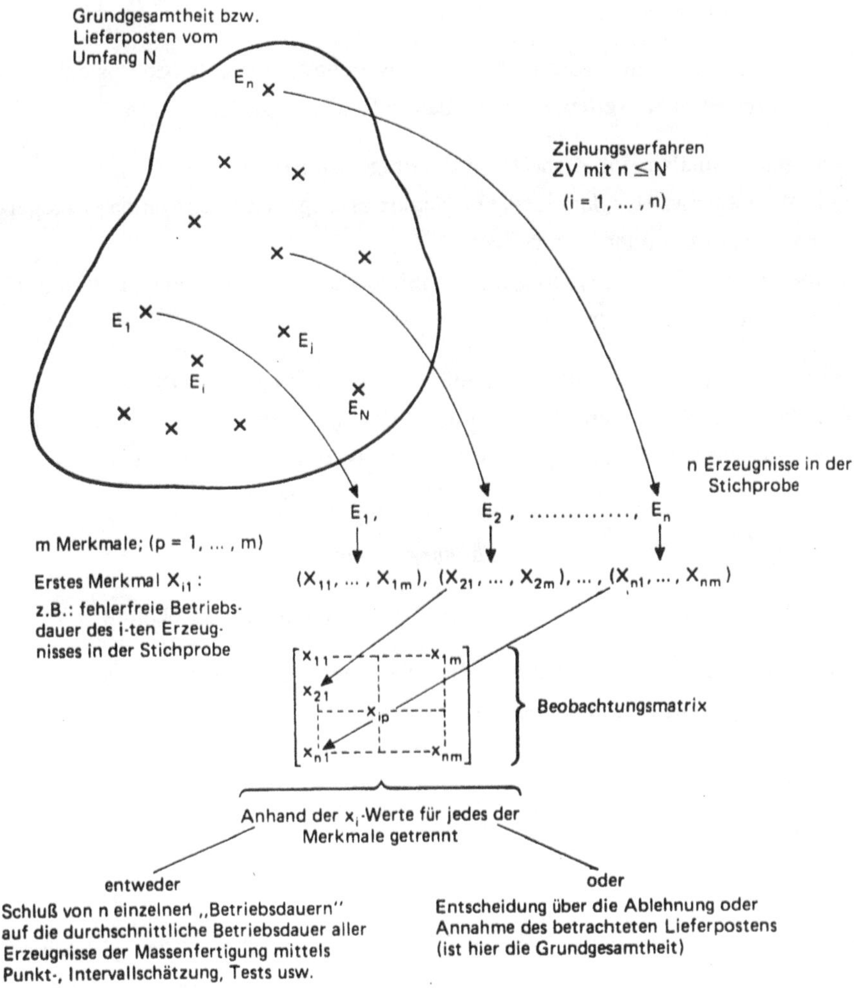

Wie aus dem Modell zu ersehen ist, werden die statistischen Berechnungen, Schätzungen, Tests usw. oder die Entscheidungsfindung bzgl. Annahme oder Ablehnung eines Lieferpostens auf der Grundlage der Beobachtungswerte *eines* Merkmals der n Erzeugnisse in der Stichprobe im einfachsten Fall *ohne die Berücksichtigung* von evtl. Zusammenhängen zu anderen beobachteten Merkmalen vorgenommen.

Aus unserem entweder/oder-Kriterium für die zwei unterschiedlichen Verfahren zur Qualitätssicherung lassen sich zwei verschiedene, spezielle Fragestellungen ableiten:

a) Turnusmäßige Überwachung der laufenden Massen- oder Großserienproduktion (mit der Möglichkeit, den Prozeß je nach Kontrollergebnis direkt zu beeinflussen)

b) Kontrolle eines vom Lieferer zum Abnehmer übergebenen Postens von Erzeugnissen (Teilen) zu vereinbarten Prüfbedingungen.

Unter a) muß man also eine Antwort auf die Frage suchen:
"Hat ein Prozeßparameter der Herstellung eines Erzeugnisses noch einen vorgegebenen Wert (bzw. Maximal- oder Minimalwert)?"
Die Antwort ist in der Praxis turnusmäßig, möglichst schnell und anhand von Stichprobenbeobachtungen zu geben!

Unter b) muß man demgegenüber eine Antwort auf die Frage suchen:
"Ist ein vom Partner gelieferter, als Qualitätsproduktion deklarierter Posten von N Stück entsprechend den vertraglich abgestimmten Genauigkeitsparametern als

annehmbar oder
nicht annehmbar

zu werten?"Auch hier ist die Antwort anhand von Stichprobenbeobachtungen zu geben!

Die Antworten zu a) findet man mit Hilfe der sog. Kontrollkartentechnik; die zu b) durch die Arbeit mit Stichprobenplänen.

5.1 Kontrollkarten

Kontrollkarten sind statistische Dokumente, die vor Ort geführt werden, um einen Fertigungsprozeß bzgl. der Einhaltung von geforderten Qualitätswerten fortlaufend kontrollieren zu können. Man spricht in diesem Zusammenhang auch vom Registrieren der "Prozeßgeschichte", evtl. auch auf elektronischen Speichermedien.

Wir werden erkennen, daß die Problemstellung der Kontrollkartentechnik in gewisser

Hinsicht nichts anderes ist als die fortlaufende Ausführung jeweils bestimmter Hypothese-Tests.
Die hierbei üblicherweise verwendete Größe für die Irrtumswahrscheinlichkeit ist $\alpha = 0{,}0027$, was (wie man leicht überprüfen kann) einem $z_{\alpha/2}$-Wert von 3,0 entspricht. Das bringt vor allem bei Überschlagsrechnungen für gewisse Konfidenzintervalle offensichtliche Rechenvorteile.

Je nachdem, welcher statistische Kennwert zur Überwachung des entsprechenden Prozeßparameters benutzt wird, unterscheidet man verschiedene Kontrollkarten.
Wir werden im Rahmen dieses Buches nur die sog.

$\bar{x}$ - Karte,
$\bar{x}/R$ - Karte und
p - Karte

betrachten.

5.1.1 Die $\bar{x}$ - Karte

Als Beispiel betrachten wir wieder mit dem Merkmal X die Montagedauer von Erzeugnissen einer Groß-Serienfertigung.
Aus den techologischen Fertigungsunterlagen war zu entnehmen, daß die geplante Montagedauer den Wert 220 min hat.
Wir können also für die Gesamt-Fertigung mit der Hypothese

$H_0 : \mu = 220$
(d. h. $\mu_0 = 220 \triangleq$ Normalwert)

arbeiten.

Entscheidungsregel:

H_0 wird solange nicht abgelehnt, wie für den aus n Einzelwerten berechneten Mittelwert $\bar{x}$ die Ungleichung

$$\left| \frac{\bar{x} - \mu_0}{\frac{\sigma}{\sqrt{n}}} \right| < z_{\alpha/2} \quad , \quad \text{also}$$

$$\mu_0 - z_{\alpha/2} \cdot \frac{\sigma}{\sqrt{n}} < \bar{x} < \mu_0 + z_{\alpha/2} \cdot \frac{\sigma}{\sqrt{n}} \qquad | \quad S = (1 - \alpha) \cdot 100\,\%$$

erfüllt ist.*1)

Man bezeichnet in der Praxis den unteren Begrenzungswert von $\overline{x}$ hier als K_u, d. h. *untere Kontrollgrenze* , und den oberen mit K_o, d. h. *obere Kontrollgrenze* .

(K_u, K_o) läßt sich bei wahrer Hypothese als ein $(1-\alpha)$ - Intervall für $\overline{x}$ auffassen. Man beachte, daß zum Unterschied zur Berechnung der Konfidenzintervalle zur Schätzung des Erwartungswertes $E(X) = \mu$ einer normalverteilten Zufallsgröße X aus dem Unterpunkt 3.2.2 hier der Wert μ_0 *in die Berechnung der Kontrollgrenzen* eingeht!

Zum Ablauf der Kontrolle bzw. zur Erstellung der $\overline{x}$-Karte im Falle der Überwachung unserer Montagedauer X wählt man sich äquidistante Kontrollzeitpunkte t_s $(s = 1,2,\ldots)$ und entnimmt jeweils die n *letzten* (möglicherweise abhängig produzierten) Erzeugnisse, wobei man zum s-ten Zeitpunkt die Beobachtungswerte $x_1^{(s)}, x_2^{(s)}, \ldots, x_n^{(s)}$ erhält.*2)

Aus diesen Werten lassen sich berechnen:

$$\overline{x}^{(s)} = \frac{1}{n} \sum_{i=1}^{n} x_i^{(s)} \qquad , \quad (s = 1, 2, \ldots) .$$

Vor dem Start der Kontrolle wurden schon die K_u- bzw. K_o-Werte berechnet, wobei man sich auf einen Probenumfangswert von z. B. n = 16 festgelegt hat:

$$K_u = \mu_0 - z_{\alpha/2} \cdot \frac{\sigma}{\sqrt{n}} = 220 - 3 \cdot \frac{20}{4} = 205 \text{ min}$$

$$K_o = \mu_0 + z_{\alpha/2} \cdot \frac{\sigma}{\sqrt{n}} = 220 + 3 \cdot \frac{20}{4} = 235 \text{ min} \quad .$$

Trägt man diese Informationen in ein geeignet entworfenes, rechtwinkliges Koordinatenkreuz (das z. B. auch auf dem Bildschirm eines Computers sichtbar gemacht werden kann) ein, so erhalten wir folgendes Bild:

---

*1) Dabei ist Normalverteilung für X vorausgesetzt, wobei die Parameterwerte $\mu_0 = 220$ min und $\sigma_0 = 20$ min aus den technologischen Unterlagen als Normwerte verwendet werden.

*2) Da die Montagezeiten der zum Zeitpunkt t_s entnommenen "letzten" n Erzeugnisse in aller Regel nicht unabhängig voneinander zu sein brauchen, spricht man hier nicht von einer Stichprobe, sondern besser von einer Probenentnahme.

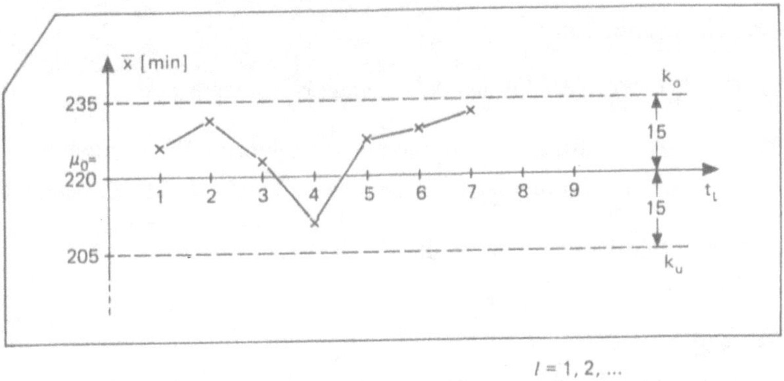

Aus dieser Darstellung sind z. B. die zu den 7 äquidistanten Zeitpunkten errechneten $\overline{x}^{(s)}$ - Werte (s = 1, 2, ..., 7)

$\overline{x}^{(1)}$ = 226 min
$\overline{x}^{(2)}$ = 232 "
$\overline{x}^{(3)}$ = 222 "
$\overline{x}^{(4)}$ = 210 "
$\overline{x}^{(5)}$ = 225 "
$\overline{x}^{(6)}$ = 229 "
$\overline{x}^{(7)}$ = 234 "

ersichtlich.

Bem.:

- Aus dem Polygonzug der $\overline{x}$-Kontrollkarte läßt sich das "Auf" und "Ab" des Qualitätskennwertes des Prozesses (hier: die Montagedauer) verfolgen, und man könnte evtl. Tendenzen ablesen. So kann man z. B. vermuten, daß am Ende der aus 7 Zeitpunkten bestehenden Untersuchungsperiode die Montagedauer tendenziell ansteigt und den 99,73 % - Vertrauensbereich nachfolgend verläßt.

- Bei $\alpha = 0{,}0027$ sind innerhalb des $(1-\alpha) \cdot 100$ % - Intervalls 99,73 % aller $\overline{x}^{(s)}$ - Werte zu erwarten, falls H_0 wahr und der Prozeß stabil ist.

- Man wählt aus praktischen Gründen meist für n die Werte 9, 16 oder 25. So z. B.reduziert sich das (K_u, K_o) - Intervall im Falle n = 9 einfach zum Konfidenzintervall

$$(\mu_0 - \sigma ; \mu_0 + \sigma) \mid S = (1-\alpha) \cdot 100\,\% \quad .$$

Abschließend erwähnen wir noch einmal die Voraussetzungen, die zur Führung der $\bar{x}$-Kontrollkarte einzuhalten sind:

1. $X \sim N(\mu;\sigma^2)$, wobei μ und σ *bekannte* Normwerte sind.
2. Zu jedem äquidistanten Zeitpunkt werden genau n Erzeugnisse (und zwar die letzten n) entnommen und der entsprechende Mittelwert berechnet.
3. Der α-Wert ist konstant für alle t_s ($s = 1, 2, \ldots$).

5.1.2 Die $\bar{x}$/R-Karte

Diese Kontrollkarte zeigt entsprechend dem Prozeßverlauf an, wie sich sowohl der arithmetische Mittelwert $\bar{x}^{(s)}$ als auch die Spannweite $R^{(s)}$ ($s = 1, 2, \ldots$) bei fortlaufender Probenentnahme entwickeln. Dabei interessiert vor allem das Anwachsen von $R^{(s)}$, da ja kleine Spannweitenwerte für die Beurteilung des Fertigungsprozesses keinen Anlaß zur Besorgnis bieten.
Ähnlich wie im vorigen Unterpunkt sind zur Führung der $\bar{x}$/R-Karte untere und obere Kontrollgrenzen zu bestimmen. Hier verzichten wir auf die Herleitung der Berechnungsvorschriften. Diese sind in Ergebnisform in der entsprechenden Literatur, z. B. [7] enthalten:

$$(K_{u,\bar{x}} = \mu_0 - A_{2\text{-}3} \cdot \bar{R}_{Vorlauf} \;\; ; \;\; K_{o,\bar{x}} = \mu_0 + A_{2\text{-}3} \cdot \bar{R}_{Vorlauf})$$

$$(K_{u,R} = D_{3\text{-}3} \cdot \bar{R}_{Vorlauf} \;\; ; \;\; K_{o,R} = D_{4\text{-}3} \cdot \bar{R}_{Vorlauf}) \;\; ,$$

wobei ein α-Wert von 0,0027 vorausgesetzt wird, und mit $\bar{R}_{Vorlauf}$ das arithmetische Mittel der v Probenspannweiten $R^{(s)}$ des Vorlaufes ist:

$$\bar{R} \underset{Df.}{=} \frac{1}{v} \cdot \sum_{s=1}^{v} R^{(s)} \; .$$

Die Faktoren $A_{2\text{-}3}$, $D_{3\text{-}3}$, $D_{4\text{-}3}$ sind Tabellenwerte, die beispielsweise aus den Tabellen IX und X in [7] zu entnehmen sind; in entsprechenden Computerprogrammen sind sie als Konstante gespeichert, oder sie können entsprechend reproduziert werden.*

Zur Anwendung der $\bar{x}$/R-Karte betrachten wir wieder als Beispiel die Beurteilung des Fertigungsprozesses anhand des Merkmals X - Montagedauer der Erzeugnisse.

---

* Die Subskripte 2-3, 3-3 bzw. 4-3 bei den Buchstaben A und D bezeichnen die Position der entsprechenden Werte in der dazugehörigen Tabelle, die als Faktoren zu verwenden sind. Sie hängen vom Probenumfang ab.

Bei einer 5-maligen Probenentnahme (Probenumfang n = 3) mögen folgende Werte beobachtet worden sein:

Proben Nr. s	Beob.werte [min] n = 3 (die letzten 3 Erzeugn.)			$\overline{x}^{(s)}$	$R^{(s)}$	
1	223	217	220	220,0	6	Vorlauf, v = 3
2	211	221	231	221,0	20	
3	216	220	226	$220,\overline{6}$	10	
4	220	232	208	220,0	24	
5	223	220	217	220,0	6	

Aus diesen Angaben erhalten wir zunächst als durchschnittliche Spannweite des Vorlaufs

$$\overline{R}_{Vorl} = \quad (6 + 20 + 10) = 12 \quad .$$

In der Probe Nr. 4 ergibt sich, wie man sieht, eine auffällige Abweichung der Spannweite mit dem Wert $R^{(4)} = 24$ min .

Frage: Liegt dieser Wert noch im 99,73 % - Kontrollintervall?

Um die Frage zu beantworten, berechnen wir zunächst die Kontrollgrenzen:

$$K_{u,\,\overline{x}} = 220 - 1{,}02 \cdot 12 = 207{,}76$$
$$K_{o,\,\overline{x}} = 220 + 1{,}02 \cdot 12 = 232{,}24 \quad *$$
$$K_{u,R} = 0 \cdot 12 = 0$$
$$K_{o,R} = 2{,}57 \cdot 12 = 30{,}84 \quad .$$

Aus den letzten beiden Werten erhält man also das Kontroll - Intervall

$$(0\,;31) \quad | \quad S \cong 99{,}73\,\% \quad ,$$

und wir können sehen, daß der Wert $R^{(4)}$ noch von diesem Kontrollbereich überdeckt wird.

---

* Aus Gründen der vereinfachten praktischen Vorgehensweise verwendet man hier den Modalwert als Schätzung für den Erwartungswert $E(X) = \mu_0$.

Zu unserem gewählten praktischen Beispiel könnte die folgende $\overline{x}$/R-Karte gehören:

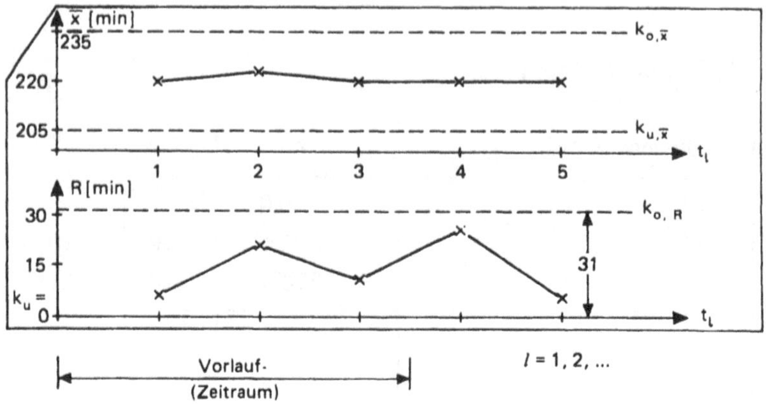

Bem.: - Aus den beiden Polygonzügen erkennt man, daß - obwohl die Montagedauer $\overline{x}^{(s)}$ "relativ" konstant bleibt - die Spannweite bei den einzelnen Proben erheblich schwankt und zum Zeitpunkt t_4 ziemlich dicht an die obere Grenze des 99,73 % - Kontrollbereiches herankommt.

- Wäre man lediglich auf die Information aus der $\overline{x}$-Karte angewiesen, könnte man einen "gleichmäßigen", normalen Fertigungsablauf in der Montage während der letzten fünf Kontrollzeitpunkte vermuten. Das "Auf" und "Ab" des Spannweiten-Polygonzuges belehrt uns demgegenüber eines besseren und empfiehlt sicher zusätzliche Maßnahmen zur Einhaltung der vorgegebenen Montagezeiten.

5.1.3 Die p-Karte

Diese Kontrollkarte hat eine sehr praktische Verbreitung gefunden bei der Kontrolle von Prozessen, wo das zu untersuchende Qualitätsmerkmal X eine Alternativ-Variable ist:

1. Alternative: Das Teil/Erzeugnis ist defekt (Ausschuß)
(d. h. das Ereignis A tritt ein: A $\hat{=}$ "X = 1")

2. Alternative: Das Teil/Erzeugnis ist gut (brauchbar)
(d. h. das Ereignis $\overline{A}$ tritt ein: $\overline{A} \mathrel{\hat{=}}$ "X = 0")

Wir werden im weiteren sehen, daß es sich bei der p-Karte um eine klassische, praktische Anwendung von Alternativ-Zufallsgrößen in der statistischen Qualitätskontrolle handelt.

Wir beginnen die Beschreibung dieser Kontrollkarte mit der *Erklärung* des Begriffs "Ausschußquote":

Befinden sich unter n an einem Tag untersuchten Teilen genau h unbrauchbare ($h \leq n$), so beträgt die **(absolute) Schlechtanzahl** für diesen Tag:

$$\underset{\substack{\uparrow \\ A\,=\,\text{Ausschuß}}}{h_n(A)} = x_1 + \ldots + x_n \;.$$

Dieser absoluten Schlechtanzahl läßt sich leicht der **(relative) Schlechtanteil** gegenüberstellen:

$$\frac{h_n(A)}{n} \quad ; \quad 0 \leq \frac{h_n(A)}{n} \leq 1$$

Def.: Als **Ausschußquote p** bezeichnet man den (im allgemeinen unbekannten) Anteil der fehlerhaften Einheiten an der über einen "längeren" Zeitraum hinweg geprüften Gesamtzahl der Einheiten, d. h.

$$p \underset{Df.}{=} \frac{\text{Anzahl der fehlerhaften Einheiten}}{\text{Gesamtzahl der betrachteten Einheiten}} \left[= \frac{h_n(A)}{n} \right] .$$

Bem.:

- In der Praxis verwendet man die Begriffe Ausschußquote und Schlechtanteil synonym.
- Den Wert $p \cdot 100\,\%$ bezeichnet man auch als *Ausschußprozentsatz* .
- Den Wert $q = (1-p)$ bezeichnet man dann sinngemäß als *Gutanteil* .

Sei nun p_0 der (durch technologische Unterlagen vorgegebene oder durch eine Vorlauf-Untersuchung einer stabilen Fertigung ermittelte) Normwert einer betrachteten Ausschußquote.
Ähnlich wie bei den weiter oben behandelten beiden Kontrollkarten enthält die p-Karte entsprechende Informationen über die fortlaufende Ausführung eines Hypothesetests.

Die empirischen Daten zur Ausführung des Tests stammen wieder von zu äquidistanten Zeitpunkten t_s entnommenen Proben gleichen Umfangs, die jeweils eine empirische Ausschußquote $p^{(s)}$ ergaben.

Zur Herleitung der entsprechenden Entscheidungsregel für den angesprochenen Test mit der Null-Hypothese

$$H_0 : p = p_0$$

formulieren wir folgenden zusammenfassenden

Satz: Sei H_0 wahr, dann folgt

- $h_n^{zuf}(A)$ ist binomialverteilt mit den Parametern n und p_0 ;
- $h_n^{zuf}(A)$ ist näherungsweise normalverteilt mit den Parametern $\mu = n \cdot p_0$ und $\sigma^2 = n \cdot p_0 \cdot (1-p_0)$, wobei man akzeptable Näherungen dann erhält, wenn $n \cdot p_0 \cdot (1-p_0) > 9$ ist *1);
- unter der Normalverteilungsannahme ist

$$\frac{h_n^{zuf}(A)}{n}$$

näherungsweise ebenfalls normalverteilt mit den Parametern $\mu = p_0$ und

$$\sigma^2 = \frac{p_0\,(1-p_0)}{n},$$

woraus folgt, daß

$$P(\text{"}\mu - z_{\alpha/2} \cdot \sigma < \frac{h_n^{zuf}(A)}{n} < \mu + z_{\alpha/2} \cdot \sigma\text{"}) = (1 - \alpha) \quad \text{gilt.} \; {*2)}$$

Setzt man nun in die Grenzen von $\frac{h_n^{zuf}(A)}{n}$ anstelle der Parameter μ und σ^2 die Normwerte p_0 und $\frac{p_0\,(1-p_0)}{n}$ ein, dann erhält man offenbar:

$$P(\text{"}\underbrace{p_0 - z_{\alpha/2} \cdot \sqrt{\frac{p_0\,(1-p_0)}{n}}}_{= K_u} < \frac{h_n^{zuf}(A)}{n} < \underbrace{p_0 + z_{\alpha/2} \cdot \sqrt{\frac{p_0\,(1-p_0)}{n}}}_{= K_o}\text{"}) = (1 - \alpha) ,$$

---

*1) Aus dieser Anwendungsregel erhält man z. B. bei $p_0 = 0{,}1$ $\; n > \frac{9}{p_0(1-p_0)} = \frac{9}{0{,}1 \cdot 0{,}9} = 100.$

Wenn eine grobe Näherung ausreicht, kann man - wie bereits erwähnt - in der Ungleichung $n \cdot p_0 \cdot (1-p_0) > (\ldots)$ anstelle der 9 eine 4 einsetzen.

*2) Beispielsweise sind bei $\alpha = 0{,}0027$ und damit $z_{\alpha/2} = 3$ das die sog. 3-σ-Grenzen.

woraus man für die aus der Probenentnahme zu bestimmende empirische Ausschußquote das konkrete (1-α)-Konfidenzintervall

$$K_u < \frac{h}{n} < K_o \quad | \quad S = (1-\alpha) \bullet 100\,\%$$

erhält.

Als Entscheidungsregel können wir nun formulieren:
Wenn (zum Zeitpunkt t_s) der beobachtete Wert $p^{(s)}$ $(= \frac{h_n(A)}{n})$

in dem Intervall $(K_u;K_o)$ | S % liegt, dann ist der beobachtete Fertigungsprozeß als (zu diesem Zeitpunkt) stabil zu betrachten, (und H_0 ist zu diesem Zeitpunkt t_s abzulehnen, falls $p^{(s)} \notin$ (Ku; Ko) ist).

Bem.: In der Praxis setzt man ohne Bedenken $K_u = 0$.

Als anschauliches Beispiel für das Anlegen einer p-Karte betrachten wir die Kontrolle der Arbeit eines Flaschenabfüllautomaten:

0. Bei einer Vorlaufuntersuchung von 25 Tagesproduktionen wurde eine durchschnittliche Ausschußquote von $p_0 = 0{,}024$ $(p_0 = \frac{1}{25}\sum_{s=1}^{25} p^{(s)})$ festgestellt und als normgerecht akzeptiert. Dabei sei eine Flasche als unbrauchbar abgefüllt betrachtet, wenn sie entweder
   - übervoll war und damit der Verschluß nicht dicht sein kann oder
   - weniger als 95 % der vorgeschriebenen Füllmenge in ihr enthalten war.

   Hier ist natürlich $p^{(s)}$ die beobachtete Ausschußquote der s-ten Tagesproduktion.
   Wir arbeiten also mit der Hypothese

   $$H_0 : p = 0{,}024 \quad ,$$

   die ja der Behauptung gleichkommt, daß auch in der laufenden Tagesproduktion der Ausschußprozentsatz gleich 2,4 % ist.

1. Die Festlegung der Irrtumswahrscheinlichkeit erfolgt mit dem Wert

   $$\alpha = 0{,}0027$$

   Um den Probenumfang n festzulegen, arbeiten wir hier mit der groben Näherungsregel

   $$n \bullet p_0\,(1 - p_0) > 4 \quad ,$$

woraus folgt, daß

$$n > \frac{4}{p_0(1-p_0)} = \frac{4}{0{,}024 \cdot 0{,}976} \cong 171$$

ist. Hiervon ausgehend legen wir also den "runden" Wert $n = 180$ fest. Es werden dann aus einer (jetzt) laufenden Tagesproduktion $n = 180$ Flaschen entnommen; daraus wird z. B. festgestellt:
6 Flaschen sind nicht qualitätsgerecht gefüllt, d. h.

$$\frac{h}{n} = \frac{6}{180} = \frac{1}{30} = 0{,}03\overline{3} \ .$$

2. Zur Berechnung der Kontrollgrenzen setzen wir $K_u = 0$ und bestimmen

$$K_o = p_0 + z_{\alpha/2} \cdot \sqrt{\frac{p_0(1-p_0)}{n}}$$

$$= 0{,}024 + 3 \cdot \sqrt{\frac{0{,}024 \cdot 0{,}976}{180}}$$

$$= 0{,}024 + 0{,}034$$

$$= 0{,}058 \quad , \text{ d. h. } \approx 6\ \% \ .$$

Damit erhält man das Kontroll-Intervall

$$(K_u = 0 \ ; \ K_o = 0{,}058) \mid S = 99{,}73\ \% \quad .$$

3. Entscheidungsregel:

H_0 ist abzulehnen, falls $K_o \leq \frac{h}{n}$ ist, d. h. falls $\frac{h}{n} \notin (K_u \ ; \ K_o)$ gilt.

Im Ergebnis unserer Kontrolle stellen wir wegen

$$0 < 0{,}033 < 0{,}058$$

fest, daß das 99,73 % - Kontrollintervall den ermittelten Ausschußquotenwert überdeckt, woraus folgt, daß wir die betrachtete Tagesproduktion als qualitätsmäßig stabil betrachten können und der eingesetzte Abfüllautomat bzgl. des akzeptierten Normwertes $p_0 = 0{,}024$ vermutlich noch normal arbeitet.

Die p-Karte hat für unser gewähltes Beispiel folgende Gestalt:

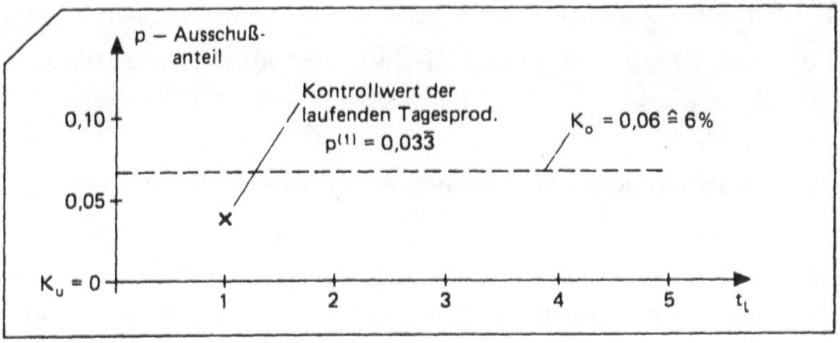

$l = 1, 2, \ldots$

Interpretation:

Liegt für die laufende Tagesproduktion die Prozentausschußquote höher als 6 % (d. h. mehr als 10,8 ≈ 11 Flaschen von 180 untersuchten sind nicht verwertbar gefüllt), so ist der Automat zu stoppen und neu einzustellen.

Die Führung einer p-Karte ist also gleichbedeutend mit:

a) Der Probenentnahme von jeweils n Elementen zu den äquidistanten Zeitpunkten t_s, (s = 1, 2, ...);

b) Ermittlung jeweils der s-ten Ausschußquote $p^{(s)}$;

c) Eintragen des Wertes $p^{(s)}$ in die Kontrollkarte zur Darstellung der Prozeßgeschichte;

d) Treffen von Maßnahmen, falls $p^{(s)}$ einen Wert annimmt, der größer oder gleich ist als $K_0 \mid S = (1-\alpha) \cdot 100\,\%$.

5.2 Stichprobenpläne

Bei der Übergabe/Übernahme von Waren und Zulieferungen ist es aus praktischen Gründen nicht möglich, *alle* einzelnen Elemente des Lieferpostens auf ihre Brauchbarkeit hin zu überprüfen. Stichprobenpläne bilden für diesen Fall eine verbindliche Arbeitsvorschrift, mit deren Hilfe man Güte-Entscheidungen bei

Liefer-Eingangskontrollen,
Lager-Eingangs/Ausgangskontrollen und
Endkontrollen

treffen kann. Die Prüfbedingungen sind i. a. zwischen den beiden Partnern (Lieferer und Abnehmer) *vor* Aufnahme der kommerziellen Zusammenarbeit zu vereinbaren.

5.2.1 Aufbau eines einfachen Stichprobenplanes für die Attributprüfung

Einfach nennt man hier einen Stichprobenplan, wenn aus dem Lieferposten *einmal* eine repräsentative Stichprobe gezogen wird. Weiterhin spricht man von einer sog. Attributprüfung, wenn bei der Güteeinschätzung für ein gezogenes Element nur die beiden alternativen Prüfergebnisse

brauchbar / unbrauchbar
(gut) (schlecht)

möglich sind.

Wir können also bei der Prüfung nach einem o. g. Stichprobenplan von folgender Situation ausgehen:

> Dem Lieferposten gleichartiger Teile vom Umfang N (Grundgesamtheit) wird eine Stichprobe vom Umfang n entnommen ($n < N$). Dabei ist darauf zu achten, daß die Stichprobe geeignet gezogen wurde, d. h.
> - die Entnahmewahrscheinlichkeit für alle Elemente des Lieferpostens muß praktisch gleich groß sein, und
> - die Entnahme eines konkreten Elements darf nicht von den Werten irgendwelcher Merkmale der Elemente abhängen.
>
> Außerdem kann man feststellen, daß in der Praxis meistens das Ziehungsverfahren "Ziehen ohne Zurücklegen" eingesetzt wird. Hier gilt vorteilhafterweise
> $$SP \subseteq GG ;$$
> nachteilig kann sich evtl. auswirken, daß dadurch der Lieferposten mengenmäßig verändert wird. *

Wir geben hier folgenden groben Ablaufplan für eine so beschriebene Kontrolle, wobei wir unter der Bezeichnung **c** eine sog. Annahmezahl einführen (c - natürliche Zahl). Diese gibt entsprechend dem gewählten Stichprobenplan an, wie hoch die Anzahl z von fehlerhaften Elementen in der Stichprobe maximal sein darf, um den gesamten Lieferposten gleichartiger Teile als gut zu akzeptieren; d. h. sind mehr als c schlechte Elemente in der Stichprobe, wird der Posten zurückgewiesen.

---

* Bei sehr großen Werten von N ist das jedoch praktisch vernachlässigbar.

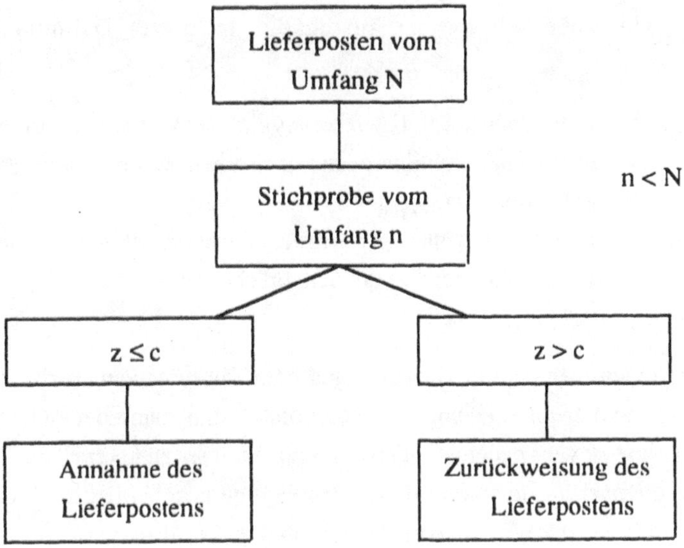

Def.: Das Paar von ganzen Zahlen (n ; c) , wobei

n - der Stichprobenumfang

c - die Annahmezahl ; $0 \leq c < n$; (c - natürliche Zahl)

bei einer stichprobenartigen Entnahmeprüfung ist, heißt **einfacher Stichprobenplan** für Attributprüfung.

Bem.: - Die Vorgabe

a) eines Stichprobenumfangs n , und

b) einer Annahmezahl $c \geq 0$

bei der Begutachtung eines Postens mit dem Umfang N durch stückweises Bewerten der Stichproben-Elemente $E_1, \ldots, E_n$ mit dem Urteil "brauchbar" bzw. "unbrauchbar", sowie den Vergleich der Anzahl z unbrauchbarer Elemente in der Stichprobe mit dieser Annahmezahl c kennzeichnet also die Arbeit nach einem einfachen Stichprobenplan mit alternativen Beobachtungswerten.

- In sehr vielen praktischen Fällen ergeben sich c und n aus den Qualitätsforderungen, die
  - entweder durch gesetzliche Vorschriften
  - oder durch vertragliche Vereinbarungen zwischen Lieferer und Abnehmer

  an den Posten gestellt werden.

Zur allgemeinen Charakterisierung von Lieferer-Abnehmer-Beziehungen führen wir einige Begriffe ein, wobei wir von der Ausschußquote p (vgl. Definition im vorigen Punkt) ausgehen:

p_{Prod} - vom Produzenten (Lieferer) *zugesicherte* maximale Ausschußquote; in manchen Publikationen zur Qualitätskontrolle auch als *Gutlage* bezeichnet ($0 \leq p_{Prod} < 1$)

p_{Kons} - vom Konsumenten (Abnehmer) höchstens *akzeptierte* maximale Ausschußquote; oft auch entsprechend als *Schlechtlage* bezeichnet ($0 \leq p_{Kons} < 1$)

Bem.: Damit zwischen dem Produzenten und dem Konsumenten überhaupt eine Lieferer-Abnehmer-Beziehung zustande kommt, d. h. damit der Abnehmer definitiv eine zu verwendende Lieferung vom Lieferer zu übernehmen *bereit ist*, muß die *akzeptierte* maximale Ausschußquote ja höher liegen als die vom Produzenten *zugesicherte* maximale Ausschußquote, also:

$$p_{Prod} < p_{Kons} \ .$$

Da nun bei der Übernahme eines Warenpostens aus bekannten Gründen zur Prüfung der Qualität keine Totalauszählung erfolgen kann, sondern mittels Stichproben zu arbeiten ist, entstehen in der Konsequenz dessen mögliche Fehlentscheidungen, die wir aus folgender Tabelle ersehen können:

Lieferer (der behauptet, einen Posten qual.gerecht zu liefern) \ Abnehmer (der die Realität nicht vollständig prüfen kann)	mögliche Entscheidungen des Abnehmers auf Basis einer gezogenen Stichprobe	
	lehnt Posten nicht ab	**lehnt Posten ab**
Der Posten ist gut, d. h. $p^* \leq p_{Prod}$	richtige Entscheidung	Fehlentscheidung 1.Art ($\hat{=}$ Produzentenrisiko)
Der Posten ist schlecht, d. h. $p^* > p_{Kons}$	Fehlentscheidung 2. Art ($\hat{=}$ Konsumentenrisiko)	richtige Entscheidung

Dabei bezeichnen wir mit p* die tatsächliche (aber zum Zeitpunkt der Warenübernahme unbekannte) Ausschußquote des *gesamten Lieferpostens* .

Die maximale Wahrscheinlichkeit für das Auftreten einer Fehlentscheidung 1. Art (also den quantitativen Ausdruck für das Produzentenrisiko) bezeichnen wir mit α, $(0 < \alpha < 1)$. Das ist also die Wahrscheinlichkeit dafür, daß ein Abnehmer auf der Basis einer "ungünstigen" Stichprobe einen guten Posten zurückweist. (Dieses Risiko muß der Hersteller tragen, wenn er Warenposten anbietet!)

Die (maximale) Wahrscheinlichkeit für das Auftreten einer Fehlentscheidung 2. Art (also den quantitativen Ausdruck für das Konsumentsrisiko) bezeichnen wir mit β, $(0 < \beta < 1)$. Das ist also die Wahrscheinlichkeit dafür, daß ein Abnehmer auf der Basis einer "günstigen" Stichprobe einen schlechten Posten annimmt. (Dieses Risiko geht der Abnehmer ein, wenn er Warenposten übernehmen will!)

Bem.: Bei einer partnerschaftlich gestalteten Lieferer-Abnehmer-Beziehung sollten α und β möglichst kleine Werte besitzen (gegenseitiges Vertrauensverhältnis).

Unter Verwendung der hier eingeführten Begriffe geben wir nachfolgend ein konkretes **Anwendungsbeispiel**:

Für einen Optik-Betrieb seien maximal 3 % Ausschuß bei der Abnahme von Posten von Glas-Rohlingen aus einem Glaswerk tragbar, $(p_{Kons} = 0{,}03)$. Bei der turnusmäßigen Übernahme der Lieferposten gleichen Umfangs N sollen (maximal) 5 % der Posten mit mehr als 3 % Ausschuß durch den Stichprobenplan nicht erkannt werden, $(\beta = 0{,}05)$. Damit das Glaswerk von dem Optik-Betrieb langfristig überhaupt seine Lieferungen abgenommen bekommt, muß es eine maximale Ausschußquote sichern, die *unter* der im Höchstfall vom Optik-Betrieb akzeptierten Quote p_{Kons} liegt:
Sei dies z. B. $p_{Prod} = 0{,}01$, $(p_{Prod} = 0{,}01 < p_{Kons} = 0{,}03)$.
Hinsichtlich der Wahl/Festlegung der Höhe des Produzentenrisikos sollen hier zwei Fälle unterschieden werden, und zwar bezüglich der Frage: Was sind die ökonomischen Konsequenzen, wenn schlechte Posten erkannt werden?

1. Fall: Als schlecht erkannte Posten werden vom Abnehmer insgesamt zurückgeschickt und werden beim Hersteller eingeschmolzen (hoher Verlust bzw. Aufwand, zumal dann mindestens 99 % gute Rohlinge bei einer Zurückweisung "unschuldig" in die Neu-Schmelze eingebracht werden). Von diesem Fall möchte man natürlich, daß er recht selten auftritt, d. h. die Wahl von α sollte mit sehr kleinem Wert erfolgen, z. B. $\alpha = 0{,}005$.

2. Fall: Als schlecht erkannte Posten werden vom Abnehmer nicht zurückgeschickt, sondern verlesen, d. h. die schlechten Rohlinge werden aussortiert (In diesem Fall entstehen keine so hohen Verluste.). Deswegen kann man hier α größer wählen, z. B. $\alpha = 0{,}1$.

Die bis hierher durch den konkreten Anwendungsfall festgelegten Kennwerte der Warenprüfung sind also:

$$p_{Prod} = 0{,}01$$
$$\alpha = 0{,}1 \text{ (bzw. } 0{,}005)$$
$$p_{Kons} = 0{,}03$$
$$\beta = 0{,}05$$

Abschließend geben wir noch eine *Interpretation* dieser konkreten Kennwerte-Anordnung:

Es werden Posten mit 1 % und weniger Ausschuß in höchstens $\alpha \cdot 100 = 10$ % aller Fälle vom Optik-Betrieb abgelehnt, obwohl sie als "gut" hätten angenommen werden müssen.

Andererseits werden Posten mit 3 % und mehr Ausschuß höchstens in $\beta \cdot 100 = 5$ % aller Fälle angenommen, obwohl sie hätten zurückgewiesen werden müssen.

Zwischen α, β , p_{Prod} und p_{Kons} einerseits und einem Stichprobenplan (n ; c) andererseits besteht ein Zusammenhang, der durch die sog. OC-Funktion (Operationscharakteristik) beschrieben wird.

5.2.2 Die OC-Funktion eines Stichprobenplanes für Attributsprüfung

Def.: Die **OC-Funktion** eines Stichprobenplanes ist der Verlauf der **Wahrscheinlichkeit** L(p) **für die Annahme** eines Postens, der die Ausschußquote p hat. *

Bem.:

- Jeder Prüfplan (n ; c) besitzt genau eine OC-Funktion (die man zumindest näherungsweise berechnen kann).
- Es gilt - wie bereits besprochen - $0 \leq p \leq 1$.
- Weiterhin gilt offenbar

  $$L(0) = 1 \quad ; \quad L(1) = 0 \quad ,$$

  weil ja ein Posten ohne Ausschuß (d.h. p = 0) immer angenommen und ein Posten, der nur Ausschuß enthält (d. h. p = 1), immer abgelehnt wird.

* L(...) - wie engl. Likelihood, der Anschein oder die Annahmewahrscheinlichkeit.

- Man möchte natürlich bei Posten, für die $p < p_{Prod}$ ist, die Annahmewahrscheinlichkeit mindestens so groß halten, daß

  (*) $$L(p_{Prod}) \geq 1 - \alpha$$

  ist, und die Annahmewahrscheinlichkeit für Posten, für die $p > p_{Kons}$ ist, höchstens so klein halten, daß

  (**) $$L(p_{Kons}) \leq \beta$$

  ist.

Unter den angegebenen Bemerkungen ist unter der OC-Funktion eine über dem abgeschlossenen Intervall [0 ; 1] monoton nicht steigende Funktion zu verstehen, die lt. Vereinbarung durch die Punkte $(p_{Prod}\,;(1-\alpha))$ und $(p_{Kons}\,;\beta)$ geht:

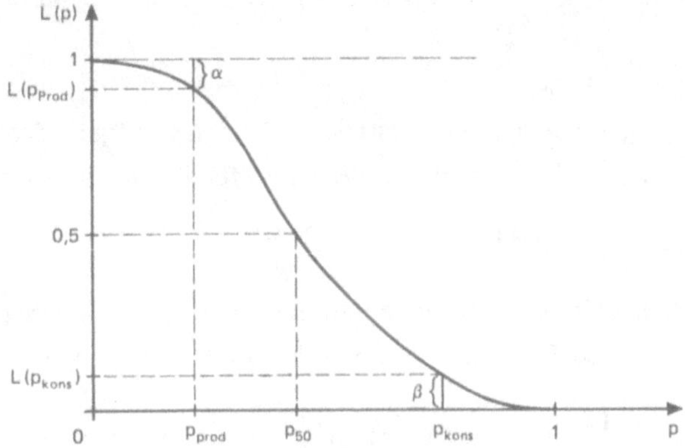

Bsp.: Die OC-Funktion mit den Kennwerten unseres Beispiels zur Kooperation zwischen dem Glasschmelzwerk und dem Optik-Betrieb hat dann etwa folgende Gestalt:

$p_{Prod} = 0{,}01$ $\qquad L(p_{Prod}) = L(0{,}01) = 1 - \alpha = 0{,}9$

$p_{Kons} = 0{,}03$ $\qquad L(p_{Kons}) = L(0{,}03) = \beta = 0{,}05$;

$\alpha = 0{,}1$

$\beta = 0{,}05$

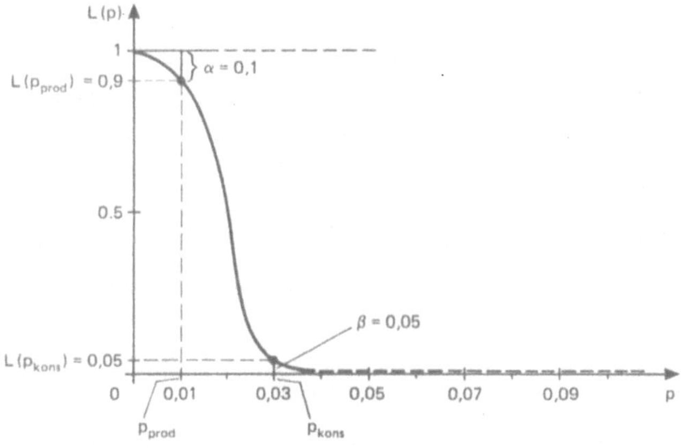

Aus der Wahrscheinlichkeitsrechnung ist bekannt, daß mit den gegebenen Kennwerten

- N - Postenumfang
- n - Umfang der Stichprobe
- m - Anzahl der schlechten Teile in der Stichprobe
- c - Annahmezahl (= 0, 1, 2, ...)

die Wahrscheinlichkeit, einen Posten anzunehmen (also der entsprechende Funktionswert der OC-Funktion), nach der sog. hypergeometrischen Verteilung zu berechnen ist, wobei das Ziehungsverfahren "Ziehen ohne Zurücklegen" ist:

$$L_{N,n,c}(p) = \sum_{m=0}^{c} \frac{\binom{N \cdot p}{m}\binom{N-N \cdot p}{n-m}}{\binom{N}{n}} \quad ; \quad 0 \leq p \leq 1 \quad ; \quad p \cdot N \text{ ganzzahlig}$$

Nach diesen Erläuterungen können wir feststellen, worin die Aufgabe der Bestimmung eines konkreten Stichprobenplanes unter gegebenen Prüfbedingungen besteht:

Gegeben: $N, p_{Prod}, p_{Kons}, \alpha$ und β

Gesucht: Ein möglichst kleiner Stichprobenumfang n und eine möglichst kleine Annahmezahl c, sodaß (gemäß (*) und (**)) die Ungleichungen

$$L(p_{Prod}) = L_{N,n,c}(p_{Prod}) \geq 1 - \alpha \quad \text{und}$$
$$L(p_{Kons}) = L_{N,n,c}(p_{Kons}) \leq \beta$$

für die zugehörigen OC-Funktionen gelten.

Natürlich ist die Berechnung dieser OC-Funktionswerte für alle p , $(0 \leq p \leq 1)$ per Hand zu aufwendig, weshalb man zur Lösung der o. g. Aufgabe ausschließlich Computer benutzt.
Das Vorgehen hierbei besteht darin, das n "von unter herauf" zu variieren $(n \rightarrow N)$, wobei man mit kleinen Werten c (= 0, 1, 2, ...) beginnt.

Dankenswerterweise sind in entsprechenden Tafelwerken oder Prüf-Normvorschriften für alle in der Praxis auftretenden Kennwerte-Anordnungen die entsprechenden OC-Funktionen berechnet (vgl. [2], [6]), sodaß man einen konkreten Stichprobenplan auch ohne eigene Berechnungen - unter Verwendung dieser Hilfen - bestimmen kann.

Die von uns so eigeführte OC-Funktion eines konkreten Stichprobenplanes hat offenbar die Eigenschaft, daß die Wahrscheinlichkeit für die Annahme des Postens sehr groß ist (nahe Eins), wenn in ihm der Ausschußanteil p sehr klein ist (nahe Null). Umgekehrt:

Wenn p für einen Posten sehr groß (nahe Eins) ist, dann ist die Annahmewahrscheinlichkeit für diesen Posten natürlich ganz gering. Dazwischen gibt es also offenbar einen Ausschußanteil - man nennt ihn den 50 % - Punkt (p_{50}) - für den die Annahmewahrscheinlichkeit *gleich* der Ablehnungswahrscheinlichkeit ist, d. h.

$$L(p_{50}) = \frac{1}{2} \quad .$$

Wegen dieser Median-Eigenschaft (vgl. 2.1.2) nennt man solch einen Punkt aus dem [0 ; 1]-p-Intervall auch "Median-Ausschußpunkt". Dieser Punkt gibt Auskunft darüber, für welchen konkreten Einzelfall ein Prüfplan (n ; c) geeignet ist.

Zur Bestimmung der Lage des p_{50}-Punktes kann man nach [10] die eingrenzende Ungleichung

$$\frac{c}{n-1} < p_{50} < \frac{c+1}{n+1} \qquad ; \qquad 0 \leq c \leq n$$

verwenden.

Bsp.: Der Prüfplan (n ; c) = (50;3) besitzt die OC-Funktion

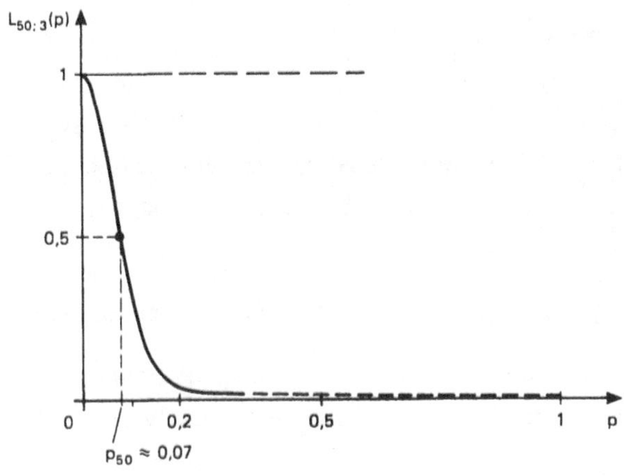

wobei wir aus der o. g. Ungleichung die Grenzen

$$\frac{3}{49} \cong 0{,}061 \qquad \text{und} \qquad \frac{4}{51} \cong 0{,}078$$

erhalten.

Als Interpretation läßt sich feststellen, daß der (50;3)-Prüfplan mit $p_{50} \approx 0{,}07$ bedeutet, daß ein Posten mit einem Ausschußprozentsatz, der merklich unter 7 % liegt, durch eine Prüfung gemäß diesem Prüfplan mit hoher Wahrscheinlichkeit angenommen wird, und daß dagegen ein Posten mit merklich mehr als 7 % Ausschuß mit an Sicherheit grenzen-

der Wahrscheinlichkeit abgelehnt wird.
Der Prüfplan (50;3) trennt gewissermaßen Posten mit Ausschußquoten $p^* < 0{,}07$ von Posten mit Ausschußquoten $p^* > 0{,}07$ am schärfsten.

Abschließend betrachten wir noch zur Demonstration die Lage der jeweiligen Median-Ausschußpunkte für zwei unterschiedliche OC-Funktionen (und damit für zwei unterschiedliche Stichprobenpläne):

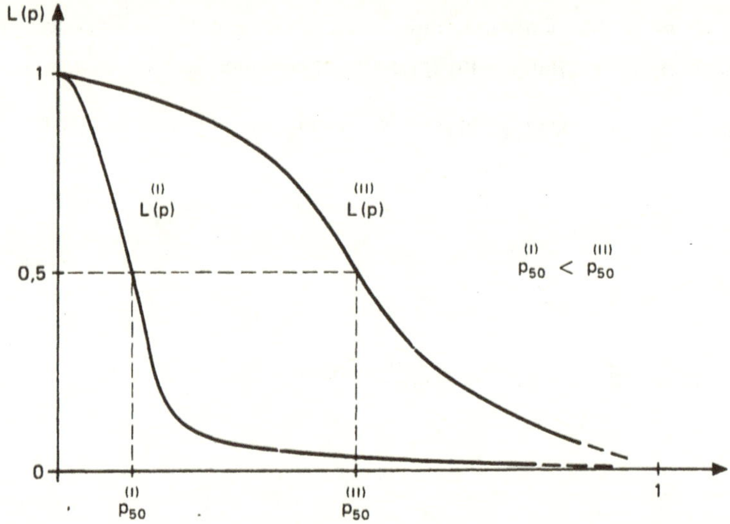

Je stärker bei einer gegebenen OC-Funktion die Annahmewahrscheinlichkeit für wachsende Werte p abfällt, um so niedriger liegt offenbar gegenüber anderen Operationscharakteristiken der Median-Ausschußpunkt.

Wir fassen noch einmal einige Eigenschaften von OC-Funktionen zusammen:

Je größer man n wählt (d. h. je mehr man sich einer Total-Auszählung nähert), um so steiler fällt die Annahmewahrscheinlichkeit L(p) für wachsende Werte p. Daraus folgt, daß, falls

$$\frac{c}{n} \in (p_{Prod} ; p_{Kons})$$

gilt, die Werte von α und β für wachsendes n immer kleiner werden.

Je größer andererseits der Quotient c/n gestaltet wird, um so "länger" bleibt L(p) für wachsendes p groß, und daraus folgt, daß α immer kleiner und β immer größer wird. Das heißt, in einem Prüfplan mit einer im Vergleich zum Stichprobenumfang großen Annahmezahl wird das Produzentenrisiko immer klein sein, während das dazugehörige Konsumentenrisiko verhältnismäßig hoch ist.

Man sollte aus der praktischen Arbeit mit Stichprobenplänen die allgemeine psychologische Erfahrung beachten, daß das Prüfpersonal um so nachlässiger prüft, je größer der Stichprobenumfang ist. In diesem Sinne ist also die Totalerfassung keinesfalls die "sicherste" Methode, Qualität zu kontrollieren.
Aus diesem Sachverhalt folgt danach die schon o. g. Aufgabenstellung bei der Erstellung eines Stichprobenplanes, n und c möglichst klein zu halten, wobei die vereinbarten Prüfparameter einzuhalten sind.

5.3 Literatur

[1] *Clark, C.T.; Schkade, L. L.:*
Statistical Methods for Business Decisions; Cincinnati, South-Western Publ. Co., 1969

[2] *Deutsche Gesellschaft für Qualität* (Hrsg.):
Stichprobenprüfung anhand qualitativer Merkmale (Verfahren und Tabellen nach DIN 40 080); Berlin, Beuth-Verlag, 1986, 9. Aufl.

[3] *Dreyer, H.; Sauer, W.:*
Prozeßanalyse - Elementare stochastische Methoden; Berlin, Verlag Technik, 1982

[4] *Göhler, W.:*
Höhere Mathematik - Kleiner Wissensspeicher; Leipzig, Deutscher Verlag Grundstoffindustrie, 1989, 10. Aufl.

[5] *Hofman, D.:*
Handbuch Meßtechnik und Qualitätssicherung; Berlin, Verlag Technik, 1985

[6] *Linß, G.:*
Rechnergestützte kostenoptimale Stichprobenpläne; Suhl, KDT-Broschüre, 1989, 234 S.

[7] *Schindowski, E.; Schürz, O.:*
Statistische Qualitätskontrolle; Berlin, Verlag Technik, 1974, 4. Aufl.

[8] *Storm, R.:*
Wahrscheinlichkeitsrechnung, Mathematische Statistik, Statistische Qualitätskontrolle; Leipzig, Fachbuchverlag, 1979, 7. Aufl.

[9] *Uhlmann, W.:*
Statistische Qualitätskontrolle; Stuttgart, B. G. Teubner, 1966

[10] *Uhlmann, W.:*
Kostenoptimale Prüfpläne; Würzburg, Physica-Verlag, 1970, 2. Aufl.

6 Einfache (lineare) Korrelation

6.0 Motivation und Einführungsbeispiel

Ökonomische und technische Abläufe sind auch als das Zusammenwirken oder besser als das Aufeinander-Einwirken von mehreren Merkmalen zu erklären.
So wird z. B. die Höhe der Kosten in einem Produktionsbetrieb durch die verwendeten Materialmengen, die geleisteten Arbeitsstunden, die vorherrschende Arbeitsproduktivität usw. beeinflußt. Hier handelt es sich um den Einfluß einer Reihe von betriebswirtschaftlichen Merkmalen auf ein einzelnes Merkmal, nämlich die Kosten.

Man nennt deshalb das "beeinflußte" Merkmal in der Statistik die Zielgröße und die "beeinflussenden" Merkmale die Einflußgrößen. Dieser Problemkreis wird in der Regressionsrechnung behandelt.

Es gibt aber auch solche Merkmale, die sich gegenseitig beeinflussen. Hier kann man nicht klar trennen zwischen Einflußgröße und Zielgröße. Die Untersuchung der Stärke und der Richtung des gegenseitigen Zusammenhangs zwischen solchen statistischen Merkmalen ist Gegenstand der Korrelationsrechnung.

Von besonderem Interesse bei der Untersuchung solcher korrelativer Zusammenhänge ist der Spezialfall, wenn die beiden betrachteten Merkmale überhaupt nicht zusammenhängen (was man von vorn herein gar nicht wissen kann). Mathematische gesehen handelt es sich hierbei um den Fall der sog. stochastischen Unabhängigkeit, die z. B. schon im Kapitel über Schätzungen eine Rolle gespielt hat.

Da dieser Sachverhalt in der Korrelationsrechnung von gewisser grundlegender Bedeutung ist, werden wir ihn im Punkt 6.2 auch etwas ausführlicher behandeln.

Zunächst betrachten wir aber ein einfaches, einführendes

Bsp.: Gesucht sind die Stärke und die Richtung des Zusammenhangs zwischen

Y - der Bearbeitungszeit und

X - der Anzahl der zu bearbeitenden Oberflächen

von unterschiedlichen Metallwerkstücken in einer Vorfertigungswerkstatt.
Es liegen folgende Beobachtungen vor:

i	x_i [Stck.]	y_i [min]
1	6	3
2	7	4
3	7	5
4	6	2
5	4	1

Diese Stichprobe vom Umfang $n = 5$ ist natürlich wieder aus lehrmethodischen Gründen sehr klein; in der Praxis hat man n entsprechend größer zu wählen.

Wir verdeutlichen die Situation in der folgenden Grafik:

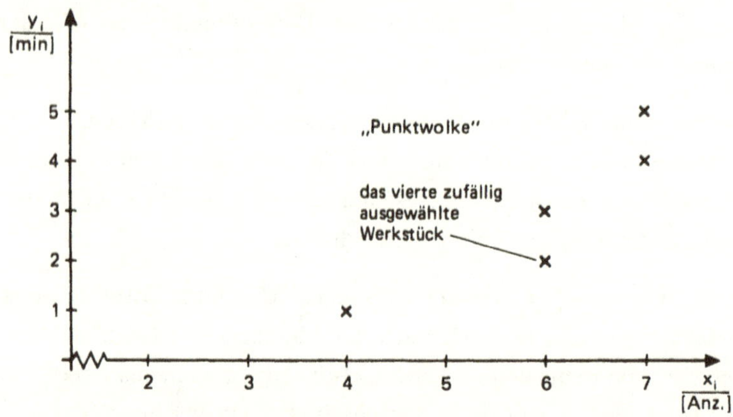

Frage: Wie gut läßt sich der Zusammenhang zwischen der Anzahl der zu bearbeitenden Oberflächen und der Bearbeitungszeit in der Vorfertigung mittels einer linearen Funktion beschreiben, und wie ist dieser Zusammenhang gerichtet?

Die Frage kann man auch anders stellen: Wie gut läßt sich die in der Grafik dargestellte Punktwolke durch eine Gerade beschreiben?

Die Antwort liefert der empirische Korrelationskoeffizient:

$$r_{XY} \underset{Df.}{=} \frac{\sum_{i=1}^{n} (x_i - \bar{x})(y_i - \bar{y})}{\sqrt{\sum_{i=1}^{n} (x_i - \bar{x})^2 \cdot \sum_{i=1}^{n} (y_i - \bar{y})^2}}$$

Diese Berechnungsvorschrift nennt man auch die Formel von BRAVAIS.

Wir werden später sehen (vgl. 6.2.3), daß für r_{XY} immer gilt

$$-1 \leq r_{XY} \leq +1 \; .$$

Den Wert des BRAVAIS' schen Korrelationskoeffizienten kann man mit Hilfe folgender Arbeitstabelle berechnen:

i	x_i	y_i	$(x_i - \bar{x})$	$(y_i - \bar{y})$	$(x_i - \bar{x})(y_i - \bar{y})$	$(x_i - \bar{x})^2$	$(y_i - \bar{y})^2$
1	2	3	4	5	6	7	8
1	6	3	0	0	0	0	0
2	7	4	1	1	1	1	1
3	7	5	1	2	2	1	4
4	6	2	0	-1	0	0	1
5	4	1	-2	-2	4	4	4
Σ	30	15	0	0	7	6	10
$\varnothing$	$\bar{x}=6$	$\bar{y}=3$					

$$\text{d.h.} \quad r_{XY} = \frac{7}{\sqrt{6 \cdot 10}} \cong 0{,}9$$

Bem.: In den Spalten 4 und 5 besitzen jeweils $x_i - \bar{x}$ und $y_i - \bar{y}$ für fast alle i das gleicheVorzeichen. Deshalb ist in diesem Beispiel der Wert des Korrelations koeffizienten positiv, $r_{XY} > 0$.

Um $r_{XY} \cong 0{,}9$ deuten zu können, ist eine theoretische Betrachtung über Zufallsvektoren im Punkt 6.2 notwendig.

6.1 Unterscheidung der Korrelation nach ihrer Ursache

Bevor wir im Punkt 6.2 den theoretischen Kennwert der Korrelation zwischen zwei Zufallsvariablen einführen, wollen wir noch eine kurze methodische Betrachtung anstellen. Inhaltliche, d. h. kausale Zusammenhänge zwischen Merkmalen sind in der Statistik die Voraussetzung zur richtigen Berechnung und Einschätzung des Wertes der Korrelation.

Bevor man also eine statistische Beobachtung der beteiligten Merkmale überhaupt erfaßt (d. h. mathematisch: eine gleichzeitige Realisierung der Zufallsvariablen X und der Zufallsvariablen Y herbeiführt), muß man die Art und die Existenz einer kausalen Beziehung zwischen den Merkmalen prüfen. Wenn nur zwei Merkmale an der Beziehung beteiligt sind, dann spricht man von der sog. *einfachen* Korrelation.

Man unterscheidet dabei folgende Fälle:

a) Unmittelbare (direkte) Korrelation (Beispiel):

X - Industrielle Warenproduktion (IWP)
Y - Gewinn (G)

von produzienrenden Industrie-Unternehmen.
Natürlich stehen das betriebliche Produktionsergebnis (IWP) und der erzielte Gewinn (G) von einzelnen Unternehmen miteinander in direktem Zusammenhang. Sicher ist auch die Richtung dieses Zusammenhangs bei jedem Unternehmen die gleiche (nämlich positiv).
Allerdings wird jeder einzelne Betrieb aufgrund der jeweils verschiedenen Produktionsstruktur, wegen Preisunterschieden und unterschiedlicher Produktionsmengen bei einer speziell erzielten industriellen Warenproduktion einen ganz bestimmten Gewinn erzielen.

Jedoch ist klar, daß die Gesamtbeziehung - die Korrelation zwischen IWP und G, berechnet für alle Betriebe - aus dem direkten Zusammenhang zwischen den beiden betrachteten betriebswirtschaftlichen Merkmalen hervorgeht.

$$X(=IWP) \quad \Leftrightarrow \quad Y(=G)$$

b) Mittelbare (indirekte) Korrelation:

Diese Art des Kausalzusammenhangs zwischen zwei Merkmalen X und Y entsteht dadurch, daß sowohl X als auch Y dominant durch (mindestens) ein weiteres Merkmal Z beeinflußt werden.
So kann man z. B. in einer Landwirtschaft, in der die einzelnen landwirtschaftlichen Erzeugerbetriebe sowohl Weizen als auch Gerste anbauen, beim Ernten sicher von einem hohen Weizenertrag auch auf einen hohen Gersteertrag schließen. Jeder Betrieb wird in einer Anbauperiode bei einem bestimmten Hektarertrag Weizen auf einen ganz bestimmten Hektarertrag Gerste gelangen, und wenn die Ernte "gut" ist, dann wird es einen positiven Zusammenhang geben.

In diesem Beispiel hängen jedoch sowohl X (der Hektarertrag Weizen) als auch Y (der Hektarertrag Gerste) stark von einem dritten Merkmal Z (der Niederschlagsmenge im Anbauzeitraum) ab.

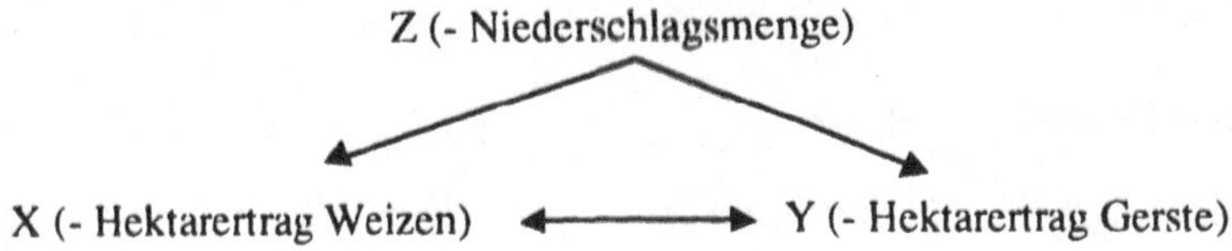

In einem solchen Fall ist es geboten, von einer *einfachen* Korrelation (der Prüfung des Zusammenhangs zwischen X und Y) abzusehen und zu einer *mehrfachen* Korrelationsrechnung (Prüfung des Zusammenhangs zwischen X, Y *und* Z) überzugehen.*

c) Nonsens-Korrelation:

Natürlich ist es möglich, von Merkmalen X und Y Beobachtungen anzustellen, wenn sie in gar keinem vernünftigen Zusammenhang stehen, um scheinbare Korrelationen zu "berechnen".

Das wäre z. B. der Fall, wenn man die Jahres-Anzahl der Vulkanausbrüche in einzelnen Ländern als *ein* Merkmal und die Jahres-Anzahl der in diesem Ländern registrierten Konkurse in Zusammenhang bringen würde.

Formal interessant wäre es auch, die Anzahl von Störchen in einem ländlichen Territorium mit der Anzahl der Neugeborenen zu korrelieren ...
Aber selbstverständlich: Das wäre eine offenkundige Nonsens-Korrelation!

6.2 Zufallsvektoren

In der Wahrscheinlichkeitsrechnung betrachtet man eine Zufallsvariable einer Versuchsanordnung, führt den Versuch einmal aus und erhält (bei einer reellwertigen Zufallsvariablen X) eine reelle Zahl x als Versuchsergebnis:

---

* Mehrfachkorrelation ist nicht Gegenstand unserer Betrachtungen in diesem Buch. Man vergleiche dazu z. B. [3].

Zufallsgröße X

Versuch ⟶ eine reelle Zahl x als Versuchsergebnis.
einmalige Durchführung

x heißt dann eine Realisierung von X.

Wir betrachten jetzt einen (2-dimensionalen) reellwertigen Zufallsvektor (X,Y):

Zufallsvektor (X,Y)

Versuch ⟶ ein Vektor (x,y) mit reellen Komponenten als Versuchsergebnis.
einmalige Durchführung

(x,y) heißt dann eine Realisierung von (X,Y).

Bsp.: Produktion von Bolzen eines bestimmten Typs ⟶ (Länge, Durchmesser) als Versuchsergebnis, beide Maße gemessen in mm
einmalige Durchführung

Also ist (X,Y) in diesem Beispiel ein Zufallsvektor bestehend aus den Komponenten Länge und Durchmesser.

In der Statistik betrachtet man analog dazu einen Merkmalsvektor (X,Y):

Zufällige Entnahme eines Elementes aus der Grundgesamtheit ⟶ Erfassung der Werte beider Merkmale in einem Vektor (x,y)
einmalige Durchführung

Selbstverständlich lassen sich im konkreten Fall auch mehrere Merkmale beobachten bzw. erfassen, d. h.

$$(X, Y, Z)$$

oder allgemeiner

$$(X_1, X_2, \ldots, X_m) \; .$$

Genauso, wie man in der Wahrscheinlichkeitsrechnung eine Zufallsvariable X durch ihre Wahrscheinlichkeitsverteilung beschreiben kann, läßt sich ein (2-dim.) Zufallsvektor durch seine (2-dim.) Wahrscheinlichkeitsverteilung beschreiben.
Diese Tatsache wollen wir im nächsten Unterpunkt behandeln.

6.2.1 Beschreibung der Wahrscheinlichkeitsverteilung von Zufallsvektoren

Def.: Die Funktion

$$F_{X,Y}(t_1,t_2) \underset{Df.}{=} P(\text{"}X < t_1\,;\,Y < t_2\text{"}) \quad \text{mit } t_1 \in (-\infty\,;+\infty)\,,\ t_2 \in (-\infty\,;+\infty)$$

heißt **Verteilungsfunktion** des zweidimensionalen Zufallsvektors (X,Y).

Zu dieser Definition betrachten wir ein einfaches Beispiel:

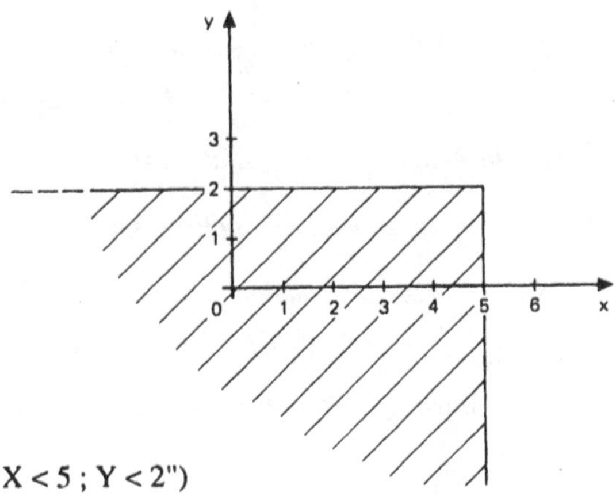

$$\Rightarrow\ F_{XY}(5\,;2) = P(\text{"}X < 5\,;\,Y < 2\text{"})$$
$$= \text{Wahrscheinlichkeit, daß der Zufallsvektor (X,Y) in die schraffierte Fläche "fällt".}$$

Die (2-dim.) Verteilungsfunktion F_{XY} ist also eine Abbildung auf das (abgeschlossene) Zahlenintervall zwischen Null und Eins:

$$F_{XY} : R^2 \rightarrow [0\,;1] \quad .$$

In unserer weiteren Betrachtung beschränken wir uns nur auf den stetigen Fall.

Def.: Gilt für alle $t_1 \in (-\infty; +\infty)$ und $t_2 \in (-\infty; +\infty)$

$$F_{X,Y}(t_1,t_2) = \int_{-\infty}^{t_2} \int_{-\infty}^{t_1} f_{X,Y}(x,y)\, dx\, dy \quad ,$$

so bezeichnet man den Zufallsvektor (X,Y) als **stetig** und $f_{X,Y}(x,y)$ als (gemeinsame) **Dichtefunktion** von (X,Y).

Bem.: Wie bekannt entspricht dem Wert eines Einfach-Integrals der Flächeninhalt, der durch die Funktion und die Abszisse in gewissen Grenzen eingeschlossen wird. Der Wert eines Doppelintegrals entspricht dann analog dem Volumeninhalt.

Aus dem Gesagten folgt, daß der Volumeninhalt "unter einer (2-dim.) Dichtefunktion" über der gesamten x,y-Ebene gleich Eins ist.

Faustregel:

Ist weder X noch Y eine zufällige Anzahl, dann ist (X,Y) vermutlich stetig bzw. kann näherungsweise als stetig betrachtet werden.

Beispielsweise ist

(X,Y) - (Körpergewicht , Körperhöhe) eines zufällig auszuwählenden
[kg] [cm] Studenten

sicher ein stetiger (2-dim.) Zufallsvektor.

Demgegenüber ist bei dem Zufallsvektor

(X,Y) - (Warenproduktion , Krankenstand) eines zufällig auszuwählenden
[Mio DM] [Tage] Betriebes

die o. g. Faustregel offensichtlich verletzt, und es liegt kein stetiger Zufallsvektor vor.

Wir betrachten nun als Beispiel eine spezielle, oft gebrauchte Dichtefunktion:

Def.: Der Zufallsvektor (X,Y) genügt einer **zweidimensionalen** Standard-Normalverteilung, wenn er die folgende Dichtefunktion besitzt:

$$f_{X,Y}(x,y) \underset{Df.}{=} \frac{1}{2\pi}\, e^{-\frac{1}{2}(x^2+y^2)} \quad ; \text{mit} \quad \begin{array}{l} -\infty < x < +\infty \\ -\infty < y < +\infty \end{array} \; .$$

Bem.: - In der folgenden Grafik ist eine Darstellung dieser (2-dim.) Dichtefunktion gegeben:

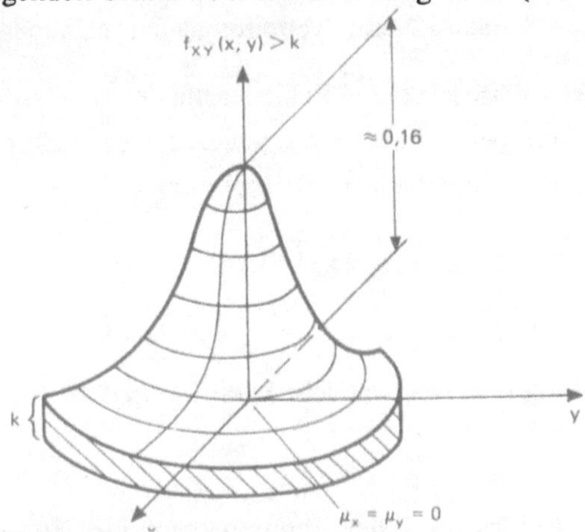

- Diese Dichtefunktion entsteht durch Rotation der (1-dim.) Dichtefunktion $\phi_{0,1}(x)$ um ihre Symmetrieachse.
- Schnitte parallel zur x,y - Ebene ergeben jeweils einen Kreis.
- In der Natur findet man solche ähnlichen Gebilde z. B. als Stalagniten in Tropfsteinhöhlen.

Wir betrachten einige Folgerungen aus den verbal beschriebenen Eigenschaften von $f_{XY}(x, y)$.

$$P(\text{"}X < 0 ; Y \text{ beliebig"}) = \frac{1}{2}$$

$$f_{X,Y}(0,0) = \frac{1}{2\pi} e^{-\frac{1}{2}(0+0)} = \frac{1}{2\pi} \cong 0{,}159$$

$$F_{X,Y}(0,0) = P(\text{"}X < 0 ; y < 0\text{"}) = \frac{1}{4} .$$

Die letzte Gleichung wird durch die folgende Darstellung verdeutlicht:

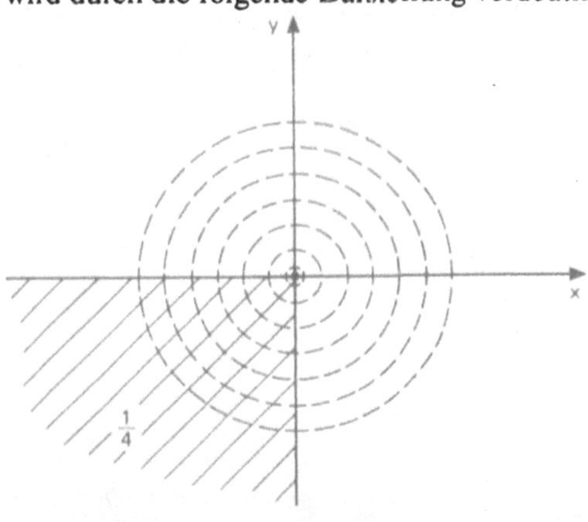

Nachdem wir uns diese Folgerungen klargemacht haben, läßt sich die Dichtefunktion der zweidimensionalen Standard-Normalverteilung auch folgendermaßen deuten:

Die Wahrscheinlichkeit dafür, daß eine Realisierung des standard-normalverteilten Zufallsvektors (X ,Y) in ein bestimmtes Flächenstück der x,y - Ebene fällt, ist gleich dem darüberliegenden Volumen unterhalb der Dichtefunktion

$$f_{XY}(x,y) \quad .$$

6.2.2 Randverteilung und stochastische Unabhängigkeit

Um die gegenseitige Abhängigkeit der Komponenten eines Zufallsvektors prüfen und erklären zu können, benötigen wir noch einige weitere Definitionen.

Def.: Als **Randverteilung von** X des Zufallsvektors (X,Y) bezeichnet man die eindimensionale Wahrscheinlichkeitsverteilung der Zufallsvariablen X, die aus der Verteilung des Vektors (X,Y) dadurch entsteht, daß Y als **beliebig** zugelassen wird.

Bem.: Die Randverteilung von X entsteht bei isolierter Betrachtung von X, d. h. ohne jegliche Berücksichtigung von Y:

$$\underset{\substack{\uparrow \\ \text{Randverteilung von X}}}{P(\text{"}X \in [a\,,b]\text{"})} = P(\text{"}X \in [a\,,b]\,;\,Y \text{ beliebig"}) \quad .$$

Analog dazu erklärt man die Randverteilung von Y.

Bsp.: (X,Y) = (Körpergewicht , Körperhöhe)

Randverteilung des Körpergewichts:
entspricht der isolierten Betrachtung des Körpergewichts von zufällig ausgewählten Studenten, völlig unabhängig von ihrer Körperhöhe.

Zur Erläuterung betrachten wir die Randverteilung der Körperhöhe $F_Y(t_2)$ etwas näher.

$$\begin{aligned} F_Y(t_2) &= P(\text{"}Y < t_2\text{"}) \\ &= P(\text{"X beliebig}\,;\,Y < t_2\text{"}) = P(\text{"}X < +\infty\,;\,Y < t_2\text{"}) \\ &= \lim_{t_1 \to +\infty} F_{XY}(t_1,t_2) \quad . \end{aligned}$$

Bei Vorliegen einer Dichtefunktion folgt dann:

$$F_Y(t_2) = \lim_{t_1 \to +\infty} F_{X,Y}(t_1,t_2) = \lim_{t_1 \to +\infty} \int_{-\infty}^{t_2} \int_{-\infty}^{t_1} f_{X,Y}(x,y)\, dx \; dy$$

$$= \int_{-\infty}^{t_2} \int_{-\infty}^{+\infty} f_{X,Y}(x,y)\, dx \; dy$$

\- hängt nicht mehr von x ab; ist nur Funktion von y bzw. t_2, denn der $\int_{-\infty}^{+\infty} \ldots$ - Teil ist konstant.

Damit kommen wir nun zur Definition der Randdichte.

Def.: Ist $f_{X,Y}(x,y)$ die (gemeinsame) Dichtefunktion eines stetigen Zufallsvektors (X,Y), so heißt

$$f_Y(y) \underset{Df.}{=} \int_{-\infty}^{+\infty} f_{X,Y}(x,y)\, dx$$

Randdichte von Y, und analog

$$f_X(x) \underset{Df.}{=} \int_{-\infty}^{+\infty} f_{X,Y}(x,y)\, dy$$

Randdichte von X .

Die Randdichte von Y ist dann die Dichtefunktion der Randverteilung von Y (und analog für X).

Zur Erläuterung des Gesagten betrachten wir nun die Randdichte von X eines Zufallsvektors (X,Y), der zweidimensional standard-normalverteilt ist:

Bsp.: Die entsprechende Dichtefunktion von (X,Y) ist (vgl. 6.2.1):

$$\frac{1}{2\pi} e^{-\frac{1}{2}(x^2+y^2)} \qquad \begin{array}{l} -\infty < x < +\infty \\ -\infty < y < +\infty \end{array}$$

Dann erhält man als Randdichte von X

$$f_X(x) = \int_{-\infty}^{+\infty} \frac{1}{2\pi} e^{-\frac{1}{2}(x^2+y^2)} dy$$

$$= \frac{1}{\sqrt{2\pi}} e^{-\frac{x^2}{2}} \int_{-\infty}^{+\infty} \frac{1}{\sqrt{2\pi}} e^{-\frac{y^2}{2}} dy = \phi_{0,1}(x) \quad ; \; -\infty < x < +\infty \; .$$

Analog gilt offenbar: $f_Y(y) = \phi_{0,1}(y)$.

Also:

Die zweidimensionale Standard-Normalverteilung hat die Dichtefunktion der eindimensionalen Standard-Normalverteilung als Randdicht*en* (nämlich in x und in y) und damit die eindimensionalen Standard-Normalverteilungen als Randverteilungen.

Def.: Die Komponenten X und Y eines Zufallsvektors (X,Y) heißen **stochastisch unabhängig**, wenn für sämtliche Intervalle $I \subseteq R^1$ und $J \subseteq R^1$ stets gilt:

$$P(\text{"}X \in I\,;\, Y \in J\text{"}) = P(\text{"}X \in I\text{"}) \cdot P(\text{"}Y \in J\text{"}) \; .$$

Folgerung:

Sind X und Y stochastisch unabhängig, dann gilt mit beliebigen Intervallen I und J für die bedingte Wahrscheinlichkeit:

$$P(\text{"}X \in I\text{"} \mid \text{"}Y \in J\text{"}) = P(\text{"}X \in I\text{"}) \; , \text{ falls } P(\text{"}Y \in J\text{"}) > 0 \; .$$

Begründung:

Ordnen wir dem Ereignis "X ∈ I" das Symbol A und dem Ereignis "Y∈ J" das Symbol B zu.

Dann ist lt. Definition der bedingten Wahrscheinlichkeit

$$(*) \qquad P(A|B) = \frac{P(A \cap B)}{P(B)} \; .$$

Betrachten wir den Zähler der rechten Seite, dann ist doch

$$P(\text{"}X \in I\text{"} \cap \text{"}Y \in J\text{"}) = P(\text{"}X \in I\,;\, Y \in J\text{"})$$
$$= P(\text{"}X \in I\text{"}) \cdot P(\text{"}Y \in J\text{"})$$ lt. Definition der stochastischen Unabhängigkeit.

Also ist entsprechend (*)

$$P(\text{"}X \in I\text{"} \mid \text{"}Y \in J\text{"}) = \frac{P(\text{"}X \in I\text{"}) \cdot P(\text{"}Y \in J\text{"})}{P(\text{"}Y \in J\text{"})}$$

$$= P(\text{"}X \in I\text{"}) \quad ,$$

was wir zeigen wollten.

Gegenbeispiel:

Wir betrachten eine Versuchsanordnung, in der Personenkraftwagen (Pkw) bei gleichen Fahrbahnverhältnissen wegen eines plötzlich auftretenden Hindernisses eine Totalbremsung ausführen.

Offensichtlich sind hier X - Bremsweg und Y - Fahrtgeschwindigkeit *nicht* unabhängig.
Es ist hier klar, daß

der Anteil der Pkw mit einem Bremsweg länger als 20 m an den Pkw, die schneller als 80 km/h fahren $>$ der Anteil der Pkw mit einem Bremsweg länger als 20 m an allen beobachteten Personenkraftwagen

ist, d. h. es gilt:

$$P(\text{"}X \in (20,+\infty)\text{"} \mid \text{"}Y \in (80,+\infty)\text{"}) > P(\text{"}X \in (20,+\infty)\text{"}) \quad .$$

Mit Hilfe obiger *Folgerung* kann man aus dem Ungleichheitszeichen dieser Beziehung also schließen, daß hier X und Y *nicht* stochastisch unabhängig sind.

Damit kann man - falls die entsprechenden Wahrscheinlichkeiten mit Hilfe einer (gemeinsamen) Dichtefunktion $f_{X,Y}(x,y)$ und mit den Randdichten $f_X(x)$ sowie $f_Y(y)$ ausgedrückt werden können - für stetige (2-dim.) Zufallsvektoren feststellen:

Satz : Die Komponenten X und Y eines stetigen Zufallsvektors (X,Y) sind genau dann **stochastisch unabhängig**, wenn die gemeinsame Dichtefunktion des Vektors **gleich dem Produkt der Randdichten** ist, d. h. wenn für alle x und alle y gilt:

$$f_{X,Y}(x,y) = f_X(x) \cdot f_Y(y) \qquad ; \qquad -\infty < x < +\infty \, , \, -\infty < y < +\infty \, .$$

Die mathematische Definition der Unabhängigkeit von Zufallsvariablen entspricht der anschaulichen Unabhängigkeit aller Realisierungen der Zufallsvariablen voneinander, d. h. der gegenseitigen Nicht-Beeinflussung der Realisierungen.

Wir wollen den Satz - den wir ohne Beweis angeben - mit einem Beispiel illustrieren:

Bsp.: Wir betrachten die Anwendung des Satzes auf die 2-dimensionale Standard-Normalverteiung.
Es gilt offenbar:

$$\frac{1}{2\pi} e^{-\frac{1}{2}(x^2+y^2)} = \underset{\text{(Randdichte von X)}}{\underset{\uparrow}{\frac{1}{\sqrt{2\pi}} e^{-\frac{x^2}{2}}}} \bullet \underset{\text{(Randdichte von Y)}}{\underset{\uparrow}{\frac{1}{\sqrt{2\pi}} e^{-\frac{y^2}{2}}}}$$

Damit haben wir gleich die Gültigkeit eines weiteren Satzes gezeigt:

Satz :

Die Komponenten X und Y eines 2-dimensionalen standard-normalverteilten Vektors (X,Y) sind **stochastisch unabhängig.**

6.2.3 Kennwerte von Zufallsvektoren

Genauso wie wir gewisse Wahrscheinlichkeitsverteilungen von eindimensionalen Zufallsvariablen mit Hilfe ihrer Kennwerte vollständig beschreiben können (im Falle einer univariat normalverteilten Zufallsvariablen sind das genau zwei Kennwerte: Erwartungswert μ und Varianz σ^2), lassen sich bestimmte Wahrscheinlichkeitsverteilungen von Zufallsvektoren durch entsprechende Kennwerte vollständig angeben.
Wir benötigen für unsere Untersuchungen lediglich die Kennwerte von stetigen 2-dimensionalen Vektoren.

Def.: Die reelle Zahl

$$\text{cov}(X,Y) = E([X - E(X)] \bullet [Y - E(Y)])$$

nennt man **Kovarianz** von X und Y.

Bem.: - Falls der Zufallsvektor (X,Y) stetig ist, gilt:

$$\text{cov}(X,Y) = \int_{-\infty}^{+\infty} \int_{-\infty}^{+\infty} [x - E(X)][y - E(Y)] \bullet f_{X,Y}(x,y)\, dx\, dy \;.$$

- Die Kovarianz ist symmetrisch, d. h. es gilt:

$$\text{cov}(X,Y) = \text{cov}(Y,X) \quad .$$

- Es gilt außerdem $\text{cov}(X,X) = \text{Var}(X) = E([X - E(X)]^2)$.

Für viele Verfahren der sog. multivariaten Statistik ist eine spezielle statistische Matrix, die Varianz/Kovarianzmatrix der Träger aller Ausgangsinformationen.
Wir wollen hier an dieser Nahtstelle zwischen uni- bzw. bivariater Statistik und multivariater Statistik diese wichtige Matrix definieren und kurz einige Eigenschaften angeben.

Def.: Als **Varianz/Kovarianzmatrix** des Zufallsvektors $(X_1, X_2, \ldots, X_m)$ bezeichnet man die Matrix

$$C(X_1, \ldots, X_m) \underset{Df.}{=} \begin{bmatrix} b_{11} & \cdot & \cdot & \cdot & b_{1m} \\ \cdot & & & & \cdot \\ \cdot & & & & \cdot \\ \cdot & & & & \cdot \\ b_{m1} & \cdot & \cdot & \cdot & b_{mm} \end{bmatrix} ,$$

wobei

$b_{ij} = \text{cov}(X_i,X_j)$ gesetzt wird, $(i \neq j)$ und
$b_{ii} = \text{Var}(X_i)$ für $i = 1, \ldots, m$ ist.

Bem.:
- Die Varianz/Kovarianzmatrix **C** ist quadratisch, denn sie besitzt offenbar $m \cdot m$ Elemente.

- Die Varianz/Kovarianzmatrix **C** ist symmetrisch, denn es gilt (wegen der Symmetrie der Kovarianz) offenbar:

$$b_{ij} = b_{ji} \quad ; \quad \forall\, i, j \ , \ i \neq j \ .$$

- In der Hauptdiagonalen der Varianz/Kovarianzmatrix **C** stehen die Varianzen σ_i^2 der Zufallsvariablen X_i, $(i = 1, \ldots, m)$.
Das bedeutet, in der Hauptdiagonalen stehen nur nichtnegative Elemente.

- Die Spur der Matrix **C**, also die Summe aller Elemente der Hauptdiagonalen, ist immer positiv bzw. nichtnegativ, da

$$\text{Var}(X_1) + \text{Var}(X_2) + \ldots + \text{Var}(X_m) \geq 0 \quad \text{gilt.}$$

Wir sind jetzt in der Lage, den sog. Korrelationskoeffizienten als einen Kennwert der Wahrscheinlichkeitsverteilung eines (2-dim.) Zufallsvektors einzuführen.

Def.: Die reelle Zahl

$$\rho(X,Y) \underset{Df.}{=} \frac{\operatorname{cov}(X,Y)}{+\sqrt{\operatorname{Var}(X) \bullet \operatorname{Var}(Y)}}$$

heißt **Korrelationskoeffizient** von X und Y als Komponenten des 2-dimensionalen Zufallsvektors (X,Y).

Bem.:
- ρ als theoretischer Kennwert wird auch als ein *Parameter* der Wahrscheinlichkeitsverteilung von (X,Y) bezeichnet.
- ρ ist offenbar nur definiert, falls $\operatorname{Var}(X) > 0$ und $\operatorname{Var}(Y) > 0$ existieren.
- Der theoretische Korrelationskoeffizient ρ ist gleich der relativen Kovarianz, bezogen auf das geometrische Mittel der Einzelvarianzen der beiden beteiligten Zufallsvariablen X und Y.
- Es gilt deshalb $-1 \leq \rho \leq +1$.
- Man findet auch in der Literatur die Schreibweise:

  $$\sqrt{\operatorname{Var}(X) \bullet \operatorname{Var}(Y)} = D(X) \bullet D(Y) \quad ,$$

  wobei mit D(X) bzw. D(Y) der Wert der theoretischen Standardabweichung von X bzw. Y in der Grundgesamtheit bezeichnet ist.

Wir kommen nun zur statistischen Deutung des Korrelationskoeffizienten ρ (für reellwertige Merkmale):

Der Wert des Korrelationskoeffizienten $\rho(X,Y)$ drückt aus, *wie gut* sich der Zusammenhang von X und Y als *linearer* Zusammenhang beschreiben läßt:

$\rho(X,Y) = 0$ - gar nicht
$\rho(X,Y)$ nahe Null - sehr schlecht
$\rho(X,Y)$ dicht bei ± 1 - gut
$\rho(X,Y) = \pm 1$ - sehr gut .

Um eine Vertiefung der bisher gegebenen Deutung des Korrelationskoeffizienten und der besprochenen Sachverhalte zu erreichen, betrachten wir nachfolgend einige spezielle Zusammenhänge:

1. Beispiel: Strenger linearer Zusammenhang zwischen X und Y

$Y = aX + b$; (d. h. wenn z. B. X die Realisierung $x = 3$ annimmt, dann *muß* Y die Realisierung $y = a \cdot 3 + b$ besitzen)

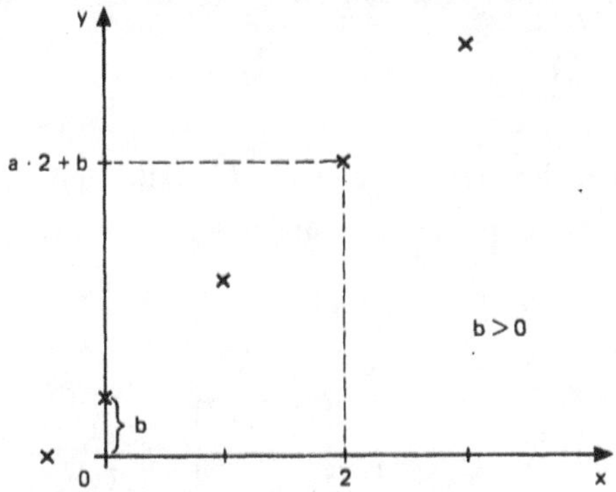

Es ist

$$E(Y) = E(aX + b) = a \cdot E(X) + b$$

$$Var(Y) = Var(aX + b) = a^2 \cdot E(X) + 0$$

$$\begin{aligned} Cov(X,Y) &= E([X - E(X)][Y - E(Y)]) \\ &= E([X - E(X)][aX + b - (a \cdot E(X) + b)]) \\ &= a \cdot E([X - E(X)]^2) = a \cdot Var(X) \end{aligned}$$

$$\Rightarrow \rho(X,Y) = \frac{a \cdot Var(X)}{+\sqrt{Var(X) \cdot a^2 \cdot Var(X)}} = \frac{a}{|a|}$$

$$\Rightarrow \rho(X,Y) = \rho(X,(aX + b)) = \begin{cases} +1 & \text{, falls } a > 0 \\ -1 & \text{, falls } a < 0 \end{cases}$$

Der Korrelationskoeffizient ist also im Falle eines deterministischen linearen Zusammenhangs zwischen X und Y gleich Eins, wobei sein Vorzeichen durch das Vorzeichen des Anstiegskoeffizienten a bestimmt wird.

2. Beispiel: Kein Zusammenhang (d. h. X und Y sind stochastisch unabhängig)

Hilfssatz :

Sind X und Y stochastisch unabhängig, dann gilt

$$cov(X,Y) = 0 \quad ,$$

und damit (falls $Var(X) \neq 0$ und $Var(Y) \neq 0$)

$$\rho(X,Y) = 0 \quad .$$

Beweis:
$$\begin{aligned} \text{cov}(X,Y) &= E([X - E(X)][Y - E(Y)]) \\ &= E(X \cdot Y - X \cdot E(Y) - E(X) \cdot Y + E(X) \cdot E(Y)) \\ &= E(X \cdot Y) - E(X \cdot E(Y)) - E(E(X) \cdot Y) + E(X) \cdot E(Y) \\ &= E(X) \cdot E(Y) - E(Y) \cdot E(X) - E(X) \cdot E(Y) + E(X) \cdot E(Y) \\ &= 0 \end{aligned}$$

Folgerung:

Ist (X,Y) zweidimensional standard-normalverteilt, dann gilt wegen dem letzten Satz aus 6.2.2 und lt. der Definition des Korrelationskoeffizienten

$$\rho(X,Y) = 0 \quad ,$$

und damit ist

$$C(X,Y) = \begin{bmatrix} 1 & 0 \\ 0 & 1 \end{bmatrix} \quad ,$$

d. h. die Varianz/Kovarianzmatrix ist in diesem Fall gleich der Einheitsmatrix der Ordnung 2, und jede der beiden Zufallsvariablen ist nur mit sich selbst (maximal) korreliert; untereinander besteht gar kein Zusammenhang.

3. Beispiel: Strenger quadratischer Zusammenhang

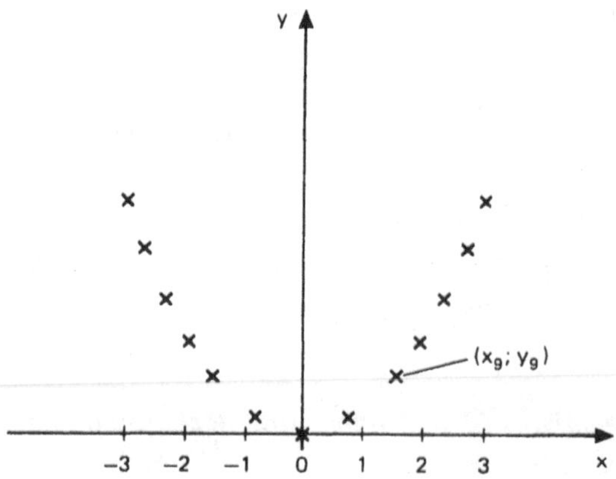

z. B. können hier die Realisierungspaare

$$(-2;4) \;,\; \left(\frac{1}{2};\frac{1}{4}\right) \;,\; (0;0) \quad \text{usw.}$$

auftreten.

Um für diesen Zusammenhang den Korrelationskoeffizienten ausrechnen zu können, brauchen wir offenbar den Erwartungswert von X^2, also $E(X^2)$. Zu seiner Bestimmung benötigen wir die Wahrscheinlichkeitsverteilung von der Zufallsvariablen X.

Für das Beispiel genügt die Annahme einer möglichst einfachen Verteilung bzw. Dichte; deshalb setzen wir als Zusatzannahme die Gleichverteilung von X über dem Intervall [a = -1 ; b = +1] voraus:

$$f_X(x) = \begin{cases} \frac{1}{b-a} = \frac{1}{2} & \text{für } -1 \leq x \leq +1 \\ 0 & \text{sonst} \end{cases} ,$$

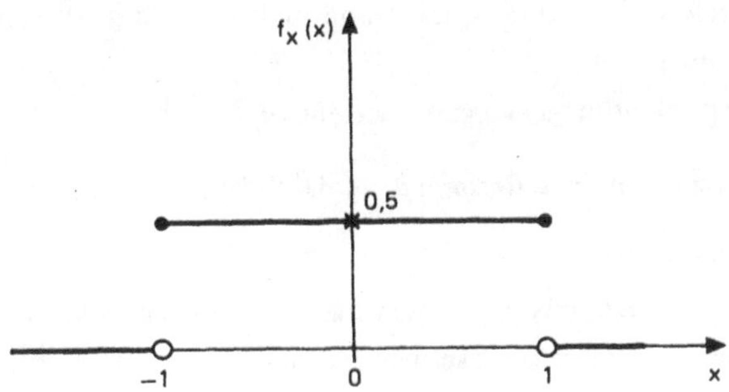

Es ist offenbar

$$E(X) = \int_{-\infty}^{+\infty} x \cdot f_X(x)\,dx = \int_{-1}^{+1} x \cdot \frac{1}{2}\,dx = \frac{x^2}{4}\Bigg|_{-1}^{+1} = \frac{1^2}{4} - \frac{(-1)^2}{4} = 0 \quad ,$$

was man auch als das Symmetriezentrum dieser speziellen Dichtefunktion bezeichnet.

Weiter ist

$$E(Y) = E(X^2) = \int_{-1}^{+1} x^2 \cdot \frac{1}{2}\,dx = \frac{x^3}{6}\Bigg|_{-1}^{+1} = \frac{1^3}{6} - \frac{(-1)^3}{6} = \frac{1}{3} \quad .$$

Damit können wir nun den Korrelationskoeffizienten ρ berstimmen, wobei wir zunächst die entsprechende Kovarianz ausrechnen:

$$\begin{aligned} Cov(X,X^2) &= E([X - E(X)][X^2 - E(X^2)]) \\ &= E([X - 0][X^2 - \tfrac{1}{3}]) = E(X^3 - \tfrac{1}{3} X) \end{aligned}$$

$$= E(X^3) - \frac{1}{3} E(X) = E(X^3)$$

$$= \int_{-1}^{+1} x^3 \cdot \frac{1}{2}\, dx = \frac{1}{8} x^4 \Big|_{-1}^{+1} = \frac{1^4}{8} - \frac{(-1)^4}{8} = 0 \quad ,$$

und damit erhalten wir

$$\rho(X,X^2) = 0 \quad .$$

Aus dem Ergebnis und aus der Deutung von ρ auf Seite 6.2 - 11 folgt, daß sich der Zusammenhang zwischen Y und X hier gar nicht als lineare Beziehung beschreiben läßt.

Jedoch sind natürlich in diesem Beispiel Y und X, bzw. X und X^2 *nicht stochastisch unabhängig* ; mehr noch:
Sie sind sogar streng (nichtlinear) voneinander *abhängig* !

Besonders das zuletzt behandelte ***Beispiel 3*** verdeutlicht uns die Gültigkeit des

Hauptsatzes der Korrelation:

> Sind X und Y **stochastisch unabhängig**, dann sind sie unkorreliert, d. h. der Korrelationskoeffizient ρ **verschwindet**: $\rho(X,Y) = 0$. Die Umkehrung gilt aber nicht allgemein.

Bem.: Es läßt sich zeigen, daß jedoch auch die Umkehrung des *Hauptsatzes der Korrelation* gilt, falls der Zufallsvektor einer zweidimensionalen Standard-Normalverteilung genügt.

Die Zufallsvariablen X und Y sind 2-dim. standard-normal-verteilt

⇓

$\rho(X,Y) = 0 \quad \Leftrightarrow$ X und Y sind stochastisch unabhängig

Zum Schluß dieses Unterpunktes betrachten wir noch zwei anschauliche Beispiele hinsichtlich der Richtung des wechselseitigen Zusammenhangs:

1. (X,Y) $\hat{=}$ (Körpergewicht , Körperhöhe) von erwachsenen Personen
 [kg] [cm]

 $\Rightarrow$ Für die "meisten" Realisierungen (x,y) von (X,Y) haben die Abweichungen
 $(x - E(X))$
 $(y - E(Y))$
 das gleiche Vorzeichen.

 $\Rightarrow E([X - E(X)][Y - E(Y)]) > 0$, woraus positive Korrelation folgt.

2. X - Stillstandszeit einer Produktionsanlage in einer Schicht, [min]

 Y - Industrielle Warenproduktion in einer Schicht, [DM]

 $\Rightarrow$ Für die "meisten" Realisierungen (x,y) von (X,Y) besitzen hier die Abweichungen
 $(x - E(X))$
 $(y - E(Y))$
 entgegengesetztes Vorzeichen.

 $\Rightarrow$ Man kann auf negative Korrelation schließen.

6.2.4 Die zweidimensionale (bivariate) Normalverteilung

Im vorigen Unterpunkt haben wir gesehen, daß im Falle der stochastischen Unabhängigkeit von zwei Zufallsvariablen ihr Korrelationskoeffizient verschwindet. Der Korrelationskoeffizient ρ als Kennwert tritt in diesem Fall in der dazugehörigen (gemeinsamen) Wahrscheinlichkeitsverteilung bzw. -dichte von (X,Y) gar nicht auf.

In diesem Unterpunkt werden wir nun sehen, daß dies ein Spezialfall ist insofern, als ja allgemein die Komponenten X und Y eines nicht-standard-normalverteilten Vektors (X,Y) durchaus zusammenhängen können.

Für diesen allgemeinen Fall erhalten wir folgende Dichtefunktion:

Def.: Der zweidimensionale Zufallsvektor (X,Y) besitze die gemeinsame Dichtefunktion

$$f_{XY}(x,y) \underset{Df.}{=} \frac{1}{2\pi\sigma_x\sigma_y\sqrt{1-\rho^2}} \, e^{-\frac{1}{2(1-\rho^2)}\left[\left(\frac{x-\mu_x}{\sigma_x}\right)^2 + \left(\frac{y-\mu_y}{\sigma_y}\right)^2 - 2\rho\frac{x-\mu_x}{\sigma_x}\cdot\frac{y-\mu_y}{\sigma_y}\right]}$$

mit

$$-\infty < x < +\infty \qquad -\infty < \mu_x < +\infty$$
$$-\infty < y < +\infty \qquad -\infty < \mu_y < +\infty$$
$$-1 \le \rho \le +1 \qquad \sigma_x > 0 \;,\; \sigma_y > 0 \quad .$$

Dann heißt (X,Y) **zweidimensional (bivariat) normalverteilt.**

Zu dieser Definition betrachten wir die folgende grafische Darstellung (Gauß 'sche Glocke):

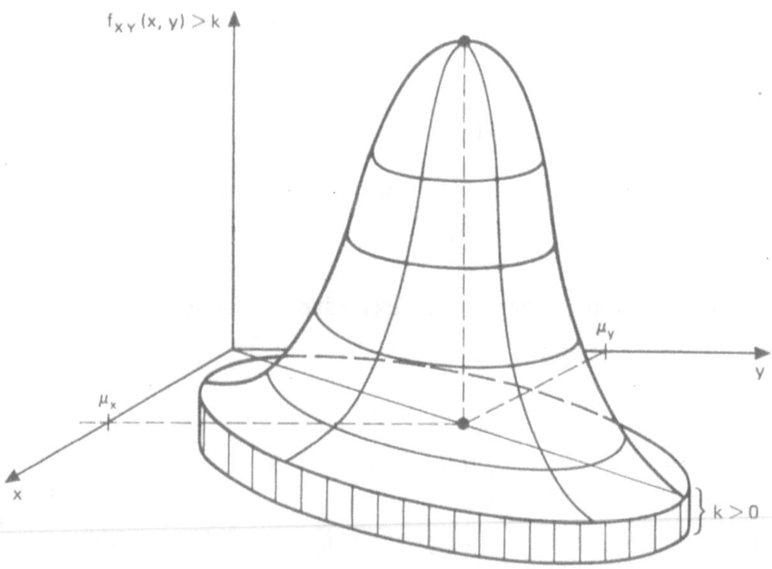

Bem.:

- ρ als theoretischer Parameter bzw. Kennwert in dieser gemeinsamen Dichtefunktion gibt offenbar den Wert und die Richtung der Korrelation zwischen X und Y an (vgl. Definition unter Punkt 6.2.3).
- Im Falle $\rho \neq 0$ ist jeder Schnitt durch die Gauß 'sche Glocke "oberhalb" und parallel zur x-y-Ebene eine *Ellipse* . (Beachte den Unterschied zur zweidimensionalen *Standard* -Normalverteilung.)

- Für $\rho = 0$, $\mu_x = \mu_y = 0$ sowie $s_x = s_y = 1$ ist diese Gauß'sche Glocke gleich der zweidimensionalen Standard-Normalverteilungsdichte.

- Wenn $\rho = 0$ gilt, dann ergibt sich offenbar:

$$f_{XY}(x,y) = \frac{1}{2\pi\sigma_x\sigma_y}\, e^{-\frac{1}{2}\left(\left(\frac{x-\mu_x}{\sigma_x}\right)^2 + \left(\frac{y-\mu_y}{\sigma_y}\right)^2\right)},$$

$$= \frac{1}{\sqrt{2\pi}\,\sigma_x}\, e^{-\frac{1}{2}\left(\frac{x-\mu_x}{\sigma_x}\right)^2} \cdot \frac{1}{\sqrt{2\pi}\,\sigma_y}\, e^{-\frac{1}{2}\left(\frac{y-\mu_y}{\sigma_y}\right)^2}$$

↑ Randdichte von X ↑ Randdichte von Y ,

also die stochastische Unabhängigkeit der beiden Zufallsvariablen X und Y mit den Erwartungswerten μ_x, μ_y und den Varianzen σ_x^2 und σ_y^2 (vgl. dies als Anwendung des Satzes unter 6.2.2 und bzgl. der Bemerkung zum Hauptsatz der Korrelation auf Seite 6.2-15).

6.3 Der empirische Korrelationskoeffizient

Aus dem Kapitel 3 über Schätzungen wissen wir, in welchem Zusammenhang ein theoretischer Parameter mit seiner Schätzung steht. In diesem Punkt beschäftigen wir uns mit der Frage, wie ein theoretischer Wert für den Zusammenhang zwischen zwei Zufallsvariablen aus den Beobachtungen der beiden Merkmale X und Y, die in einer Stichprobenliste festgehalten wurden, geschätzt werden kann.

Zur Wiederholung fassen wir noch einmal die Ausdrücke der Varianz, der empirischen Varianz und der Kovarianz zusammen:

$\mathrm{Var}(X) = E([X - E(X)]^2)$ (Varianz von X)

$s_x^2 = \frac{1}{n-1}\sum_{i=1}^{n}(x_i - \bar{x})^2$ (Empirische Varianz der Beobachtungswerte $x_1, \ldots, x_n$ in der Stichprobe)

$\mathrm{cov}(X,Y) = E([X - E(X)][Y - E(Y)])$ (Kovarianz zwischen X und Y)

Wir definieren nun eine Schätzfunktion für den theoretischen Kennwert der Kovarianz:

Def.: Die reelle Zahl

$$s_{xy} \underset{Df.}{=} \frac{1}{n-1} \sum_{i=1}^{n} (x_i - \bar{x})(y_i - \bar{y})$$

heißt **empirische Kovarianz von X und Y**, wobei $x_1, \ldots, x_n$ und $y_1, \ldots, y_n$ die Beobachtungswerte in der Stichprobe vom Umfang n sind.

Gleichzeitig geben wir einen Schätzer für den theoretischen Kennwert der Korrelation an:

Def.: Die reelle Zahl

$$r_{XY} \underset{Df.}{=} \frac{\sum_{i=1}^{n} (x_i - \bar{x})(y_i - \bar{y})}{+\sqrt{\sum_{i=1}^{n} (x_i - \bar{x})^2 \cdot \sum_{i=1}^{n} (y_i - \bar{y})^2}}$$

heißt **empirischer Korrelationskoeffizient bzgl. X und Y** (in der BRAVAIS '-schen oder auch PEARSON 'schen Form).

Bem.: - Man erkennt sofort, daß die Schreibweise des emprischen Korrelationskoeffizienten

$$r_{xy} = \frac{s_{xy}}{s_x \cdot s_y} = \frac{s_{xy}}{\sqrt{s_x^2 \cdot s_y^2}}$$

zu der in der o. g. Definition des theoretischen Korrelationskoeffizienten $\rho(X,Y)$ analog ist. (Also ist auch der empirische Korrelationskoeffizient gleich dem Quotienten aus empirischer Kovarianz und dem geometrischen Mittelwert der beiden empirischen Einzelvarianzen; vgl. Bemerkungen auf Seite 6.2-11).

- Anstelle der BRAVAIS 'schen bzw. PEARSON 'schen Schreibweise des Schätzers für ρ werden wir (aus praktischen Gründen) später noch eine Berechnungsvorschrift von FARADY kennenlernen, die genau zu dem gleichen Berechnungsergebnis führt.

- Aus den n Beobachtungspaaren (x_i,y_i) der Stichprobe läßt sich also mittels r_{xy} der Wert der Korrelation $\rho(X,Y)$ in der Grundgesamtheit schätzen.

Es ist nun klar, daß der Wert eines berechneten r_{xy} von Stichprobe zu Stichprobe schwankt (gleiches n für die einzelnen Stichproben vorausgesetzt). Sein Wert *streut* also, wenn man den o. g. Schätzer auf unterschiedliche Stichproben aus ein- und derselben Grundgesamtheit anwendet.
Es läßt sich zeigen, daß diese Schätzfunktion erwartungstreu ist (d. h. daß die verschiedenen r_{xy}-Werte um den wahren Wert ρ^* schwanken), falls (X,Y) einer zweidimensionalen Normalverteilung genügt.
Insofern gehört streng genommen zu jeder Anwendung der BRAVAIS 'schen bzw. PEARSON 'schen Schätzformel immer eine Prüfung auf zeidimensionale Normalverteilung hinzu.

6.3.1 Test des Korrelationskoeffizienten auf Null

Wie im vorangegangenen Unterpunkt gesagt, schwankt der Wert des empirischen Korrelationskoeffizienten r_{xy} von Stichprobe zu Stichprobe.
In der statistischen Praxis möchte man deshalb nach der Berechnung des empirischen Korrelationskoeffizienten aus *einer* Stichprobe wissen, wie zuverlässig dieser eine berechnete Schätzwert für die Korrelation in der Grundgesamtheit ist. Zumindest möchte man gern wissen, ob sich der berechnete Wert $r_{xy} = \ldots$ wesentlich von Null unterscheidet, oder ob dieser berechnete Wert eigentlich so nahe an Null liegt, daß man seinen absoluten Betrag vernachlässigen kann.

Diese Frage wird mit dem ***Test auf Null*** beantwortet.

In der Tabelle zu statistischen Tests in Kapitel 4 hatten wir bereits die Testgröße angegeben (vgl. Unterpunkt 4.2). Noch einmal erinnern wir an die Verteilungs-Voraussetzung bzgl. (X,Y), wobei gleichzeitig auf die letzten Sätze im vorigen Unterpunkt 6.3 verwiesen werden soll. Allerdings ist in der statistischen Praxis die Prüfung auf Vorliegen einer bivariaten Normalverteilung mit gewissen Schwierigkeiten verbunden, weshalb man sich üblicherweise mit der Prüfung der beiden Randverteilungen von X und Y begnügt.
Als Konsequenz fordert man bei der Durchführung des *Tests auf Null* nur das **näherungsweise** Vorliegen einer zweidimensionalen Normalverteilung.

Zur Demonstration des Tests betrachten wir ein einfaches

Bsp.: (X,Y) - (Körpergewicht , Körperhöhe)
[kg] [cm]

Beobachtet seien 100 erwachsene Männer einer lokalen Bevölkerungsgruppe, und die Meßergebnisse seien etwa

i	x_i [kg]	y_i [cm]
1	72	163
2	83	180
•	•	•
•	•	•
•	•	•
100	78,5	172

Der Wert des berechneten empirischen Korrelationskoeffizienten sei $\hat{r}_{xy} = 0{,}80$.

Test auf Null:

0. H_0: $\rho_{xy} = 0$ (Für die Grundgesamtheit sei hypothetisch *kein* Zusammenhang zwischen Körpergewicht und Körperhöhe behauptet.)

1. $\alpha = 0{,}05$

2. $$T_{SP} = \frac{\hat{r}_{xy} \cdot \sqrt{n-2}}{\sqrt{1-\hat{r}_{xy}^2}} = \frac{0{,}8 \cdot \sqrt{98}}{\sqrt{1-0{,}64}} \cong \frac{8}{\sqrt{0{,}36}} \cong \frac{8}{0{,}6} \cong 13{,}3 \qquad *$$

3. $t_{98;0{,}05/2} \cong 1{,}98$ (zweiseitige Fragestellung)

$\Rightarrow |T_{SP}| \geq t_{n-2;\alpha/2}$, d. h. $T_{SP}\,(=13{,}3) \overset{?}{\geq} t_{98;0{,}025}\,(=1{,}98)$, ja

$\Rightarrow H_0$ wird abgelehnt.

---

* In der Literatur findet man für $n > 30$ auch die Testgröße

$$T_{sp} = \frac{\hat{r}_{xy}}{1-\hat{r}_{xy}^2} \cdot \sqrt{n} \quad ,$$

die dann mit dem $z_{\alpha/2}$-Quantil der Standard-Normalverteilung zu vergleichen ist (vgl. [4]).

Das Testergebnis: Mit einer Irrtumswahrscheinlichkeit von $\alpha = 0{,}05$ ist H_0 falsch, d. h. der Wert von $\rho(X,Y)$ in der Grundgesamtheit ist mit einer statistischen Sicherheit von 95 % von Null verschieden.

Folgerungen:

- X und Y sind in diesem Fall mit einer statistischen Sicherheit von 95 % *nicht stochastisch unabhängig* .
- Der Zusammenhang von X und Y kann vermutlich *mittels einer linearen Funktion gut* beschrieben werden.
- Um den Anstiegskoeffizienten dieser linearen Funktion zu berechnen, ist eine einfache, lineare *Regression* durchzuführen (vgl. Kapitel 7).

6.3.2 Zufallshöchstwerte des empirischen Korrelationskoeffizienten

Man kann diesen *Test auf Null* auch vorteilhaft anhand sog. Zufallshöchstwerte-Tabellen ausführen. Das hat den Vorteil, daß man keinerlei manuelle Berechnung durchzuführen braucht, man kann eine näherungsweise Entscheidung bzgl. des Testergebnisses sofort nach einem Blick in die entsprechende Tabelle fällen.

Allerdings wird bei Nutzung entsprechender SOFTWARE auf einem Computer auch die Verwendung von solchen Tabellen über Zufallshöchstwerte überflüssig, da diese Programme auf Wunsch einen solchen *Test auf Null* (sogar auf verschiedenen Signifikanzniveaus) eigenständig ausführen.

Trotzdem wollen wir uns kurz mit der Arbeit unter Verwendung von Zufallshöchstwerten (Zfhw) vertraut machen:

Frage: Wie groß darf r_{xy} betragsmäßig höchstens sein, damit

$$H_0 : \rho_{XY} = 0$$

(noch) nicht abgelehnt wird? (Falls (X ;Y) 2-dim. normalverteilt ist.)

Entscheidungsregel:

H_0 wird abgelehnt, falls $\hat{r}_{xy} \geq Zfhw_{\alpha;n}$ ist.

Wir zitieren hier auszugsweise (vgl. [4]) eine solche Tabelle *

Zfhw / n	$\alpha = 0{,}05$	$\alpha = 0{,}01$
5	0,88	0,96
10	0,63	0,77
•		
•		
100	0,20	0,26
•		
•		
500	0,09	0,11
•		
•		
1000	...	...

Für unser obiges Beispiel ergibt sich:

$$n = 100 \quad , \quad \hat{r}_{xy} = 0{,}80 \quad , \quad \alpha = 0{,}05 \quad \text{und} \quad \hat{r}_{xy}\,(=0{,}80) > 0{,}20 \quad ,$$

d. h. H_0 wird abgelehnt.

Abschließend wenden wir den *Test auf Null* unter Benutzung der obigen Tabelle der Zufallshöchstwerte auf unser Einführungsbeispiel aus dem Punkt 6.0 an.
Dort war ja $n = 5$, $\hat{r}_{xy} \cong 0{,}90$, und der dazugehörige Zufallshöchstwert ist bei $S = (1-\alpha) \cdot 100 = 99\ \%$ gleich 0,96. Das bedeutet, H_0 wird auf diesem Signifikanzniveau nicht abgelehnt.
Daraus folgt, daß die vorliegenden 5 Beobachtungen in der Stichprobe, d. h. die Werte der 5 verschiedenen Werkstücke mit unterschiedlicher Anzahl von zu bearbeitenden Oberflächen und in Anspruch genommener Bearbeitungszeit für die Grundgesamtheit aller in der Vorfertigung zu bearbeitetenden Werkstücke noch *nicht* den Schluß zulassen, daß mit steigender Oberflächenzahl auch die Bearbeitungszeit wächst.
Anders gesprochen: In der Stichprobe vom Umfang $n = 5$ läßt sich der Zusammenhang zwar gut mittels einer linearen Funktion beschreiben, aber dies ist damit noch nicht für die Grundgesamtheit statistisch gesichert! (X und Y könnten durchaus stochastisch unabhängig sein, denn $\hat{r}_{xy} \cong 0{,}90$ ist mit $n = 5$ auch bei $\rho_{XY} = 0$ eine nicht außergewöhnliche Realisierung.)

---

* Angaben auf 2 Dezimalstellen gerundet

6.4 Korrelationskoeffizienten für nicht-normalverteilte Merkmale

In der Praxis hat man es oft mit solchen Merkmalen zu tun, deren entsprechende Zufallsvariable nicht normalverteilt sind. In diesem Fall ist also streng genommen die Verwendung des BRAVAIS 'schen bzw. PEARSON 'schen Korrelationskoeffizienten unzulässig.

Es ist aus diesem Grunde vernünftig, praktische Alternativen zu besitzen. Nachfolgend beschäftigen wir uns deshalb mit einigen Sonderfällen, in denen die Merkmale nicht normalverteilt zu sein brauchen.

6.4.1 Der Rangkorrelationskoeffizient von SPEARMAN

Wir führen zunächst folgende Bezeichnungen ein:

$Rg(x_i)$ - Rangzahl von x_i
- sagt aus, an welcher Stelle das x_i in der aufsteigend geordneten Folge der Stichprobenwerte $x_1, \ldots, x_n$ steht

Beachte: Gleichgroße Werte aus $x_1, \ldots, x_n$ erhalten als Rangzahl den arithmetischen Mittelwert der entsprechenden fortlaufenden Ränge.

$Rg(y_i)$ - Rangzahl von y_i
- sagt entsprechendes aus

$$d_i = Rg(y_i) - Rg(x_i) \quad .$$

Wir kommen damit zur Definition des sog. Rang-Korrelationskoeffizienten von SPEARMAN:

Def.: Die reelle Zahl

$$\hat{\rho}_r \underset{Df.}{=} 1 - \frac{6 \cdot \sum_{i=1}^{n} d_i^2}{n(n^2-1)}$$

heißt **empirischer Rang-Korrelationskoeffizient** für die Beobachtungspaare $(x_1,y_1), \ldots, (x_n,y_n)$ der reellwertigen Merkmale X und Y.

Bem.: - $\hat{\rho}_r$ ist ein Schätzwert für den Rangkorrelationskoeffizienten ρ_r von X und Y in der Grundgesamtheit.

- Es gilt: $-1 \leq \hat{\rho}_r \leq +1$.

Bsp.: X - Berufserfahrung von Werktätigen [Jahre]

Y - Anz.der Sonderschichten dieser Berufstätigen in einem Arbeitsjahr [Stck.]

i = 1, ..., n

n - Anzahl der befragten Berufstätigen (Stichprobenumfang)

Person	SP-Werte					
i	x_i	y_i	$Rg(x_i)$	$Rg(y_i)$	$\lvert d_i \rvert$	d_i^2
1	10	3	4	2	2	4
2	1,5	7	1	5	4	16
3	10	4	4	3,5	0,5	0,25
4	9	1	2	1	1	1
5	10	4	4	3,5	0,5	0,25
						21,5

$$\hat{\rho}_r = 1 - \frac{6 \cdot 21{,}5}{5 \cdot (25 - 1)} = 1 - \frac{129}{120} = -0{,}075$$

Das Ergebnis besagt, daß zwischen der Berufserfahrung und der gezeigten Bereitschaft, Sonderschichten zu leisten, bei den 5 befragten Werktätigen eine leicht negative Korrelation besteht. Also: Je länger ein Kollege im Beruf steht, um so weniger war er geneigt, zusätzliche Arbeiten außerhalb seiner offiziellen Arbeitszeit zu leisten.

Jedoch: Der Wert des Korrelationskoeffizienten ist beinahe vernachlässigbar klein. Er unterscheidet sich kaum von Null!

Auch für diesen Korrelationskoeffizienten gibt es einen Signifikanztest (vgl. dazu [4]). Wenn man diesen Test auf das berechnete Ergebnis anwendet, kann kommt man mit $\alpha = 0{,}05$ zu dem Schluß, daß diese Korrelation nicht gesichert ist.

Anwendungsregel:

$\hat{\rho}_r$ ist dann anstelle von r_{xy} zu benutzen, wenn *mindestens* eines der beiden beobachteten Merkmale *nicht normalverteilt* ist bzw. ein Rangmerkmal ist. Es dürfen aber nicht zu viele (möglichst keine) gemittelten Rangzahlen auftreten! Sollte das dennoch der Fall sein, dann sind zu Berechnung von $\hat{\rho}_r$ bestimmte Korrekturen vorzunehmen (vgl. [3]).

6.4.2 Die Vierfelderkorrelation

Ein Vierfelder-Korrelationskoeffizient ist zu verwenden, wenn man den Grad des Zusammenhangs zwischen Alternativmerkmalen anhand von Stichproben-Beobachtungswerten ermitteln will.

Wir wenden diese Berechnungsvorschrift also dann an, wenn zwei Alternativmerkmale auf einen eventuell zwischen ihnen bestehenden Zusammenhang untersucht werden sollen.

Dazu führen wir wieder eine Vierfeldertafel ein:

Y \ X	(Nein) 0	(Ja) 1	
(Nein) 0	n_{00}	n_{01}	$n_{0.}$
(Ja) 1	n_{10}	n_{11}	$n_{1.}$
	$n_{.0}$	$n_{.1}$	$n_{..} = n$ ← Stichprobenumfang

beobachtete Häufigkeiten (→ n_{01})

Der Vierfelder-Korrelationskoeffizient r_v ist definiert als

$$r_v = \frac{n_{00} \cdot n_{11} - n_{01} \cdot n_{10}}{Df. + \sqrt{n_{0.} \cdot n_{1.} \cdot n_{.0} \cdot n_{.1}}}$$

Ein berechneter Wert von r_v ist ebenfalls durch einen bestimmten Test statistisch auf Signifikanz prüfbar (vgl. [2]).

Bsp.: Man möchte untersuchen, ob bei Berufstätigen im Kohle-Bergbau ein Zusammenhang zwischen der Tätigkeit unter/über Tage und der Erkrankung an einer typischen Berufskrankheit (Staublunge) besteht.

Tätigkeit / krank	über (nein) 0	unter Tage (ja) 1	
(nein) 0	149	152	301
(ja) 1	72	137	209
	221	289	510

d. h.

$$r_v = \frac{149 \cdot 137 - 152 \cdot 72}{\sqrt{301 \cdot 209 \cdot 221 \cdot 289}} \cong 0{,}149$$

Das bedeutet, daß in der Stichprobe ein geringer positiver Zusammenhang zwischen der Art der Tätigkeit und der berufsspezifischen Erkrankung besteht.
Der Test dieses berechneten Wertes ist wieder die Frage danach, ob ein solcher Zusammenhang für *alle* im Kohle-Bergbau eines Reviers Beschäftigten besteht oder ob man das nicht gesichert behaupten kann.

Bem.: r_v ist maximal (also r_v =) +1, wenn $n_{01} = n_{10} = 0$ ist, d. h. wenn in der Vierfeldertafel nur die Hauptdiagonale besetzt ist. Dann besteht ein strenger, positiver Zusammenhang.
r_v ist minimal (also r_v =) -1, wenn $n_{00} = n_{11} = 0$ ist, d. h. wenn in der Vierfeldertafel nur die Felder außerhalb der Hauptdiagonalen besetzt sind. Dann besteht ein strenger, negativer Zusammenhang zwischen X und Y.

6.4.3 Der punktbiserale Korrelationskoeffizient

Ein punktbiseraler Korrelationskoeffizient ist zu verwenden, wenn man den Grad des Zusammenhangs zwischen zwei Merkmalen ausrechnen will, wobei das eine ein Alternativ- und das andere ein quantitatives Merkmal darstellt:

Y - Alternativmerkmal - (oder umgekehrt)
X - Quantitativmerkmal .

Als Beispiel nennen wir die Geschlechtszugehörigkeit (Y) und die Weitsprungleistung (X in [cm]) von jugendlichen Leichtathleten einer Altersklasse, oder (um bei dem Kohlebergbau-Beispiel zu bleiben) die Arbeit über/unter Tage (Y) und die Anzahl der Krankheitstage von den betrachteten Berufstätigen.

Um den punktbiseralen Korrelationskoeffizienten einführen zu können, bezeichnen wir mit

$$z_1, z_2, \ldots, z_m \qquad ; \quad (m \leq n)$$

die **verschiedenen** x-Werte unter den Stichprobenpaaren (x_1,y_1) ; (x_2,y_2) ; ... ; (x_n,y_n) . Damit gelangen wir zu der folgenden Arbeitstabelle:

Y \ X	z_1	z_2	...	...	...	z_m	
0	n_{01}	n_{02}	...	...	...	n_{0m}	$n_{0.}$
1	n_{11}	n_{12}	...	...	...	n_{1m}	$n_{1.}$
	$n_{.1}$	$n_{.2}$	...	...	...	$n_{.m}$	$n_{..} = n$

Häufigkeiten

wobei mit

n_{0j} die Häufigkeit von dem beobachteten Wertepaar $(z_j , 0)$
n_{1j} die Häufigkeit von dem beobachteten Wertepaar $(z_j , 1)$; $(j = 1, \ldots, m)$

in der Stichprobe vom Umfang n bezeichnet sein soll.

Der punktbiserale Korrelationskoeffizient ist dann durch folgende Berechnungsvorschrift erklärt:

$$r_{pbis} \underset{Df.}{=} (\bar{x}_1 - \bar{x}_0) \cdot \sqrt{\frac{p \cdot q}{s^2}} \quad ,$$

mit $\quad \bar{x}_0 = \dfrac{n_{01} \cdot z_1 + \ldots + n_{0m} \cdot z_m}{n_{0.}} \quad , \quad \bar{x}_1 = \dfrac{n_{11} \cdot z_1 + \ldots + n_{1m} \cdot z_m}{n_{1.}} \quad ,$

als gewichtete arithmetische Mittelwerte der x_i 's,

und $\quad p = \dfrac{n_{1.}}{n} \qquad q = \dfrac{n_{0.}}{n} = (1 - p) \quad ,$

$$s^2 = \frac{n \cdot Q - T^2}{n(n-1)} \quad , \text{ wobei } \quad Q = \sum_{j=1}^{m} n_{.j}\, z_j^2 \qquad T = \sum_{j=1}^{m} n_{.j}\, z_j$$

ist, und s^2 damit die empirische Varianz aller x-Werte darstellt.

Bsp.: X - Anzahl der Krankentage von Beschäftigten im Kohlebergbau in einem Berichtszeitraum

Y - Arbeit über/unter Tage

$n = 50$

Y \ X	0	1	5	10	11	17	
(über) 0	10	3	4	2	0	1	20
(unter) 1	12	8	3	5	2	0	30
	22	11	7	7	2	1	50

Als Zwischenergebnis erhält man:

$$\bar{x}_0 = \frac{10 \cdot 0 + 3 \cdot 1 + 4 \cdot 5 + 2 \cdot 10 + 0 \cdot 11 + 1 \cdot 17}{20} = \frac{60}{20} = 3$$

$$\bar{x}_1 = \frac{95}{30} = 3{,}17$$

$$p = 0{,}60 \quad , \quad q = 0{,}40$$

$$T = 155$$

$$Q = 1417 \quad , \text{ und damit } \quad s^2 = \frac{50 \cdot 1417 - 155^2}{50 \cdot 49} = 19{,}11 \quad .$$

Daraus ergibt sich für den punktbiseralen Korrelationskoeffizienten

$$r_{pbis} = (3{,}17 - 3{,}00) \cdot +\sqrt{\frac{0{,}60 \cdot 0{,}40}{19{,}11}} = 0{,}167 \cdot 0{,}112 = 0{,}019 \cong 0$$

Das bedeutet: Zwischen der Anzahl der Krankentage und der Arbeit über/unter Tage besteht in der betrachteten Stichprobe von 50 Beschäftigten aus dem Kohlebergbau nahezu kein Zusammenhang.

Einen speziellen Test dieses Korrelationskoeffizienten kann man in [6] finden.

Obwohl es noch weitere Korrelationskoeffizienten speziell für nicht normalverteilte Zufallsvariablen gibt, beenden wir an dieser Stelle die Aufzählung.

6.5 Übersicht zur Anwendung von Korrelationskoeffizienten

Abschließend geben wir noch eine Übersicht zu den verschiedenen Anwendungsmöglichkeiten der einzelnen Korrelationskoeffizienten, die wir kennengelernt haben.

Für beide Merkmale X und Y sehen wir dabei je drei Fälle vor:

Ein Merkmal kann entweder ein

a) Alternativ-,
b) Rang- oder
c) normalverteiltes Quantitativmerkmal

sein.

Aus den möglichen, paarweise unterschiedlichen Zusammenstellungen erhält man dann folgende Tabelle:

X \ Y	Alternativ-merkmal	Rang-merkmal	normalverteiltes Quantitativmerkmal
Alt.	r_v	nicht behandelt	r_{pbis}
Rang.	nicht behandelt	$\hat{\rho}_r$	$\hat{\rho}_r$
norrm.v. Quant.	r_{pbis}	$\hat{\rho}_r$	r_{xy}

6.6 Literatur

[1] *Clark, C.T.; Schkade, L. L.:*
Statistical Methods for Business Decisions; Cincinnati, South-Western Publ. Co., 1969

[2] *Clauß, G.; Ebener, H.:*
Grundlagen der Statistik für Psychologen, Pädagogen und Soziologen; Berlin, Verlag Volk und Wissen, 1974

[3] *Förster, E.; Rönz, B.:*
Methoden der Korrelations- und Regressionsrechnung - Ein Leitfaden für Ökonomen; Berlin, Verlag Die Wirtschaft, 1979

[4] *Göhler, W.:*
Höhere Mathematik - Kleiner Wissensspeicher; Leipzig, Deutscher Verlag Grundstoffindustrie, 1989, 10. Aufl.

[5] *Graybill, F. A.; Mood, A. M.:*
Introduction to the Theory of Statistics; New-York, Mc Graw-Hill Book Co., 1963, Sec. Ed.

[6] *Krause, B.; Metzler, P.:*
Angewandte Statistik; Berlin, Deutscher Verlag der Wissenschaften, 1983

[7] *Müller, P. H.:*
Wahrscheinlichkeitsrechnung und Mathematische Statistik - Lexikon der Stochastik; Darmstadt, Wissenschaftliche Buchgesellschaft, 1975

[8] *Rasch, D.:*
Einführung in die Mathematische Statistik; Berlin, Deutscher Verlag der Wissenschaften, Bd. I, II, 1978

[9] *Stockton, J. R.; Clark, C. T.:*
Business and Economic Statistics; Cincinnati, South-Western Publ. Co., 1971, 4. Ed.

[10] *Storm, R.:*
Wahrscheinlichkeitsrechnung, Mathematische Statistik, Statistische Qualitätskontrolle; Leipzig, Fachbuchverlag, 1979, 7. Aufl.

[11] *Weber, G.:*
Grundriß der biologischen Statistik; Jena, Gustav-Fischer-Verlag, 1972, 7. Aufl.

7 Einfache lineare Regression

7.0 Einführung und Motivation

Die Anwendung der Regressionsrechnung steht in engem Zusammenhang mit der Korrelationsanalyse. Das ergibt sich hauptsächlich aus der beinahe gleichen Modellvorstellung:
Sofern es sich um eine einfache, lineare Zusammenhangsanalyse bezüglich zweier Zufallsgrößen handelt, wird im Falle der Regression - abweichend gegenüber der Korrelation - angenommen, daß

- der Zusammenhang einseitig gerichtet ist (deshalb spricht man von einer "Einflußgröße" X und einer "Zielgröße" Y),
- die Einflußgröße X keine Zufallsvariable, sondern eine normale, reellwertige mathematische Variable ist.

Wir betrachten also zwei statistische Merkmale X und Y, von denen wir als Modellvorstellung annehmen, daß das eine das andere beeinflußt.

$$X \rightarrow Y ,$$

wobei

X - die Einflußgröße (Ursache ; unabhängige Variable) und
Y - die Zielgröße (Wirkung ; abhängige (Zufalls-)Variable)

ist.

Beispiele für entsprechende Einfluß- und Zielgrößen kann man aus der folgenden Tabelle entnehmen:

Bsp. Nr.	X	Y
1	Fahrgeschwindigkeit von Pkw	Bremsweg der Pkw (bei plötzlicher Vollbremsung)
2	Anzahl der Beschäftigten von Unternehmen	Umsatz von Unternehmen
3	Höhe der Investitionen pro Jahr in Betrieben	Steigerung der betrieblichen Arbeitsproduktivität

Offensichtlich können für den gleichen Wert x_0 der Einflußgröße bei unterschiedlichen Elementen in der Stichprobe (z. B. Pkw oder Unternehmen $i = 1, \ldots, n$) wegen des Einflusses von Störgrößen oder besonderer Bedingungen verschiedene Werte der Zielgröße entstehen. Solche störenden Bedingungen können sein: Einflüsse von im Modell nicht erfaßten Nebenursachen, Meßfehler u.ä..

Wir sind nun in der Lage, das folgende statistische Problem zu formulieren:

> Mit Hilfe von Stichprobenwerten $(x_1,y_1), \ldots, (x_n,y_n)$ ist eine lineare Funktion $y = a + bx$ zu bestimmen, welche die lineare "Abhängigkeit" des Merkmals Y vom Merkmal X möglichst gut beschreibt.

Das Problem wird durch die folgende grafische Darstellung verdeutlicht:

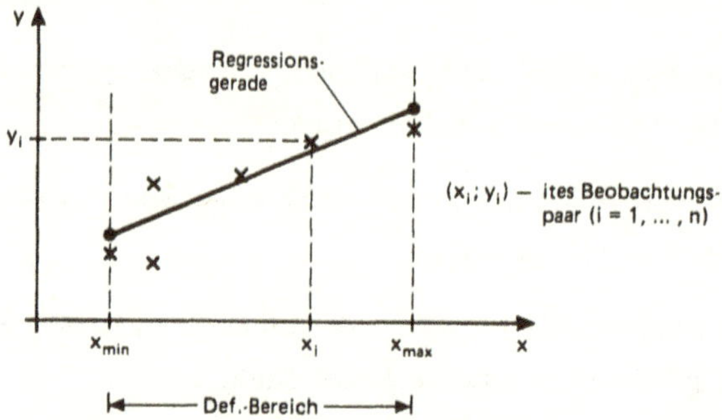

Die zu bestimmende lineare Funktion bezeichnet man als **Regressionsgerade**; den Anstieg b dieser Geraden bezeichnet man als linearen **Regressionskoeffizienten**.

Ziele, die man durch die Lösung dieser Aufgabenstellung verfolgt, sind:

1. *Vorhersage (-schätzung) des Zielgrößenwertes*

   Für jeden Wert x_0 aus einem bestimmten Bereich soll der Regresswert $\hat{y}_0 := a + bx_0$ eine "möglichst gute Vorhersage" für den dafür zu erwartenden Wert der Zielgröße sein.
   (Der Begriff "Vorhersage" hier im Sinne der Vorausbestimmung eines Versuchsergebnisses: Erst wird x_0 gemessen und damit $\hat{y}_0$ vorhergesagt, bevor y_0 gemessen oder beobachtet wird.)

2. *Optimale Einstellung der Einflußgröße*

   Ein gewünschter Wert y_0 der Zielgröße soll dann möglichst genau und sicher erhalten werden, wenn man

   $$x_0 := \frac{y_0 - a}{b}$$

   als Wert der Einflußgröße einstellt.

7.1 Maßzahlen für die Bestimmtheit der Zielgrößenwerte (in der Stichprobe) durch eine Regressionsfunktion

Wir gehen von folgenden Bezeichnungen aus:

$(x_1;y_1), \ldots, (x_n;y_n)$ - Beobachtungspaare aus der Stichprobe

$y = f(x)$ - Eine Regressionsfunktion, z. B. $f(x) = a + bx$ mit dem Def.-Bereich $x \in [x_{min}, x_{max}]$

$\hat{y}_i = f(x_i)$ - Regresswert an der Stelle x_i

y_i - Beobachtungswert von Y, der zu x_i gehört

Weiter verwenden wir folgende

Definitionen:

1. Reststreuung

$$s_R^2 \underset{Df.}{=} \frac{1}{n-2} \sum_{i=1}^{n} (y_i - \hat{y}_i)^2 \quad ,$$

2. Reststandardabweichung

$$s_R \underset{Df.}{=} +\sqrt{s_R^2} \quad ,$$

3. Bestimmtheitsmaß

$$B \underset{Df.}{=} 1 - \frac{(n-2)\, s_R^2}{(n-1)\, s_y^2} \quad \left(= 1 - \frac{\sum (y_i - \hat{y}_i)^2}{\sum (y_i - \bar{y})^2} \right) \quad ,$$

mit $s_y^2 = \frac{1}{n-1} \sum (y_i - \bar{y})^2$.

Bem.: - Die Reststreuung unter Punkt 1. läßt sich auch interpretieren als eine mittlere quadratische Abweichung der Beobachtungswerte y_i von ihren Regresswerten $\hat{y}_i$.*1)

Man kann die Reststreuung auch als "Streuung der Beobachtungswerte um die Regressionsfunktion" ansehen.

Es ist klar: Je kleiner dieser Wert ist, um so besser ist die Anpassung der Regressionsfunktion an die Beobachtungspaare.

- Die Reststandardabweichung hat im Gegensatz zu $s_R{}^2$ die gleiche Maßeinheit wie die von den y_i 's.

- Für das Bestimmtheitsmaß gilt offenbar

$$B \leq 1 \quad ,$$

da ja $s_R{}^2$ und $s_y{}^2$ immer nichtnegativ sind.

Der Fall $B = 1$ tritt dann und nur dann ein, wenn $s_R{}^2 = 0$ ist, d. h. wenn alle Beobachtungspaare genau auf der Regressionsgeraden liegen. Dann ist offenbar die Bestimmtheit dieser Regression maximal.

Außerdem läßt sich für die Bestimmtheit feststellen:

Je größer B, um so kleiner ist das Verhältnis der Reststreuung zur Streuung der Beobachtungswerte, um so besser sind die Beobachtungswerte durch die Regressionsfunktion *bestimmt* .

Weiterhin gilt - wie man sich leicht überzeugen kann -

$$0 \leq B \quad ,$$

wobei der Spezialfall $B = 0$ wenig später kurz behandelt wird. *2)

Abschließend zu diesem Punkt geben wir noch eine weitere

Def.: Die reelle Zahl

$$\text{MAD} \underset{Df.}{=} \frac{1}{n} \sum_{i=1}^{n} |y_i - \hat{y}_i|$$

heißt **mittlere absolute Differenz** der y-Beobachtungswerte bzgl. der Regresswerte.

---

*1) Die Division durch (n - 2) erfolgt, weil bei der Schätzung der linearen Regressionsfunktion zwei Parameter, nämlich a und b zu bestimmen sind.

*2) Vergleiche Eigenschaft 4. unter 7.3

Bem.:
- Auch die MAD besitzt die gleiche Dimension wie die y_i 's.
- Je kleiner der Wert der MAD, um so besser ist die Anpassung der Regressionsfunktion an die Beobachtungswerte.
- Bei der Berechnung des MAD-Wertes werden offensichtlich alle Abweichungen gleich stark berücksichtigt, wohingegen bei s_R die großen Abweichungen (durch die Quadratbildung in der Reststreuung) stärker eingehen. Dazu vergleiche man die Aussagen im Kapitel 2 zu den Kennwerten s_{lin} und s.

7.2 Die Methode der kleinsten Quadratsummen (MKQ)

Das im Einführungspunkt 7.0 formulierte statistische Problem läßt sich mit der Methode der kleinsten Quadratsummen lösen.
Um diese Methode zu erläutern (vgl. Eigenschaft 3 von $\overline{x}$ im Unterpunkt 2.1.1), gehen wir von folgendem aus:

Gegeben: $(x_1;y_1), \ldots, (x_n;y_n)$ - Beobachtungspaare
Gesucht: Die "beste" lineare Regressionsgerade

$$\hat{y} = \hat{a} + \hat{b}x \quad ,$$

(also die "besten" Regressionskoeffizienten a und b)

Die gesuchten Koeffizienten bestimmen wir unter Verwendung des folgenden Kriteriums:

$$Q(\ldots) \underset{Df.}{=} \sum_{i=1}^{n} (y_i - \hat{y}_i)^2 \rightarrow \min$$

Dieses sog. MKQ-Kriterium läßt sich auch grafisch deuten:

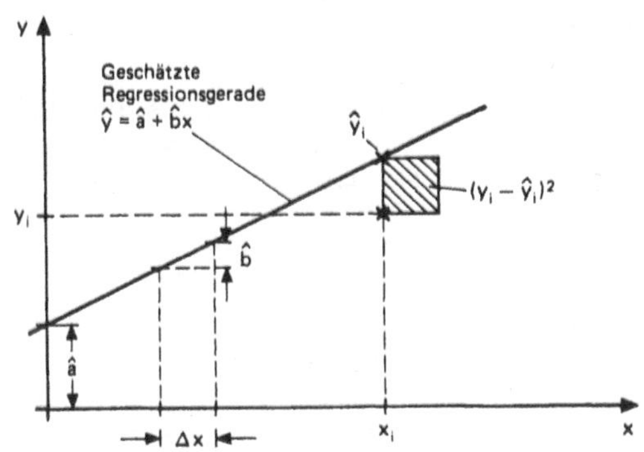

Das Kriterium fordert, daß die Regressionsparameter $\hat{a}$ und $\hat{b}$ so zu bestimmen sind, daß die Summe der (schraffierten) Quadrate der Abweichungen der y-Beobachtungswerte von ihren jeweiligen Regresswerten so klein wie möglich ist.

Im Falle der Verwendung einer linearen Regressionsfunktion kann man also das Kriterium, das der Minimierung einer quadratischen Funktion Q entspricht, auch so konkretisieren:

$$Q(a;b) = \sum_{i=1}^{n} (y_i - (a + bx_i))^2 \rightarrow \min .$$

Unter Beachtung der Definition der Reststreuung läßt sich offenbar schreiben:

$$\sum (y_i - \hat{y}_i)^2 = (n-2)\, s_R^2 .$$

Schlußfolgernd aus dieser Gleichung und aus den Bemerkungen zum Bestimmtheitsmaß B kann man damit feststellen, daß für nach dem MKQ-Prinzip bestimmte $\hat{a}$ und $\hat{b}$ auch die Reststreuung s_R^2 *minimal* und die Bestimmtheit *am größten* ist.

Bei der Lösung der Minimierungsaufgabe $Q(a,b) \rightarrow \min$ geht es zunächst um die Bestimmung der stationären Punkte der quadratischen Funktion Q:

$$\left.\begin{aligned} \frac{\partial Q}{\partial a}(a,b) &= \sum_{i=1}^{n} 2(y_i - (a + bx_i)) \cdot (-1) \stackrel{!}{=} 0 \\ \frac{\partial Q}{\partial b}(a,b) &= \sum_{i=1}^{n} 2(y_i - (a + bx_i)) \cdot (-x_i) \stackrel{!}{=} 0 \end{aligned}\right\} \text{Normalgleichungen} ,$$

und nach Auflösung dieses linearen Systems zweier Gleichungen mit 2 Unbekannten (a und b) gelangt man zur Lösung:

$$\hat{b} = \frac{s_{xy}}{s_x^2} \quad \left(\triangleq \frac{\text{emp. Kovarianz}}{\text{emp. Varianz von X}}\right)$$

$\hat{a} = \bar{y} - \hat{b}\,\bar{x}$ ($\triangleq$ Mittelwert der y_i 's minus dem $\hat{b}$-fachen des Mittelwertes der x_i 's.)

Diese Lösung ($\hat{a}$; $\hat{b}$) ist der einzige stationäre Punkt der Funktion Q(a,b).

Die Betrachtung der entsprechenden Funktionaldeterminante - die wir hier nicht näher behandeln wollen - ergibt:
Die Funktion

$$Q(a,b) = \sum_{i=1}^{n} (y_i - (a + bx_i))^2$$

nimmt für die Werte

$$\hat{b} = \frac{s_{xy}}{s_x^2} \qquad \text{und} \qquad \hat{a} = \bar{y} - \hat{b}\,\bar{x}$$

(und nur für diese Werte) ihr globales Minimum an.

7.2.1 Anwendungsbeispiel

Wir betrachten den Zusammenhang zwischen der Reparaturdauer [h] an Hi-Fi-Geräten eines Typs und den Reparatur-Gesamtkosten [DM], wobei aus einer Stichprobe vom Umfang $n = 5$ folgende Werte als Beobachtungspaare vorliegen *:

(2 ; 10) , (4 ; 15) , (4 ; 20) , (5 ; 20) , (5 ; 30)

Mit folgender Arbeitstabelle gelangt man schnell zur Berechnung der MKQ-Lösung:

i	x_i [h]	y_i [DM]	$x_i \cdot y_i$	x_i^2	$\hat{y}_i = \hat{a} + \hat{b}x_i$
1	2	10	20	4	9
2	4	15	60	16	19
3	4	20	80	16	19
4	5	20	100	25	24
5	5	30	150	25	24
Σ	20	95	410	86	95
Ø	$\bar{x} = 4$	$\bar{y} = 19$			

$$\hat{b} = \frac{s_{xy}}{s_x^2} = \frac{\frac{1}{n-1}\left(\sum x_i y_i - \frac{1}{n}\sum x_i \sum y_i\right)}{\frac{1}{n-1}\left(\sum x_i^2 - \frac{1}{n}\left(\sum x_i\right)^2\right)} = \frac{410 - 4 \cdot 95}{86 - 80} = \frac{30}{6} = 5$$

---

* Natürlich halten wir aus Anschauungsgründen den Stichprobenumfang überschaubar klein.

$$\hat{a} = \bar{y} - \hat{b}\,\bar{x} = 19 - 5 \cdot 4 = -1 \quad .$$

Bei dieser Lösung ($\hat{a}$; $\hat{b}$) = (-1 ; 5) ist also die Reststreuung minimal und die Bestimmtheit der Regressionsgeraden bzgl. der konkreten Beobachtungsdaten am größten.

Die MKQ-Schätzung ergibt demnach die lineare Regressionsfunktion

$$\hat{y} = -1 + 5x \qquad ; \qquad x \in [2 ; 5]$$

Die Überschaubarkeit des Beobachtungsmaterials von 5 Beobachtungswertepaaren ermöglicht auch eine sehr anschauliche grafische Darstellung, wobei wir folgende Bezeichnungen verwenden:

- • - Regresswerte
- x - Beobachtungswerte
- ▨ - "Quadrat" der Abweichung der y_i 's von den $\hat{y}_i$'s

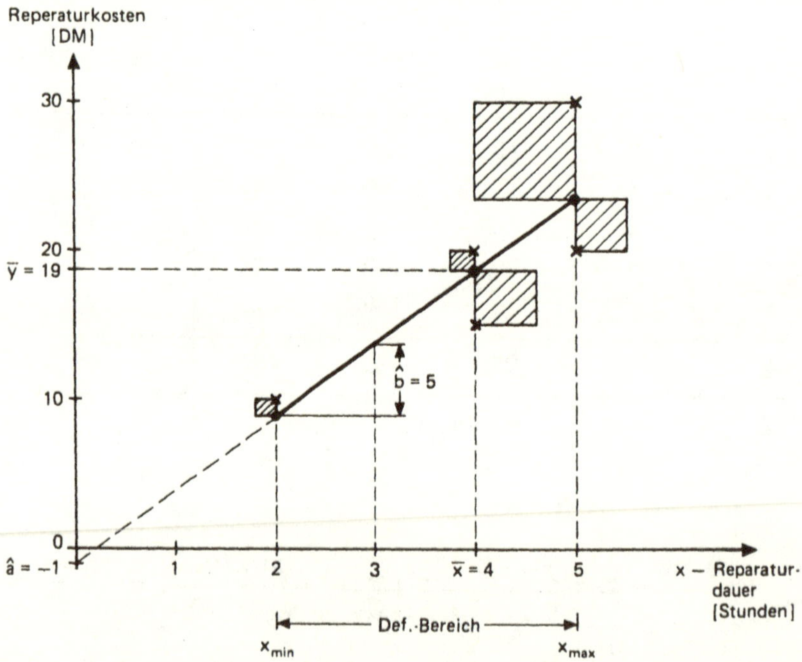

Die Regressionsgerade zwischen den Punkten (0 ; -1) und (2 ; 9) wurde dabei deswegen gestrichelt gezeichnet, weil dieses Geradenstück außerhalb des Definitionsbereiches der linearen Regressionsfunktion liegt.

7.3 Eigenschaften der nach MKQ geschätzten Regressionsgeraden

Bei der Diskussion der Eigenschaften der nach dem MKQ-Kriterium berechneten Regressionsfunktion verwenden wir also die Schätzungen der Regressionskoeffizienten a und b

$$\hat{a} = \bar{y} - \hat{b}\,\bar{x} \qquad \text{und} \qquad \hat{b} = \frac{s_{xy}}{s_x^2} \quad ,$$

wie sie im vorigen Unterpunkt 7.2 hergeleitet wurden.

1. $\sum_{i=1}^{n} (y_i - \hat{y}_i)^2$ ist als Quadratsumme der Abweichungen zwischen den y_i 's und den Regresswerten $\hat{y}_i$'s minimal.

   Damit ist aber auch die Reststreuung s_R^2 *minimal* und die Bestimmtheit

   $$B = 1 - \frac{(n-2)\, s_R^2}{(n-1)\, s_y^2}$$

   maximal .

2. Die Summe der Abweichungen zwischen den Beobachtungswerten y_i und der Regressionsgeraden "nach oben" und "nach unten" heben sich gegenseitig auf.

   Man spricht deshalb bei einer nach MKQ geschätzten Regressionsgeraden von einer "vermittelnden Ausgleichsgeraden".

   Es gilt also:

   $$\sum_{i=1}^{n} (y_i - \hat{y}_i) = 0 \quad ;$$

   wozu man die entsprechende Nulleigenschaft des arithmetischen Mittelwertes aus dem Kapitel 2 vergleichen kann.

3. Es gilt offenbar:

   $$B = (r_{xy})^2 \qquad \text{mit} \quad r_{xy} = \frac{s_{xy}}{s_x \cdot s_y} \quad ,$$

   was man so deuten kann, daß das Bestimmtheitsmaß gleich dem Quadrat des empirischen Korrelationskoeffizienten zwischen X und Y ist. (Man beachte jedoch, daß in der Korrelationsrechnung leicht unterschiedliche Modellvoraussetzungen existieren.)

Verwendet man noch einmal die Beziehung $b = \frac{s_{xy}}{s_x^2}$, dann kann man offenbar schreiben:

$$r_{xy} = \frac{s_{xy}}{\sqrt{s_x^2 \cdot s_y^2}} = \frac{s_{xy}}{s_x^2} \cdot \frac{s_x}{s_y} = b \cdot \frac{s_x}{s_y}$$

, und umgekehrt

$$b = r_{xy} \cdot \frac{s_y}{s_x} \quad .$$

Damit erhalten wir einen formalen Zusammenhang zwischen dem einfachen linearen Korrelationskoeffizienten und dem linearen Regressionskoeffizienten, jeweils berechnet aus den Beobachtungswertepaaren der linearen Zusammenhangsanalyse.

4. Aus der dritten Eigenschaft folgt natürlich

$$B \geq 0 \quad .$$

Wann kann hier die strenge Gleichheit eintreten? Dazu ist notwendig, daß r_{xy} verschwindet, und das gilt
- entweder wenn b gleich Null ist
- oder wenn s_x gleich Null ist.

In beiden Fällen läßt sich also empirisch kein linearer Zusammenhang zwischen X und Y bestimmen, d. h. die Bestimmtheit ist dann konsequenterweise gleich Null.

5. Aus der Gleichung $\hat{a} = \bar{y} - \hat{b}\,\bar{x}$ erhalten wir die Beziehung

$$\bar{y} = \hat{a} + \hat{b}\,\bar{x} \quad ,$$

d. h. die Regressionsgerade verläuft durch den Punkt

$$(\bar{x}; \bar{y}) \quad .$$

6. Offenbar gelten folgende Beziehungen:

$$\frac{\hat{y}_1 + \ldots\ldots + \hat{y}_n}{n} = \frac{y_1 + \ldots\ldots + y_n}{n} = \bar{y} \quad ,$$

d. h. der Mittelwert der Regresswerte ist gleich dem Mittelwert der y-Beobachtungswerte.

Alle diese Eigenschaften lassen sich leicht an unserem Anwendungsbeispiel überprüfen.

7. Die mittlere absolute Differenz MAD ist im allgemeinen nicht minimal, denn - wie bereits erwähnt - werden in der quadratischen Abweichungssumme

$$\Sigma (y_i - \hat{y}_i)^2$$

große Unterschiede in den Abweichungen stärker berücksichtigt als betragsmäßig kleine. Beispielsweise gilt

$$(-0{,}6)^2 + 0{,}1^2 = 0{,}37 > 0{,}4^2 + 0{,}4^2 = 0{,}32$$

$$\wedge$$

$$|-0{,}6| + |0{,}1| = 0{,}70 < |0{,}4| + |0{,}4| = 0{,}80 \quad .$$

7.4 Auswertung des Beispiels und Berechnung der Maßzahlen

Ausgehend von unserem Anwendungsbeispiel entwickeln wir zur Berechnung der von uns eingeführten Maßzahlen die folgende Arbeitstabelle:

i	x_i	y_i	$\hat{y}_i$	$y_i - \hat{y}_i$	$\|y_i - \hat{y}_i\|$	$(y_i - \hat{y}_i)^2$	$(y_i - \bar{y})^2$
1	2	10	9	1	1	1	81
2	4	15	19	- 4	4	16	16
3	4	20	19	1	1	1	1
4	5	20	24	- 4	4	16	1
5	5	30	24	6	6	36	121
Σ	20	95	95	0	16	70	220
Ø	4	19	19				

Hieraus ergeben sich offenbar die Maßzahlen

$$\text{MAD} = \frac{1}{n} \sum_{i=1}^{n} |y_i - \hat{y}_i| = \frac{1}{5} \cdot 16 = 3{,}2 \quad ,$$

$$s_R^2 = \frac{1}{n-2} \sum_{i=1}^{n} (y_i - \hat{y}_i)^2 = \frac{1}{3} \cdot 70 = 23{,}\bar{3} \quad ,$$

$$s_R = +\sqrt{s_R^2} = +\sqrt{23,\overline{3}} \cong 4,83 \quad ,$$

$$s_y^2 = \frac{1}{n-1} \sum_{i=1}^{n} (y_i - \bar{y})^2 = \frac{1}{4} \cdot 220 = 55 \quad ,$$

und schließlich

$$B = 1 - \frac{(n-2) \cdot s_R^2}{(n-1) \cdot s_y^2} = 1 - \frac{\sum_{i=1}^{n} (y_i - \hat{y}_i)^2}{\sum_{i=1}^{n} (y_i - \bar{y})^2} = 1 - \frac{70}{220} \cong 0,68 \quad .$$

Die Bestimmtheit besitzt in diesem Beispiel mit dem Wert $B = 0,68$ ein vergleichsweise hohes Maß; die Anpassung ist verhältnismäßig gut.

Mit Hilfe der Beziehung $B = (r_{xy})^2$ läßt sich nun noch über die Vorschrift

$$|r_{xy}| = +\sqrt{B}$$

der absolute Wert des einfachen linearen Korrelationskoeffizienten berechnen, wobei sich das Vorzeichen aus dem des linearen Regressionskoeffizienten $\hat{b}$ erkennen läßt:

$$r_{xy} = (\mathrm{sgn}(\hat{b})) \cdot +\sqrt{B} = +\sqrt{0,68} \cong 0,82 \quad .$$

Dieser Wert des Korrelationskoeffizienten ist bei einer Irrtumswahrscheinlichkeit von $\alpha = 0,05$ statistisch nicht gesichert. Das ist aber wegen des offenbar zu geringen Stichprobenumfangs auch nicht verwunderlich; um tatsächlich einen gesicherten Zusammenhang zwischen Reparaturdauer und Reparaturkosten von Hi-Fi-Geräten eines Typs nachweisen zu können, sollte man natürlich das n wesentlich erhöhen.

7.5 Der alternative lineare Regressionskoeffizient

Da man bei zu analysierenden Zusammenhängen häufig nicht eindeutig festlegen kann, welches von beiden Merkmalen die Einfluß- und welches die Zielgröße ist, lohnt es sich auch, die Umkehrung der Richtung im Regressionszusammenhang

$$X \leftarrow Y$$

zu untersuchen.

Wir formulieren daher das

Alternative Regressionsproblem:

Mit Hilfe der Stichprobenwerte $(x_1;y_1)$, ..., $(x_n;y_n)$ ist eine lineare Funktion $x = a_{yx} + b_{yx}\, y$ zu bestimmen, welche die lineare Abhängigkeit des Merkmals X vom Merkmal Y möglichst gut beschreibt. * Daher gilt

$$b_{yx} = \frac{s_{yx}}{s_y^2} \quad \text{, wegen} \quad b_{xy} = \frac{s_{xy}}{s_x^2} \quad \text{im ursprünglichen Fall .}$$

Bei der Berechnung der beiden Koeffizienten a_{yx} und b_{yx} kann man grundsätzlich in gleicher Weise vorgehen wie im Originalfall der einfachen linearen Regression, also das MKQ-Prinzip verwenden.

Dabei kann man unter Verwendung des empirischen Korrelationskoeffizienten aus dem Original-Koeffizienten b_{xy} den alternativen Koeffizienten b_{yx} leicht bestimmen, denn es gilt wegen der Symmetrieeigenschaft der Kovarianz (vgl. Kap. 6):

$$(*) \qquad b_{xy} = \frac{s_{xy}}{s_x^2} \bullet \frac{s_{yx}}{s_y^2} \bullet \frac{s_y^2}{s_{yx}} = \frac{(s_{xy})^2}{s_x^2 \bullet s_y^2} \bullet \frac{s_y^2}{s_{yx}} = r_{xy}^2 \bullet \frac{1}{b_{yx}} \ .$$

Aus dieser Bezeichnung erhält man offenbar:

$$|r_{xy}| = +\sqrt{b_{xy} \bullet b_{yx}}$$

d. h. der Betrag des einfachen linearen Korrelationskoeffizienten ist gleich dem geometrischen Mittelwert (vgl. Kap. 2) der beiden zueinander alternativen Regressionskoeffizienten b_{xy} und b_{yx}.

Wir merken hier gesondert an, daß beide zueinander alternativen Koeffizienten (wegen der symmetriegleichen Kovarianzwerte) vorzeichengleich sind.
Außerdem ist festzustellen, daß auch die alternative Regressionsgerade $x = a_{yx} + b_{yx}y$ (d. h. - um in ein- und demselben Koordinatenkreuz zu bleiben - $y = \frac{1}{b_{yx}} \bullet x - \frac{a_{yx}}{b_{yx}}$) durch den Punkt ($\bar{x}$; $\bar{y}$) geht.

Hinsichtlich der Lage beider alternativer Regressionsgeraden haben wir dadurch eine wichtige Information:
Beide schneiden sich im Mittelwert-Punkt ($\bar{x}$; $\bar{y}$).

---

* Wir benutzen in diesem Unterpunkt vorübergehend die Schreibweise a_{yx} bzw. b_{yx} um anzudeuten, daß es sich hier um die alternativen Regressionskoeffizienten der Beziehung $X \leftarrow Y$ handelt.

Bezüglich ihrer Anstiege müssen wir eine Fall-Unterscheidung treffen:

a) Wenn $s_x^2 = s_y^2$ ist, dann folgt daraus offenbar $b_{xy} = b_{yx}$, vorausgesetzt es gilt $|r_{xy}| = 1$.
In diesem Fall, der in der Praxis so gut wie nie auftritt, verlaufen beide Geraden parallel zueinander und gehen beide durch den gleichen "Mittelpunkt", sind also identisch im Verlauf.

b) Wenn $s_x^2 \neq s_y^2$ ist, sind (obwohl vorzeichengleich) b_{xy} und b_{yx} voneinander verschieden. Wir wollen hier nur den Fall besprechen, wenn b_{xy} und b_{yx} positiv sind. (Der Negativ-Fall ist analog zu untersuchen.)

Entweder ist dann

$$b_{xy} < \frac{1}{b_{yx}} \quad ,$$

was man grafisch etwa folgendermaßen darstellen kann

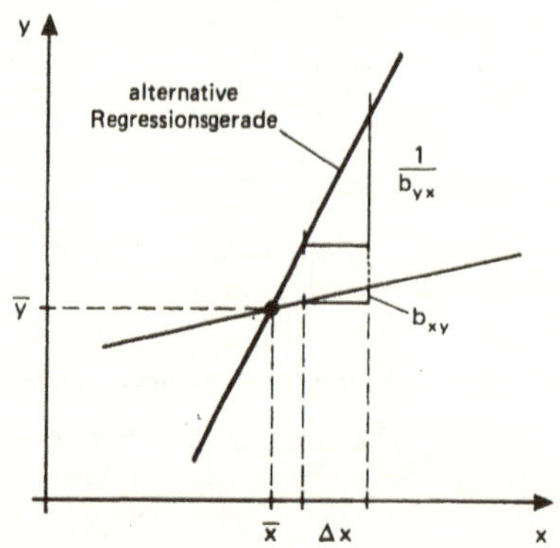

oder

$$b_{xy} > \frac{1}{b_{yx}} \quad ,$$

was grafisch etwa der folgenden Darstellung entspricht:

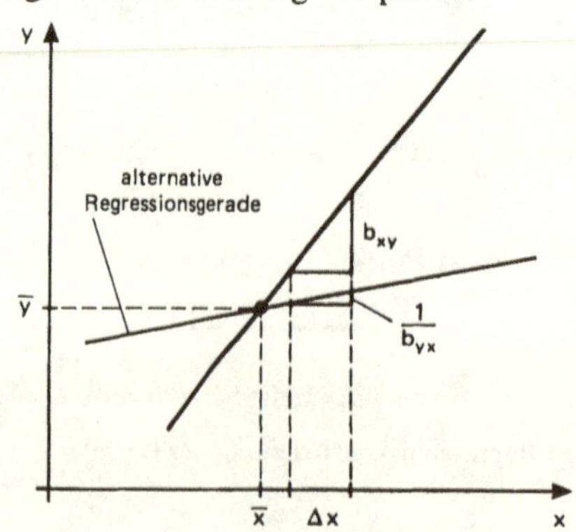

Aus der obigen Beziehung (*) erhält man offenbar

$$r_{xy}^2 = \frac{b_{xy}}{b_{yx}^{-1}} \quad ,$$

was man als Verhältnis der Anstiege der zueinander alternativen Regressionsgeraden im gleichen Koordinatensystem interpretieren kann.

Aus diesem Quotienten und seiner Gleichheit mit dem Quadrat des Korrelationskoeffizienten kann man schlußfolgern:
Je schwächer der lineare Zusammenhang zwischen den beiden betrachteten Merkmalen X und Y, um so stärker klaffen die zueinander alternativen Regressionsgeraden auseinander.

Abschließend betrachten wir noch in einer grafischen Darstellung die zueinander alternativen Regressionsgeraden für unser Demonstrationsbeispiel aus dem Unterpunkt 7.2.1 bzw. 7.4. Dort war ja

$$r_{xy}^2 \cong 0{,}68 \qquad \text{und} \qquad b_{xy} = 5 \quad .$$

Damit erhält man

$$b_{yx} = \frac{0{,}68}{5} \cong 0{,}136 \quad \text{, bzw.}$$

$$\frac{1}{b_{yx}} \cong 7{,}35 \quad .$$

Mit diesen Ergebnissen erhält man näherungsweise folgenden Verlauf der beiden zueinander alternativen Regressionsgeraden:

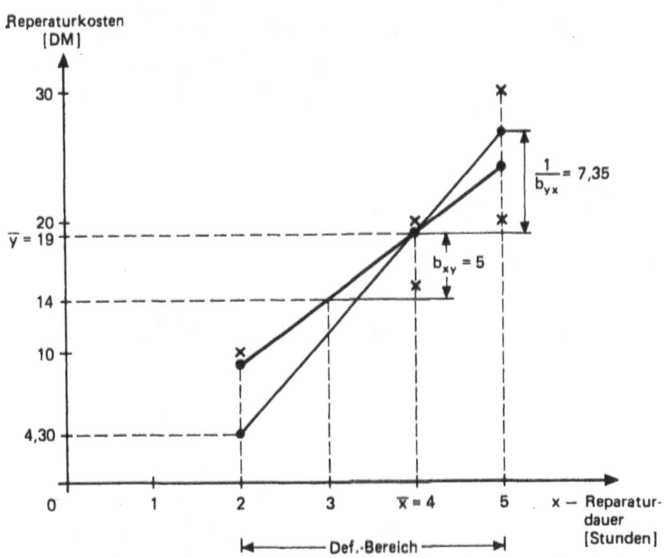

7.6 Das lineare Modell der einfachen Regression

In diesem Unterpunkt wollen wir einige Vorstellungen, die wir eingangs zur Einführung und Motivation der Regression geäußert haben, konkretisieren.

In diesem Zusammenhang gehen wir davon aus, daß - wie bereits erwähnt - die Einflußgröße

> X nicht als Zufallsgröße, sondern als normale mathematische, unabhängige Variable betrachtet wird, wobei die $x_1, x_2, \ldots, x_m$ bestimmte, uns interessierende Werte von X sind, die nicht aus einer Stichprobe zu stammen brauchen.

Demgegenüber wird in dem Modell die Zielgröße

> Y als eine Zufallsvariable vorausgesetzt, welche durch ein System von m Zufallsvariablen $Y_1, Y_2, \ldots, Y_m$ beschrieben wird.

Def.: Unter **einem einfachen linearen Regressionsmodell** versteht man ein System von m Zufallsgrößen

$$Y_1, Y_2, \ldots, Y_m \quad \text{mit}$$

$$\begin{aligned} Y_1 &= a^* + b^* x_1 + U \\ Y_2 &= a^* + b^* x_2 + U \\ \bullet &\quad \ldots\ldots\ldots\ldots\ldots \\ \bullet &\quad \ldots\ldots\ldots\ldots\ldots \\ Y_m &= a^* + b^* x_m + U \quad , \end{aligned}$$

wobei die Störgröße U eine normalverteilte Zufallsvariable mit E(U) = 0 und endlicher Varianz Var(U) ist, und a^* bzw. b^* die wahren, unbekannten Werte der Regressionskoeffizienten sind.

Folgerungen: Für s = 1, 2, ..., m gilt offenbar:

1) Y_s ist normalverteilt

2) $E(Y_s) = a^* + b^* x_s =: \hat{y}_s^*$ (das ist der wahre Regresswert an der Stelle x_s)

3) $Var(Y_s) = Var(U)$.

Diesem einfachen linearen Regressionsmodell entspricht die folgende grafische Darstellung:

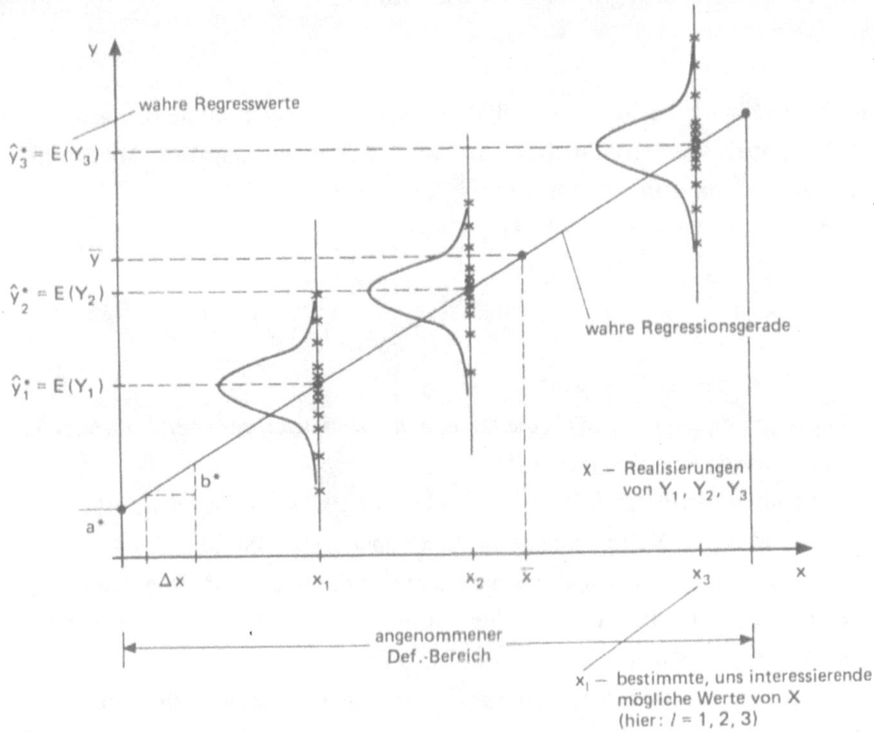

Die MKQ-Schätzungen

$$\hat{b} = \frac{s_{xy}}{s_x^2} \qquad \text{und} \qquad \hat{a} = \bar{y} - \hat{b}\,\bar{x}$$

ergeben natürlich im allgemeinen für verschiedene Stichproben-Beobachtungspaare vom gleichen Umfang n unterschiedliche Schätzwerte, jedoch gilt der folgende

Satz: Für unbekannte a^* und b^* eines einfachen linearen Regressionsmodells sind

$$\hat{a} = \bar{y} - \hat{b}\,\bar{x} \qquad \text{und} \qquad \hat{b} = \frac{s_{xy}}{s_x^2}$$

die wirksamsten, erwartungstreuen Schätzfunktionen.

7.7 Zuverlässigkeit der Regression

7.7.0 Prüfung auf Vorliegen eines linearen Modells

Wie aus dem 6. Kapitel bekannt, läßt sich die Stärke des linearen Zusammenhangs zwischen zwei (normalverteilten) Zufallsgrößen X und Y über den Korrelationkoeffizienten r_{xy} bestimmen und mit dem Test auf Null statistisch prüfen.
Dabei wird - wie dort besprochen - die Hypothese

$$H_0 : \rho_{XY} = 0$$

verwendet.
Im Ergebnis eines solchen Tests wird

> ***entweder*** die Hypothese abgelehnt, d. h. ein statistisch gesicherter linearer Zusammenhang existiert; genauer:
> Mit einer statistischen Sicherheit von $(1 - \alpha) \cdot 100$ % läßt sich der Zusammenhang von X und Y mittels einer linearen Funktion beschreiben.
> In diesem Fall kann man also näherungsweise das o.g. lineare Regressionsmodell verwenden, obwohl noch keine Prüfung bzgl. der Normalverteilungsvoraussetzung für die zufällige Störgröße U erfolgte.
> Wenn man also zunächst von dieser Verteilungsforderung absieht, kann man die entsprechenden Zuverlässigkeitsaussagen gemäß der folgenden Unterpunkte 7.7.1 und 7.7.2 treffen.
>
> ***oder*** die Hypothese nicht abgelehnt. Das bedeutet, man kann den Zusammenhang zwischen X und Y nicht statistisch gesichert durch eine lineare Funktion beschreiben.Wir müssen aber berücksichtigen, daß diese Aussage auf der Basis der von uns beobachteten Stichprobe zustandegekommen ist. Da andererseits alle Tests und Berechnungen vom Stichprobenumfang n abhängen, ist es dann in einer solchen Situation vielleicht ratsam, durch Erhöhung des n (also durch "nochmalige Beobachtung" - falls dies möglich ist) zu anderen Berechnungsergebnissen zu kommen.
> Führt auch dies nicht zum Ziel, ist dann in der Regressionsanalyse eine *nichtlineare* Regressionsfunktion zu verwenden.

Unter diesen Gesichtspunkten prüfen wir zur Anschauung die Fragen der Linearität bei unserem Beispiel aus dem Unterpunkt 7.2.1.

Dort war ja

$$r \cong 0{,}82 \quad ,$$

und der Zufallshöchstwert bei $n = 5$ ist bei einer Irrtumswahrscheinlichkeit von $\alpha=0{,}05$ gleich 0,88 (vgl. [4]).
Daraus folgt die Nicht-Ablehnung der Nullhypothese, d. h. die von uns gezogene Stichprobe von fünf Hi-Fi-Geräten läßt nicht den Schluß zu, daß zwischen Reparaturdauer und Reparaturkosten eine lineare Beziehung statistisch gesichert ist.
In diesem konkreten Anwendungsfall sollte man also zunächst n erhöhen, um evtl. doch die vermutete Linearität dieser Beziehung statistisch nachweisen zu können.

7.7.1 Konfidenzintervalle für die Regressionskoeffizienten und die Regresswerte

Um numerische Aussagen über die Genauigkeit bzw. Zuverlässigkeit einer geschätzten linearen Regressionsfunktion zu erhalten, formulieren wir folgenden

Satz: Liegt ein lineares Modell vor,und sind $\hat{a}$ und $\hat{b}$ nach MKQ aus einer Stichprobe vom Umfang n ermittelte Regressionskoeffizienten, dann sind

$$[\hat{b} - t_{n-2;\alpha/2} \cdot s_b \,;\, \hat{b} + t_{n-2;\alpha/2} \cdot s_b] \quad \text{bzw.}$$

$$[\hat{y}_i - t_{n-2;\alpha/2} \cdot s_{\hat{y}_i} \,;\, \hat{y}_i + t_{n-2;\alpha/2} \cdot s_{\hat{y}_i}]$$

konkrete $(1 - \alpha) \cdot 100\,\%$ - Konfidenzintervalle für den unbekannten wahren Koeffizienten b^* bzw. für die wahren Regresswerte $\hat{y}_i^*$, $(i = 1, \ldots, n)$.

Bem.: - Zur Berechnung der o. g. Konfidenzintervalle benötigt man die Werte

$$s_b \underset{Df.}{=} s_R \cdot \frac{1}{s_x \cdot \sqrt{n-1}} \quad ,$$

was man auch als *Standardabweichung des Regressionskoeffizienten b* bezeichnet, sowie

$$s_{\hat{y}_i} = s_R \cdot \sqrt{\frac{1}{n} + \frac{(x_i - \bar{x})^2}{\sum_{j=1}^{n} (x_j - \bar{x})^2}} \quad , (i = 1, \ldots, n)$$

was man auch als Standardabweichung des Regresswertes $\hat{y}_i$ bezeichnet.

- Aussagen zu a^* erhält man durch Einsetzen von $x_i = 0$ in die Beziehung $y = a + bx$.

- Je größer $|x_i - \bar{x}|$ ist, um so größer ist $s_{\hat{y}_i}$, um so breiter ist das Konfidenzintervall für $\hat{y}_i$. Diese Aussage läßt sich leicht an der folgenden grafischen Darstellung verdeutlichen:

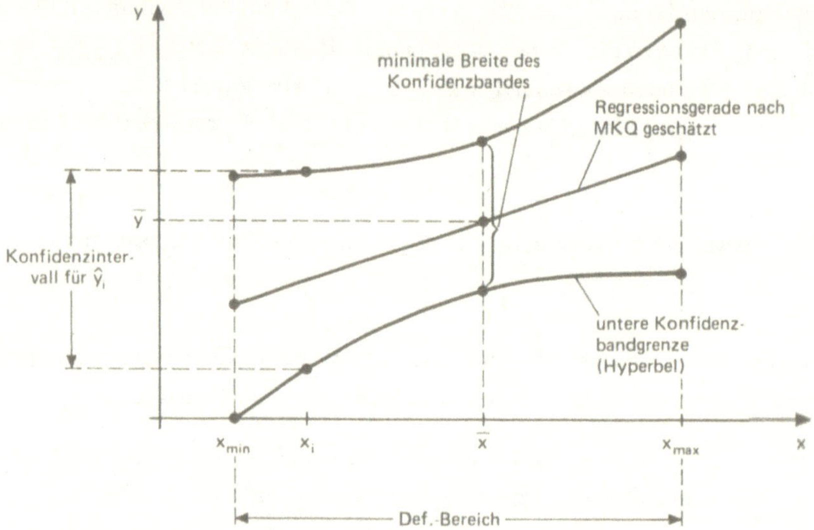

Man erkennt in dieser Darstellung, daß die Breite des Konfidenzbandes an der Stelle $\bar{x}$ minimal ist und jeweils in Richtung der Ränder des Definitionsbereiches (nichtlinear) zunimmt. Am "zuverlässigsten" ist also die Schätzung(bei gleichem Signifikanzniveau) in der unmittelbaren Umgebung des Mittelwertes aller x_i.

- Eine gute vergleichbare Zuverlässigkeitsinformation geben die sog. relativen Standardabweichungen (vgl. Variationskoeffizient, Kap. 2)

$$\frac{s_b}{\hat{b}} \cdot 100\,\% \qquad \text{und} \qquad \frac{s_{\hat{y}_i}}{\hat{y}_i} \cdot 100\,\% \quad .$$

Das sieht man sofort ein, wenn man beachtet, daß für $n > 10$ das entsprechende t-Quantil $t_{n-2;0,025} \approx 2$ ist, wodurch man z.B. für die Intervallgrenzen im Falle b^*

$$\hat{b} \pm 2 \cdot s_b = \hat{b}\left(1 \pm 2 \cdot \frac{s_b}{\hat{b}}\right) \triangleq \hat{b}\left(100\,\% \pm 2 \cdot \frac{s_b}{\hat{b}} \cdot 100\,\%\right)$$

schreiben kann.

Daraus folgt, daß die relative (d. h. auf den Schätzwert $\hat{b}$ bezogene) Länge des Konfidenzintervalls etwa gleich dem 4-fachen der relativen Standardabweichung ist.

Wenn z. B. die relative Standardabweichung für $\hat{b}$ gleich 50 % ist, dann ergibt sich

$$\hat{b}\,(100\,\% - 2 \cdot 50\,\%) = 0\,\% \cdot \hat{b} \quad \text{als untere Grenze und}$$
$$\hat{b}\,(100\,\% + 2 \cdot 50\,\%) = 200\,\% \cdot \hat{b} \quad \text{als obere Grenze.}$$

Eine vertretbare Größenordnung in praktischen Untersuchungen ist die Forderung

$$\frac{s_b}{\hat{b}} \cdot 100\,\% < 10\,\% \quad .$$

7.7.2 Näherungs-Prognoseintervalle für die Zielgrößenwerte

Im Unterpunkt 7.7.1 haben wir $(1-\alpha)$-Konfidenzintervalle für die jeweiligen wahren Regresswerte $\hat{y}_i{}^*$ über dem Definitionsbereich angegeben. Sie sind aber nur als Bereichsangaben hinsichtlich des *mittleren* Wertes der Regressionsfunktion an der i-ten Stelle zu verstehen.

Will man dagegen Intervallangaben für die Zielgrößenwerte Y_s (s = 1, 2, ..., m), so kann man folgende Aussage verwenden:

Satz: Näherungsweise liegen etwa $(1-\alpha) \cdot 100\,\%$ aller Realisierungen von

$$Y_s = a^* + b^* x_s + U \quad , (s = 1, \ldots, m)$$

im Intervall

$$[\, \hat{y}_s - t_{n-2;\alpha/2} \cdot \sqrt{s_{\hat{y}_s}^2 + s_R^2} \;;\; \hat{y}_s + t_{n-2;\alpha/2} \cdot \sqrt{s_{\hat{y}_s}^2 + s_R^2} \,] .$$

Bem.: Dieses Prognoseintervall für die Y_s mit den möglich Werten x_s, (s = 1, ..., m) ist breiter als das Intervall für die $\hat{y}_i{}^*$ aus dem vorigen Unterpunkt.

7.8 Literatur

[1] *Clark, C.T.; Schkade, L. L.:*
Statistical Methods for Business Decisions; Cincinnati, South-Western Publ. Co., 1969

[2] *Dreyer, H.; Sauer, W.:*
Prozeßanalyse - Elementare stochastische Methoden; Berlin, Verlag Technik, 1982

[3] *Förster, E.; Rönz, B.:*
Methoden der Korrelations- und Regressionsrechnung - Ein Leitfaden für Ökonomen; Berlin, Verlag Die Wirtschaft, 1979

[4] *Göhler, W.:*
Höhere Mathematik - Kleiner Wissensspeicher; Leipzig, Deutscher Verlag Grundstoffindustrie, 1989, 10. Aufl.

[5] *Graybill, F. A.; Mood, A. M.:*
Introduction to the Theory of Statistics; New-York, Mc Graw-Hill Book Co., 1963, Sec. Ed.

[6] *Hochstädter, D.:*
Einführung in die Statistische Methodenlehre; Frankfurt/Main & Thun, Verlag Harri Deutsch, 1988, 6. Aufl.

[7] *Müller, P. H.:*
Wahrscheinlichkeitsrechnung und Mathematische Statistik - Lexikon der Stochastik; Darmstadt, Wissenschaftliche Buchgesellschaft, 1975

[8] *Smirnow, N. W.; Dudin-Barkowski, L. W.:*
Mathematische Statistik in der Technik; Berlin, Deutscher Verlag der Wissenschaften, 1969

[9] *Stockton, J. R.; Clark, C. T.:*
Business and Economic Statistics; Cincinnati, South-Western Publ. Co., 1971, 4. Ed.

[10] *Storm, R.:*
Wahrscheinlichkeitsrechnung, Mathematische Statistik, Statistische Qualitätskontrolle; Leipzig, Fachbuchverlag, 1979, 7. Aufl.

[11] *Strecker, H.:*
Statistische Erhebungen: Methoden und Ergebnisse; Göttingen, Verlag Vandenhoeck & Ruprecht, 1987

[12] *Weber, G.:*
Grundriß der biologischen Statistik; Jena, Gustav-Fischer-Verlag, 1972, 7. Aufl.

[13] *Zöfel, P.:*
Statistik in der Praxis; UTB-Reihe, Nr.1293, Stuttgart, Gustav-Fischer-Verlag, 1988, 2. Aufl.

8 Analyse der zeitlichen Entwicklung statistischer Merkmale

8.0 Einführung und Motivation

Aus dem im 1. Kapitel erklärten Gegenstand der Statistik und aus allen vorangegangenen Kapiteln haben wir ein Hauptanliegen statistischer Fragestellungen kennengelernt:

Es sind Aussagen zu treffen über gewisse Kennwerte von Grundgesamtheiten, wenn Totalerfassungen aus örtlichen, zeitlichen oder sachlichen Gründen nicht möglich sind.

In solchen Fällen muß man also mit Stichproben-Beobachtungen arbeiten, und aus den empirischen Informationen sind statistisch gesicherte Schlüsse auf die Kennwerte der betreffenden Merkmale in der Grundgesamtheit zu ziehen.

Für die Stichprobenentnahme hatten wir dabei bestimmte Forderungen gestellt, die sich auf das Ziehungsverfahren und auf die allgemeinen "Versuchsbedingungen" bezogen. Eine wichtige Voraussetzung war dabei die zeitliche Invarianz der beobachteten Merkmale. Den Sachverhalt bzgl. z. B. des Merkmals Y könnte man in einem einfachen Modell so formulieren, daß die Beobachtungswerte y_t zu den äquidistanten Zeitpunkten t ($t = 1, 2, \ldots$) bis auf eine zufällige Störgröße ε konstant sind, sagen wir gleich dem Wert a. Unter diesen Annahmen könnte man offenbar schreiben:

$$y_t = a + \varepsilon_t \quad ; \quad t = 1, 2, \ldots \quad ,$$

d. h. hier handelt es sich um einen zeitlich unabhängigen, konstanten Prozeß, wobei die Merkmalswerte (bis auf die Störungseinflüsse) alle gleich a sind.*

Diese Annahme soll jetzt fallengelassen werden, und wir wollen einfache statistische Methoden der zeitlichen Analyse diskutieren, welche sich gerade auf solche *zeitabhängigen* , z. B. mit einem Trend behafteten, Merkmale beziehen.

Es ist offensichtlich, daß viele relevante Merkmale eben diese Eigenschaften aufweisen, wenn man beispielsweise an die Merkmale "Preise", "Kosten", "Abgesetzte Mengen" usw. denkt.

---

* In elementaren Analysen trifft man i. a. für die Zufallsgröße ε im Interesse der einfachen Handhabung des o. g. Modells weitere Annahmen, z. B. $\varepsilon \in N(0,\sigma^2)$ usw.

Die in diesem Kapitel behandelten einfachen Verfahren erlauben dann die Beantwortung solcher Fragestellungen, wie z. B.

- Trendbestimmungen
- Vorhersagen
- Strukturveränderungen im Zeitverlauf.

Wir nennen dabei die Verfahren deshalb einfach, weil wir im Rahmen unserer Betrachtungen jeweils nur die zeitliche Entwicklung von einem Merkmal untersuchen.

8.1 Die Trendrechnung

Wir betrachten dazu ein einführendes Beispiel, in dem man als zeitabhängiges Merkmal Y den Umsatz eines Unternehmens untersucht:

Jahr	lfd. Nr. t	Y [Mio DM] y_t
1985	1	200
1986	2	206
1987	3	220
1988	4	231
1989	5	240
		1097

$\bar{y} = 219{,}4$ [Mio DM]

Zu diesen Angaben läßt sich folgende grafische Darstellung angeben:

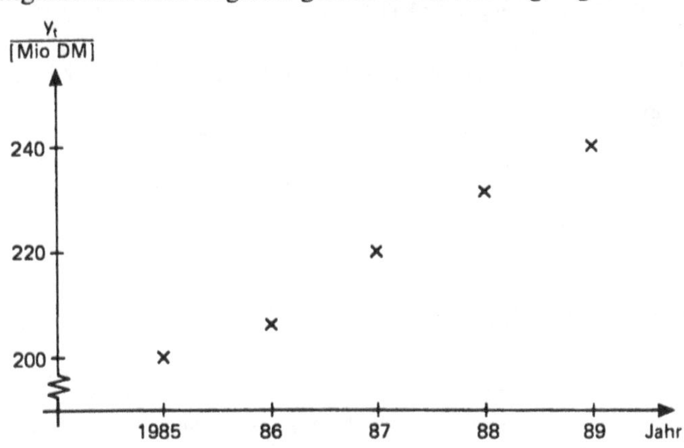

Def.: Als **einfache Zeitreihe** bezeichnet man die Aneinanderreihung von Beobachtungswerten, die von **einem** bestimmten Objekt, Individuum oder Merkmal zu aufeinanderfolgenden, gleichabständigen Zeitpunkten t = 1, 2, ..., n gemessen oder registriert wurden.

Im weiteren Zusammenhang wird es nützlich sein, den Begriff des Trends, zunächst in Form einer helfenden verbalen Erklärung einzuführen;

Erklärung:

Als *Trend* bezeichnet man die Grundrichtung einer zeitlichen Entwicklung (eines Merkmals).

Bemerkung:

Trends lassen sich vorteilhaft mittels mathematischer Funktionen darstellen.

Bevor wir zur Auflistung der gebräuchlichsten Trendfunktionen kommen, möchten wir noch etwas über die allgemeine Zielstellung der Trendanalyse aussagen.

1. Analyse einer zeitlichen Entwicklung und übersichtliche Beschreibung ihrer Grundrichtung.

2. Trendbereinigung *vor* der Analyse des unmittelbaren Zusammenhangs (vgl. Kapitel "Korrelation") zwischen zwei "zeitabhängigen" Merkmalen Y(t) und X(t).

   Unter dem 2. Punkt könnte man die Zeitabhängigkeit der beiden betrachteten Merkmale auch so deuten, daß mehrere "versteckte" Merkmale den Zusammenhang zwischen Y und X beeinflussen. Beispielsweise könnte man fragen, ob sich die Merkmale "Verkaufte Menge von TV-Geräten" und "Verkaufte Menge von Radios" in einem Territorium gegenseitig beeinflussen oder ob hier lediglich eine mittelbare Korrelation vorliegt, die durch andere Einflüsse hervorgerufen wird?!

3. Kurzfristige Vorhersage der Zeitreihenwerte über den Beobachtungszeitraum hinaus.

8.1.1 Hauptarten von Trends

Wir demonstrieren die gebräuchlichsten Arten von Trends durch grafische Darstellungen.* Wir betrachten zunächst

---

* Dabei wird die Grundrichtung der Entwicklung durch stetige mathematische Funktionen angedeutet.

1. *Aufsteigende Trends*

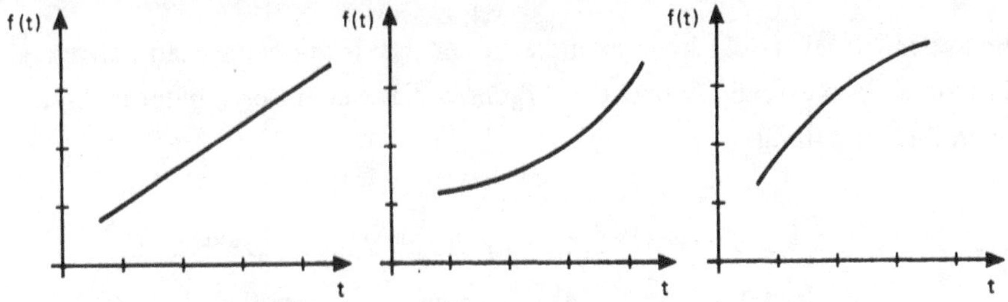

(a) linear steigend (b) progressiv steigend (c) degressiv steigend

Als Beispiele für derartige Entwicklungen könnte man offenbar nennen:

für (a) gleichmäßige Produktion eines homogenen Gutes auf Lager ohne Entnahme (Lagerbestand)

(b) Wachstum sich ungehemmt vermehrender Zellen

(c) Ausgaben eines festen Konsumentenkreises für Grundnahrungsmittel (bei konstanten Preisen)

2. *Abfallende Trends*

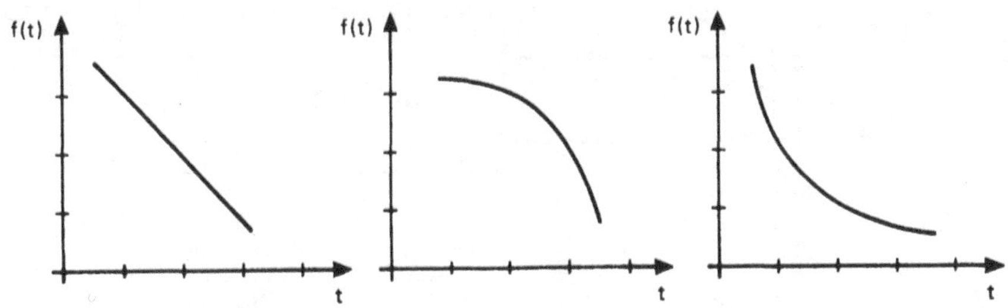

(a) linear abfallend (b) progressiv abfallend (c) degressiv abfallend

Als Beispiele für zeitliche Entwicklungen dieser Art könnte man offenbar nennen:

für (a) Tankinhalt einer gleichmäßig bedienenden Tankstelle (ohne zwischenzeitliches Auffüllen)

(b) Lebenserwartung alternder Personen

(c) Säuglingssterblichkeit in einem modernen Gesundheitswesen

Offensichtlich lassen sich zur Beschreibung solcher Haupt-Trends verschiedene Funktionstypen vorteilhaft verwenden, so z. B. bei linearen (auf- oder absteigenden) Trends, wo man ganz-rationale Funktionen 1. Ordnung, also lineare Funktionen benutzen kann.

8.1.2 Die gebräuchlichsten Trendfunktionstypen

Aus der folgenden Übersicht kann man die in der Praxis am häufigsten auftretenden Trendfunktionstypen ersehen, wobei das Argument t aus dem Bereich der nichtnegativen reellen Zahlen stammt:

Typ	Funktion	Grafische Skizzen	Charakteristische Eigenschaften
(a) Linearer Trend	$\hat{y}_t = f(t) = a + bt$	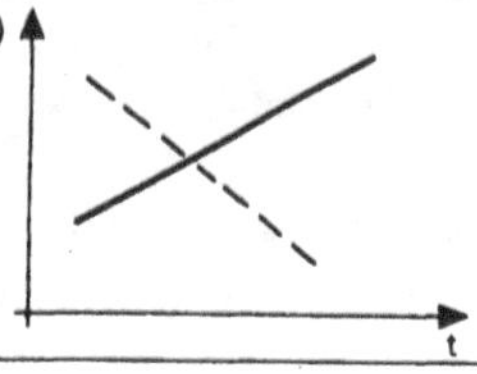	Die Differenzen 1. Ordnung (= Zuwächse) sind konstant: $\Delta\hat{y}_t = \hat{y}_{t+1} - \hat{y}_t = \text{const.}; t = 1, 2, \ldots, n-1$ Denn: $f(t+1) - f(t) = a + b(t+1) - (a + bt) = b$
(b) Quadratischer Trend	$\hat{y}_t = f(t) = a + bt + ct^2$	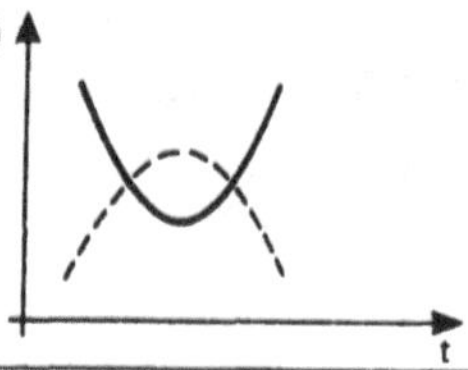	Die Differenzen 2. Ordnung sind konstant: $\Delta\Delta\hat{y}_t = \Delta\hat{y}_{t+1} - \Delta\hat{y}_t = \text{const.}$ $t = 1, 2, \ldots, n-1$
(c) Exponentieller Trend	$\hat{y}_t = f(t) = a \cdot b^t$; $a > 0$, $b > 0$	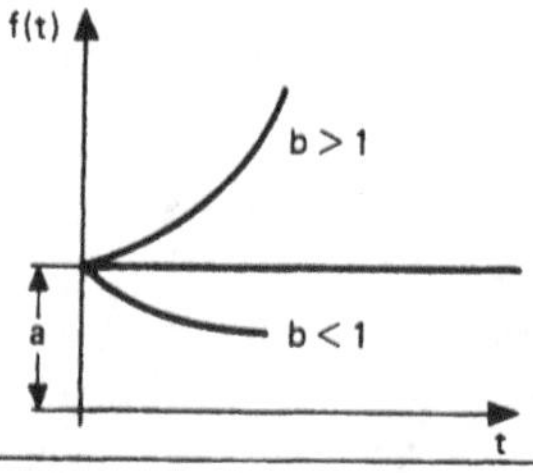	Die Quotienten aufeinanderfolgender Beobachtungswerte (d.h. der Index mit variabler Basis I_t^{var}) sind konstant $I_t^{var} = \frac{\hat{y}_{t+1}}{\hat{y}_t}$; $t = 0, 1, 2, \ldots, n-1$ d.h. die relativen Zuwächse sind konstant
(d) TÖRNQUIST-Trend	$\hat{y}_t = f(t) = \frac{at}{b+t}$; $a > 0$, $b > 0$	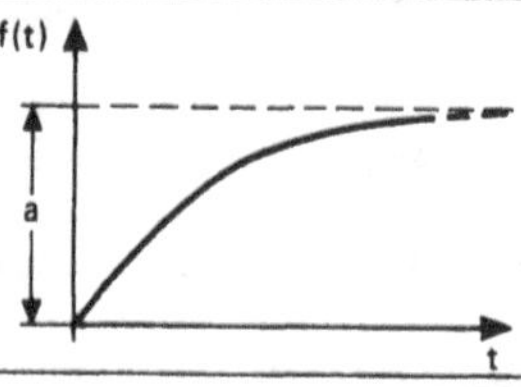	Der Verlauf der Funktionswerte ist degressiv ansteigend und schmiegt sich asymptotisch an den Sättigungswert a an $t = 0, 1, \ldots, n$
(e) Logistischer Trend	$\hat{y}_t = f(t) = \frac{\lambda}{1 + a \cdot e^{-bt}}$; λ $a > 0$, $b > 0$	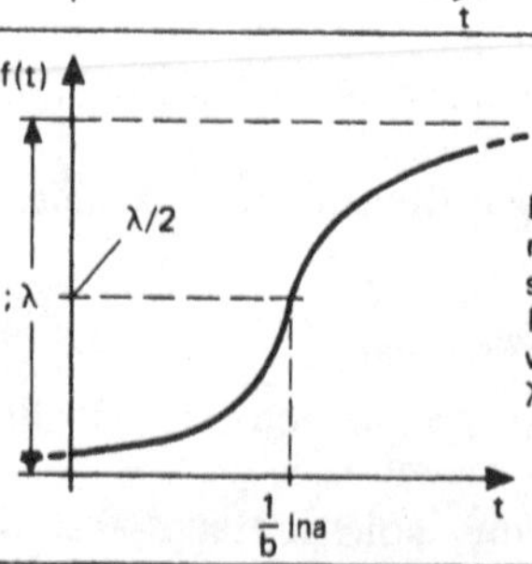	Der Verlauf der Funktionswerte ist zunächst progressiv ansteigend, dann degressiv wachsend. Für $t \to \infty$ schmiegen sich die Funktionswerte asymptotisch dem Sättigungswert λ an $-\infty < t < \infty$

In aller Regel lassen sich die zeitlichen Entwicklungen allgemeiner Wachstumsprozesse, bzw. ihre dominierenden Merkmale jeweils durch mindestens einen dieser Funktionstypen näherungsweise beschreiben.

8.1.3 Elementare Verfahren zur Auswahl des geeigneten Tendfunktionstyps

Ein einfaches Verfahren zur Entscheidung, welchen Typ von Trendfunktion man an eine gegebene Zeitreihe geeigneterweise anzupassen hat, benutzt den Begriff der sog. n-ten Differenzen.

Ohne eine genauere mathematische Definition zu benötigen, erklären wir diesen Begriff an einem Beispiel.

Wir betrachten dazu die Funktion

$$y = f(t) = t^3 \quad ,$$

an den Stellen $t = 0, 1, 2, \ldots, 5$:

t	y_t	1. Differenzen $\Delta y_t = y_{t+1} - y_t$	2. Differenzen $\Delta^2 y_t = \Delta y_{t+1} - \Delta y_t$	3. Differenzen $\Delta^3 y_t = \Delta^2 y_{t+1} - \Delta^2 y_t$
0	0	1	6	6
1	1	7	12	6
2	8	19	18	6
3	27	37	24	...
4	64	61	...	...
5	125	...	...	...

An diesem Beispiel erkennt man eine aus der analytischen Diskussion von Funktionen bekannte Tatsache:

Die n-ten Differenzen von ganz-rationalen Funktionen n-ter Ordnung sind konstant.

Diese Eigenschaft von ganz-rationalen Funktionen hatten wir schon als charakteristische Eigenschaft der linearen und quadratischen Trendfunktionen in der Übersicht des vorigen Unterpunktes 8.1.2 erwähnt.
Ähnlich kann man i. a. für e-Funktionen zeigen, daß ihre "ersten Quotienten", d. h. die Indizes mit variabler Basis konstant sind.

Unter Ausnutzung dieser Tatsachen kann man nun folgende Faustregel für die geeignete Auswahl einer Trendfunktion vom Typ linear, quadratisch oder exponentiell zur Anpassung an die Zeitreihenwerte $y_1, y_2, \ldots, y_n$ angeben:

> Sind die ersten (zweiten) Differenzen der aufeinanderfolgenden Beobachtungswerte y_{t+1} und y_t einer Zeitreihe für t = 0, 1, 2, ... *näherungsweise* konstant, dann ist eine lineare (quadratische) Trendfunktion zur Anpassung geeignet.
>
> Ist der Index mit variabler Basis der aufeinanderfolgenden Beobachtungswerte y_{t+1} und y_t einer Zeitreihe für t = 0, 1, 2, ... *näherungsweise* konstant, dann ist eine Exponentialfunktion zur Anpassung geeignet.*

Dieses näherungsweise Vorgehen demonstrieren wir an unserem einführenden Zahlenbeispiel der Zeitreihe für eine industrielle Warenproduktion:

Lfd. Nr. t	Y [Mio DM] y_t	Δy_t	$\Delta^2 y_t$	I_t^{var}
1	200	6	8	-
2	206	14	- 3	1,03
3	220	11	- 2	1,07
4	231	9		1,05
n = 5	240			1,04

Aus diesen Ergebnissen läßt sich ersehen, daß ganz bestimmt der quadratische Trend ausscheidet, da ja in den $\Delta^2 y_t$-Werten eine hohe Varianz auftritt. Naheliegender wäre da schon die Vermutung nach einem möglichen linearen Trend, wobei allerdings zu sagen

---

* Hierzu vergleiche man die Definition des Begriffs einer "Indexreihe mit variabler Basis" im Punkt 8.4.

ist, daß der exponentielle Trend eventuell die beste Anpassung an die konkret beobachtete Zeitreihe ergeben würde.

Eine statistisch anspruchsvollere, genauere numerische Analyse bei der Entscheidung über den zu wählenden Trendfunktionstyp kann über das Kriterium der Reststreuung erfolgen, wozu wir später kommen werden.

8.1.4 Berechnung von Trendkoeffizienten

Hat man auf irgendeine Art entschieden, welchen Funktionstyp man zur Anwendung bringt, steht man vor dem Problem der Bestimmung der entsprechenden Koeffizienten dieser Funktion, wobei hierfür die beobachteten y_t' s die Ausgangsinformationen bieten.

Wir lösen zunächst die Aufgabe der Bestimmung der Trendkoeffizienten für den Fall (a) einer linearen Trendfunktion.
Statistisch gesehen ist diese Aufgabe ein Schätzproblem, was wir wieder mit Hilfe der Methode der kleinsten Quadratsummen (MKQ) lösen. Dabei gehen wir von bereits Bekanntem aus (vgl. Kap. 7, Regression):

$$\hat{b} = \frac{s_{xy}}{s_x^2} = \frac{\sum x_i y_i - \frac{1}{n}\sum x_i \sum y_i}{\sum x_i^2 - \frac{1}{n}(\sum x_i)^2} \qquad \text{und} \qquad \hat{a} = \bar{y} - \hat{b}\,\bar{x}$$

Setzen wir nun (entsprechend der Annahmen in der Zeitreihenanalyse) $x_i = t$ (für t = 1,2,..., n als Laufindex der Zeit), so läßt sich für $\hat{b}$, den linearen Trendkoeffizienten, analog schreiben:

$$\hat{b} = \frac{\sum t\, y_t - \frac{1}{n}\sum t \sum y_t}{\sum t^2 - \frac{1}{n}(\sum t)^2} \qquad \text{und} \qquad \hat{a} = \bar{y} - \hat{b}\sum t$$

$$\text{mit} \quad \bar{y} = \frac{1}{n}\sum y_t \quad .$$

Hinweis: Durch eine sog. t-Zentrierung (Transformation) lassen sich bei der Anwendung dieser Berechnungsvorschriften per Hand bestimmte Rechen-Erleichterungen erreichen.

Diese werden sofort ersichtlich, wenn man folgende Zentrierung (auf Null) für t vornimmt:

$$t' := \begin{cases} t - \dfrac{n+1}{2} & \text{falls n ungerade} \\ 2t - (n+1) & \text{falls n gerade} \end{cases} \qquad t = 1, 2, \ldots, n$$

Den Effekt einer solchen Zentrierung kann man sich zunächst grafisch erklären, indem man von der Zeitachse in t auf die Zeitachse t' übergeht:

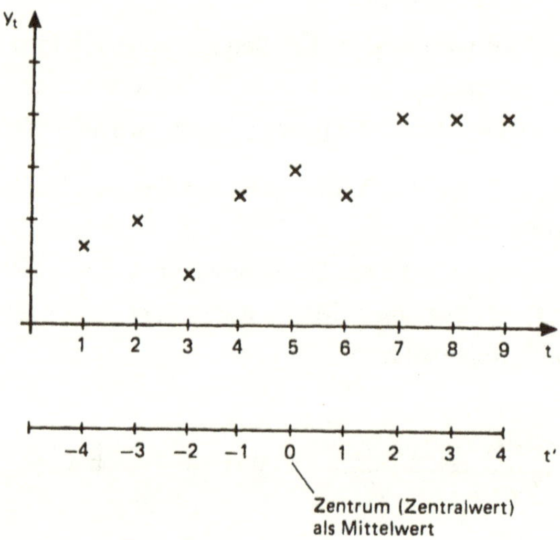

Wenn man nun auch bei der Berechnung von $\hat{b}$ die t' - Werte benutzt, welche ja (wegen der Nulleigenschaft des arithmetischen Mittelwertes) über die Eigenschaft

$$\sum t' = 0$$

verfügen, so erhalten wir offenbar

$$\hat{b}' = \frac{\sum_{t=1}^{n} y_t \cdot t'}{\sum t'^2} \qquad \text{und}$$

$$\hat{a}' = \bar{y} = \frac{1}{n} \sum y_t \quad ,$$

wobei es sich jetzt um die lineare Trendfunktion

$$\hat{y}_{t'} = f(t') = \hat{a}' + \hat{b}' t'$$

handelt.

Man kann sich leicht klarmachen, daß

$$\hat{b}' = \hat{b}$$

sein muß, denn die Zentrierung der t-Werte zur neuen Zeitvariable t' bedeutet grafisch nichts anderes als eine Verschiebung des Nullpunktes unseres Koordinatensystems in die "Mitte" der t-Werte. Natürlich bleibt davon der Anstieg der linearen Trendfunktion unberührt, woraus die o. g. Identität folgt.

Will man nun von der Trendfunktion in t' wieder zurück zur "ursprünglichen" Trendfunktion

$$\hat{y}_t = \hat{a} + \hat{b} \bullet t \qquad ,$$

müßte natürlich die Rück-Transformation durch Einsetzen von $t - \frac{n+1}{2}$ bzw. $2t - (n+1)$ anstelle von t' erfolgen.
D. h. wir müßten ausführen:

$$\hat{y}_t = \hat{a}' + \hat{b}' \left(t - \frac{n+1}{2}\right) \qquad \text{falls n ungerade war,}$$

und das ist gleich

$$= \underbrace{\hat{a}' - \hat{b}' \left(\frac{n+1}{2}\right)}_{\text{unabhängig von t}} + \hat{b}' t \qquad ,$$

und mit $\hat{a}' - \hat{b}' \left(\frac{n+1}{2}\right) = \hat{a}$ würde man dann schließlich erhalten

$$\hat{y}_t = \hat{a} + \hat{b}_t = \hat{a} + \hat{b} t \ .$$

Oft ist es aber in der Praxis nicht notwendig, die Rücktransformation auszuführen, da man lediglich an dem linearen Trendkoeffizienten $\hat{b}$ interessiert ist.
Die entsprechende Berechnung an unserer Beispiel-Zeitreihe läßt sich aus der nachfolgenden Arbeitstabelle entnehmen:

t	y_t	t'	$y_t \cdot t'$	t'^2
1	200	-2	-400	4
2	206	-1	-206	1
3	220	0	0	0
4	231	1	231	1
5	240	2	480	4
	1097	0	105	10
	$\bar{y}$ = 219,4			

Daraus erhalten wir:

$$\hat{b}' = \frac{\sum y_t \cdot t'}{\sum t'^2} = \frac{105}{10} = 10{,}5 \quad , \text{ und}$$

$$\hat{a}' = \bar{y} = 219{,}4 \quad .$$

Dazu gehört folgende Grafik:

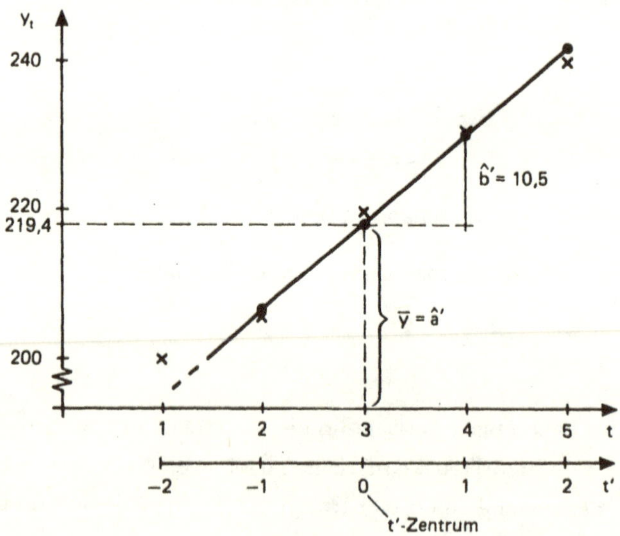

Wie gesagt, wenn lediglich der Trendkoeffizient $\hat{b}' = \hat{b}$ interessiert, dann ist eine Rücktransformation überflüssig.

Wenn wir in unserem Beispiel trotzdem an ihr interessiert sind, dann müssen wir nachfolgende Berechnungen ausführen:

$$\hat{b} = \hat{b}' = 10{,}5$$

$$\hat{a} = \hat{a}' - \hat{b}'\left(\frac{n+1}{2}\right) = 219{,}4 - 10{,}5 \cdot 3 = 187{,}9 \quad .$$

Daraus ergibt sich die konkret berechnete Trendfunktion in t

$$\hat{y}_t = 187{,}9 + 10{,}5\, t \qquad ; \qquad t = 1, 2, \ldots, 5 \, .$$

Dieses Ergebnis hätte man natürlich auch erhalten, wenn man ohne die t-Transformation die Trendkoeffizienten der linearen Trendfunktion berechnet hätte:

t	y_t	$y_t \cdot t$	t^2
1	200	200	1
2	206	412	4
3	220	660	9
4	231	924	16
5	240	1200	25
15	1097	3396	55

$\bar{y} = 219{,}4$

$$\hat{b} = \frac{\sum y_t t - \frac{1}{n}\sum t \sum y_t}{\sum t^2 - \frac{1}{n}(\sum t)^2} = \frac{3396 - (\frac{1}{5} \cdot 15 \cdot 1097)}{55 - \frac{1}{5} \cdot 15^2} = \frac{105}{55-45} = 10{,}5$$

$$\hat{a} = \bar{y} - \hat{b}\bar{t} = 219{,}4 - 10{,}5 \cdot 3 = 187{,}9 \quad .$$

Hieran erkennt man noch einmal, daß sich der $\hat{b}$-Wert unabhängig von der t-Transformation ergibt; von der Zentrierung hängt lediglich $\hat{a}$ ab.

Um die Anpassungsgüte beurteilen zu können, muß man bekanntermaßen aus der Restvarianz die Reststandardabweichung bestimmen (vgl. Kap.7, Regression).

t	y_t	$\hat{y}_t = \hat{a} + \hat{b}\,t$	$(y_t - \hat{y}_t)^2$
1	200	198,4	2,56
2	206	208,9	8,41
3	220	219,4	0,36
4	231	229,9	1,21
5	240	240,4	0,16
			12,70

Aus dieser Arbeitstabelle - bei der in der dritten Spalte von links die "Regress/Trendwerte" stehen - läßt sich nun die Restvarianz bzw. die Reststandardabweichung bestimmen:

$$s_R^2 = \frac{1}{n-2} \sum (y_t - \hat{y}_t)^2 = \frac{1}{3} \cdot 12{,}7 = 4{,}23$$

$$s_R = +\sqrt{4{,}23} = 2{,}06 \quad ,$$

ein Wert, den wir später noch zum Vergleich der Anpassungsgüte benötigen.

Bem.: - Zur Interpretation des Trendkoeffizienten $\hat{b}$ läßt sich sagen, daß der Umsatz des beobachteten Betriebes im Zeitraum von 1985 bis 1989 im Durchschnitt jährlich um etwa 10,5 Mion DM gewachsen ist. Man sagt auch, die Zeitreihenwerte veränderten sich im Trend-Durchschnitt um $\hat{b}$-Einheiten.

- Zum Vergleich: Der arithmetische Mittelwert des Zuwachses der industriellen Warenproduktion beträgt

$$\overline{\Delta y} = \frac{(y_2 - y_1) + (y_3 - y_2) + (y_4 - y_3) + (y_5 - y_4)}{4}$$

$$= \frac{6 + 14 + 11 + 9}{4} = 10 \text{ Mio DM} .$$

Betrachten wir nun im Fall (b) die Trendkoeffizienten einer quadratischen Trendfunktion.

$$\hat{y}_t = f(t) = a + bt + ct^2 \quad ; \quad t \geq 0$$

Nach der Methode der kleinsten Quadratsummen ist die Bestimmung der Trendkoeffizienten nach dem Kriterium

$$Q(a, b, c) = \sum_{i=1}^{n} (y_t - (a + b_t + ct^2))^2 \rightarrow \min$$

durchzuführen.

Diese quadratische Funktion in drei Variablen ist zu minimieren, und das erledigt man bekanntlich durch Bildung der ersten partiellen Ableitungen nach den drei Variablen, sowie durch Nullsetzen des entsprechenden Gleichungssystems.

Wenn man wieder bequemerweise zur t'-Zentrierung übergeht und gleichfalls die der Transformation unterliegenden Trendkoeffizienten mit a', b' und c' bezeichnet, erhält man also

$$\frac{\partial Q}{\partial a}(a', b', c') \overset{!}{=} 0$$

$$\frac{\partial Q}{\partial b}(a', b', c') \overset{!}{=} 0$$

$$\frac{\partial Q}{\partial c}(a', b', c') \overset{!}{=} 0$$

was als lineares Gleichungssystem (3 Gleichungen mit 3 Unbekannten) genau eine Lösung besitzt, und diese ist - wie sich zeigen läßt - die einzige (globale) Minimum-Stelle der Funktion Q:

$$\hat{b}' = \frac{\sum y_t \cdot t'}{\sum t'^2} \quad ; \quad *$$

$$\hat{c}' = \frac{\sum y_t \cdot t'^2 - \bar{y} \cdot \sum t'^2}{\sum t'^4 - \frac{1}{n}[\sum t'^2]^2} \quad ,$$

$$\hat{a}' = \bar{y} - \hat{c}' \frac{\sum t'^2}{n} \quad .$$

Dabei läßt sich der Nenner in dem Lösungsteil $\hat{c}'$ ersetzen durch die Substitution

$$\sum t'^4 - \frac{1}{n}[\sum t'^2]^2 = \begin{cases} \dfrac{(n-2)(n-1)\,n\,(n+1)(n+2)}{12 \cdot 15} & , \text{ n ungerade} \\[2ex] \dfrac{(n-2)(n-1)\,n\,(n+1)(n+2) \cdot 4}{3 \cdot 15} & , \text{ n gerade.} \end{cases}$$

Auf diese Weise gelangt man also zu den aus den Daten der Zeitreihe berechneten Trendkoeffizienten der "zentrierten" Trendfunktion

$$\hat{y}_{t'} = f(t') = \hat{a}' + \hat{b}' t' + \hat{c}' t'^2 \quad .$$

---

* Man beachte, daß dies der gleiche Wert ist, wie für den linearen Trendkoeffizienten im Falle der t-zentrierten linearen Trendfunktion.

Die Rücktransformation der Variablen t' in die ursprüngliche Zeitvariable t erfolgt wieder durch Einsetzen von $t - \frac{n+1}{2}$, falls n ungerade ist bzw. von 2t - (n+1) falls n gerade ist.

So erhalten wir z. B. - falls n ungerade ist -

$$f(t) = \hat{a}' + \hat{b}'\left(t - \frac{n+1}{2}\right) + \hat{c}'\left(t - \frac{n+1}{2}\right)^2$$

$$= \underbrace{\hat{a}' + \frac{n+1}{2}\hat{b}' + \left(\frac{n+1}{2}\right)^2 \hat{c}'}_{\hat{a}} + \underbrace{\left(\hat{b}' - \hat{c}' \cdot 2 \cdot \frac{n+1}{2}\right)}_{\hat{b}} t + \underbrace{\hat{c}'}_{\hat{c}} t^2 \quad ,$$

wobei natürlich zu erkennen ist, daß die Ausdrücke für $\hat{a}$ und $\hat{b}$ komplizierter sind als im Falle einer linearen Trendfunktion.*

In unserem Beispiel der Umsatz-Zeitreihe können wir die gesuchten Trendkoeffizienten mit folgender Arbeitstabelle berechnen:

t	y_t	t'	$y_t \cdot t'$	t'^2	$y_t \cdot t'^2$	t'^4
1	200	-2	-400	4	800	16
2	206	-1	-206	1	206	1
3	220	0	0	0	0	0
4	231	1	231	1	231	1
5	240	2	480	4	960	16
			105	10	2197	34

$$\hat{b}' = \frac{105}{10} = 10{,}50$$

$$\hat{c}' = \frac{2197 - 219{,}4 \cdot 10}{34 - \frac{1}{5} \cdot 10^2} = \frac{3}{14} = 0{,}21$$

$$\hat{a}' = 219{,}4 - 0{,}21 \cdot \frac{1}{5} 10 = 219{,}4 - 0{,}42 = 218{,}98$$

* Die Rücktransformation im Falle n gerade verläuft analog.

Die "zentrierte" Trendfunktion lautet daher:

$$\hat{y}_{t'} = f(t') = 218{,}98 + 10{,}50\, t' + 0{,}21\, t'^2 \quad ,$$

und wir führen diese Funktion noch in die ursprüngliche Zeitvariable t zurück, indem wir die entsprechende Rücktransformation ausführen:

$$\begin{aligned} \hat{a} &= 218{,}98 - 3 \cdot 10{,}50 + 9 \cdot 0{,}21 = 189{,}37 \\ \hat{b} &= 10{,}50 - 0{,}21 \cdot 2 \cdot 3 = 9{,}24 \\ \hat{c} &= 0{,}21 \quad . \end{aligned}$$

Damit sind die Trendkoeffizienten der quadratischen Trendfunktion bestimmt, und die Funktion in t lautet:

$$\hat{y}_t = f(t) = 189{,}37 + 9{,}24\, t + 0{,}21\, t^2 \quad .$$

Bem.:

- Zur Interpretation der Trendkoeffizienten $\hat{a}$, $\hat{b}$ und $\hat{c}$ stellen wir fest:
  $\hat{a}$ ist der Schnittpunkt der quadratischen Trendfunktion mit der Ordinate.
  $\hat{b}$ und $\hat{c}$ lassen sich am besten durch die Betrachtung der Zuwächse der quadratischen Trendfunktion deuten:

  $$\begin{aligned} f(t+1) - f(t) &= a + b(t+1) + c(t+1)^2 - (a + bt + ct^2) \\ &= b + c \cdot 2t + c \\ &= (b + c) + 2ct \quad , \end{aligned}$$

  d. h. der Zuwachs der Trendfunktion beträgt (b+c) + 2ct, und er ist somit eine lineare Funktion von t.
  Die Zuwächse der Trendfunktion betragen also von Zeitabschnitt zu Zeitabschnitt gleich 2c, und das bedeutet, die Zuwächse der beobachteten Zeitreihe $y_1, \ldots, y_n$ betragen im Durchschnitt 2c.

- Man erkennt, daß für ein- und dieselbe Zeitreihe die lineare Trendfunktion ein Spezialfall der quadratischen Trendfunktion ist (c = 0 setzen).

- Es läßt sich zeigen, daß die Summe der Abweichungsquadrate bei einer quadratischen Trendfunktion stets höchstens so groß ist, wie in dem Spezialfall der entsprechenden linearen Trendfunktion.

- Die Interpretation der Koeffizienten der quadratischen Trendfunktion ist jedoch wesentlich komplizierter als im linearen Fall, wenn man ökonomische Schlüsse ziehen möchte.

- Als allgemeine Empfehlung kann man daher feststellen, daß eine quadratische Trendfunktion gegenüber einer linearen dann vorzuziehen ist, falls die Anpassungsgüte bzgl. des Datenmaterials wesentlich besser ist, d. h. wenn gilt

$$s_{R,qua}^2 \ll s_{R,lin}^2 \quad ,$$

wobei wir

$$s_{R,qua}^2 = \frac{1}{n-3} \sum_{t=1}^{n} (y_t - (a + bt + ct^2))^2$$

setzen.

Im Berechnungsbeispiel erhalten wir

$$\sum (y_t - \hat{y}_{t,qua})^2 = 12{,}1 \quad , \text{ und}$$
$$\sum (y_t - \hat{y}_{t,lin})^2 = 12{,}7 \quad ,$$

woraus wir

$$s_{R,qua} = +\sqrt{\frac{1}{5-3} \cdot 12{,}1} \cong 2{,}4$$

berechnen können.

Vergleicht man diese Reststandardabweichung $s_{R,qua}$ mit der des linearen Falles, dann ergibt sich:

$$s_{R,qua} = 2{,}4 \not< s_{R,lin} = 2{,}06 \quad ,$$

woraus wir den Schluß ziehen können, daß die Anpassung eines quadratischen Trends an die gegebene Zeitreihe nicht zu empfehlen ist.

Selbstverständlich kann man sich beim heutigen Stand der Technik sowohl die Trendkoeffizienten beider Funktionen als auch die Reststandardabweichungen per Computer berechnen lassen und ist so in der Lage, innerhalb von Sekunden die Auswahl zwischen diesen beiden Funktionstypen zu treffen.

Abschließend betrachten wir im Fall (c) die Trendkoeffizienten einer Exponentialfunktion

$$\hat{y}_t = f(t) = a \cdot b^t \quad , \quad t = 0, 1, 2, \ldots \quad .$$

Aus mathematischer Sicht entsteht hier bei direkter Anwendung des MKQ-Kriteriums die Schwierigkeit, daß das resultierende System der Normalgleichungen nicht linear ist, und deswegen existiert keine geschlossene Lösungsformel für die gesuchten Trendkoeffizienten.

Einen Ausweg aus dieser Situation pflegt man dadurch zu beschreiten, daß man beide Seiten der Trendgleichung logarithmiert:

$$\log f(t) = \log a + t \cdot \log b \quad .$$

Hieraus erkennt man, daß nun die *Logarithmen* der Funktionswerte $f(t)$ linear von t abhängen, wodurch man log a als (von t unabhängigen) absoluten Trendkoeffizienten und log b als linearen Trendkoeffizienten nach der unter (a) behandelten Methode bestimmen kann, falls man von den Logarithmen der Beobachtungswerte $y_1, \ldots, y_n$ ausgeht.

Es handelt sich also (nach der logarithmischen Transformation der Trendgleichung) um die Anwendung des MKQ-Kriteriums

$$\sum_{t=1}^{n} (\log y_t - \log \hat{y}_t)^2 = \sum_{t=1}^{n} (\log y_t - (\log a + t \cdot \log b))^2 \rightarrow \min$$

und das heißt

$$\sum_{t=1}^{n} \left(\log \frac{y_t}{\hat{y}_t} \right)^2 \rightarrow \min \quad .$$

Dabei ist offensichtlich $\frac{y_t}{\hat{y}_t}$

die relative Größe des Beobachtungswertes y_t bezogen auf den Trendfunktionswert

$$\hat{y}_t = f(t) .$$

Führt man wieder die weiter oben schon eingesetzte t-Transformation aus, dann läßt sich zeigen (und zwar analog zum Fall (a) einer linearen Trendfunktion), daß

$$\log \hat{b}' = \frac{\sum \log y_t \cdot t'}{\sum t'^2} \quad , \text{ und}$$

$$\log \hat{a}' = \frac{\sum \log y_t}{n}$$

ist.

Damit haben wir die Möglichkeit, durch De-Logarithmieren die (t-zentrierte) Trendfunktion

$$\hat{y}_{t'} = f(t') = \hat{a}' \cdot \hat{b}'^{\,t'}$$

zu bestimmen.

Die Rücktransformation in t erfolgt wieder durch Einsetzen von $t - \frac{n+1}{2}$ bzw. von $2t - (n+1)$ anstelle von t'.

Wenn z. B. n gerade ist, erhalten wir:

$$f(t) = \hat{a}' \cdot \hat{b}'^{(2t-(n+1))}$$

$$= \frac{\hat{a}'}{\hat{b}'^{(n+1)}} \cdot (\hat{b}'^{2})^{t}$$

$$= \hat{a} \cdot \hat{b}^{t} \quad , \quad \text{mit} \quad \hat{a} = \frac{\hat{a}'}{\hat{b}'^{(n+1)}} \quad \text{und} \quad \hat{b} = \hat{b}'^{2} .$$

Bem.: Mit diesem Verfahren wird die exponentielle Trendfunktion so ausgewählt, daß die Summe der Quadrate der Logarithmen der $(\frac{y_t}{\hat{y}_t})$ minimal ist.

Die Problematik des Ansatzes läßt sich dadurch verdeutlichen, daß wenn wir z. B.

$b > 1$ und daraus folgend $f(1) < f(2) < \ldots < f(n)$, sowie beispielsweise

$$\frac{y_1}{f(1)} = \frac{12}{10} = \frac{y_n}{f(n)} = \frac{60}{50} = 1{,}2$$

ausrechnen, dann daraus trotzdem folgt

$$|y_1 - f(1)| = 2 \quad < \quad |y_n - f(n)| = 10 \quad .$$

Das bedeutet, obwohl die Quotienten (und damit die Logarithmen) $\frac{y_1}{f(1)}$ und $\frac{y_n}{f(n)}$ gleich sind, die dazugehörigen quadratischen (oder absoluten) Abweichungen voneinander verschieden sein können!

In unserem Beispiel der Umsatz-Zeitreihe erhalten wir die folgende Arbeitstabelle:

t	y_t	t'	$\log y_t$	$t' \cdot \log y_t$
1	200	-2	2,3010	-4,6020
2	206	-1	2,3139	-2,3139
3	220	0	2,3424	0
4	231	1	2,3636	2,3636
5	240	2	2,3802	4,7604
			11,7011	0,2081

, und daraus

$$\log \hat{b}' = \frac{0{,}2081}{10} = 0{,}02081 \quad \text{, woraus sich } \hat{b}' = 1{,}0491 \text{ ergibt, und}$$

$$\log \hat{a}' = \frac{11{,}7011}{5} = 2{,}3402 \quad \text{, woraus man } \hat{a}' = 218{,}9 \text{ erhält.}$$

Daraus ergibt sich also die (t-zentrierte) exponentielle Trendfunktion

$$\hat{y}_{t'} = f(t') = 218{,}9 \cdot 1{,}0491^{t'} \quad .$$

Mit Hilfe der Rücktransformation erhält man

$$\begin{aligned}\hat{y}_t &= f(t) = 218{,}9 \cdot 1{,}0491^{(t - \frac{n+1}{2})} \\ &= 218{,}9 \cdot 1{,}0491^{-3} \cdot 1{,}0491^{t} \\ &= 189{,}6 \cdot 1{,}0491^{t} \quad .\end{aligned}$$

Um die Anpassungsgüte dieser Trendfunktion zu prüfen, berechnet man noch $s_{R,exp}$ anhand der folgenden Arbeitstabelle:

t	y_t	$\hat{y}_t = f(t)$	$(y_t - f(t))^2$
1	200	198,9	1,21
2	206	208,8	7,84
3	220	218,9	1,21
4	231	229,6	1,96
5	240	240,9	0,81
			13,03

,

und daraus erhält man

$$s_{R,exp}^2 = \frac{1}{5-2} \cdot 13{,}03 = 4{,}38$$

$$s_{R,exp} = +\sqrt{4{,}38} = 2{,}09 \quad .$$

Verglichen mit der Reststandardabweichung beim linearen Trend von $s_{R,lin} = 2{,}06$ ist das eine geringe Abweichung. Das bedeutet, bei der Trendbestimmung für die vorliegende Zeitreihe können - grob gesprochen - sowohl der lineare als auch der exponentielle Trend erfolgreich eingesetzt werden. Die letzte Entscheidung, welcher der beiden Typen schließlich Verwendung findet, sollte anhand inhaltlicher, ökonomischer Überlegungen zu dem beobachteten Prozeß getroffen werden.

Zur Interpretation des exponentiellen Trendkoeffizienten $\hat{b}$ stellen wir fest, daß es sich hier um einen Wachstumskoeffizienten handelt: Der Umsatz in Form der beobachteten Zeitreihe steigt im Trend-Durchschnitt jährlich auf ca. 105 % (bzw. um 4,91≅ 5 %).
Die Zeitreihenwerte steigen im Trend-Durchschnitt von Zeitabschnitt zu Zeitabschnitt auf das $\hat{b}$-fache.

Obwohl wir in unserer einführenden Übersicht auch noch andere Trendfunktionstypen aufgelistet hatten, verzichten wir an dieser Stelle auf die Abhandlung der Fälle (d) und (e).

8.1.5 Trendbereinigung

In diesem letzten Unterpunkt zur Trendrechnung wollen wir uns kurz mit einigen weiterführenden Fragen der Zeitreihenanalyse beschäftigen. Dabei interessieren uns hauptsächlich Fragen der qualitativen Einschätzung von Zeitreihen, die ebenfalls zur Entscheidung über den zu wählenden Typ einer Trendfunktion genutzt werden können.

Wir gehen dabei von einer einfachen Zeitreihe

$$y_1, y_2, \ldots, y_n$$

und von einer (auf irgendeine Art) bestimmten Trendfunktion $\hat{y}_t = f(t)$ aus.

Def.: Als **vom Trend *f*(.) bereinigte Zeitreihe** $u_1, \ldots, u_n$ bezeichnet man die Zeitreihe der Abweichungen der Zeitreihenwerte $y_1, \ldots, y_n$ von ihren Trendfunktionswerten $\hat{y}_1 = f(1), \ldots, \hat{y}_n = f(n)$, also

$$u_t = y_t - f(t) \quad .$$

Bem: Die u_t' s bezeichnet man auch als die Zeitreihe der Residuen; die Elemente dieser Zeitreihe lassen sich als die Realisierungen der Zufallsgröße U aus dem einfachen linearen Regressionsmodell (vgl. Kapitel 7) auffassen.

In unserem Beispiel der Zeitreihe über den erzielten Umsatz erhält man demgemäß (bei linearem Trend):

t	y_t	$\hat{y}_t = 187{,}9 + 10{,}5t$	u_t
1	200	198,4	1,6
2	206	208,9	-2,8
3	220	219,4	0,6
4	231	229,9	1,1
5	240	240,4	-0,4

Diesem Ergebnis entspricht die folgende grafische Darstellung:

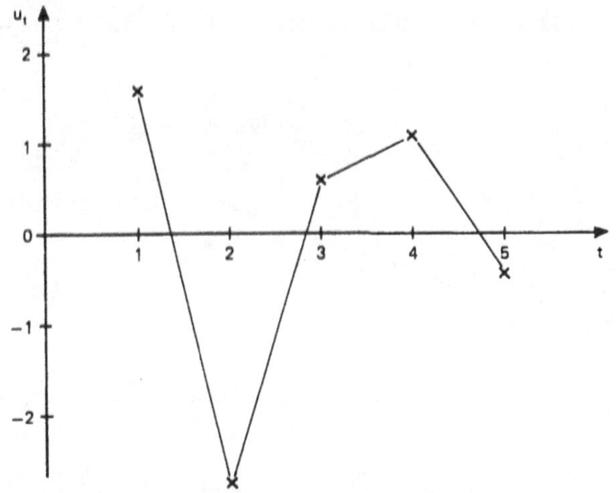

Es ist eine übliche Vorgehensweise, eine Zeitreihe anhand ihrer trendbereinigten Zeitreihe zu analysieren.

Wir treffen dazu folgende Fallunterscheidungen:

1. Fall:
Die bereinigte Zeitreihe $u_1, \ldots, u_n$ schwankt nahezu *regelmäßig* :

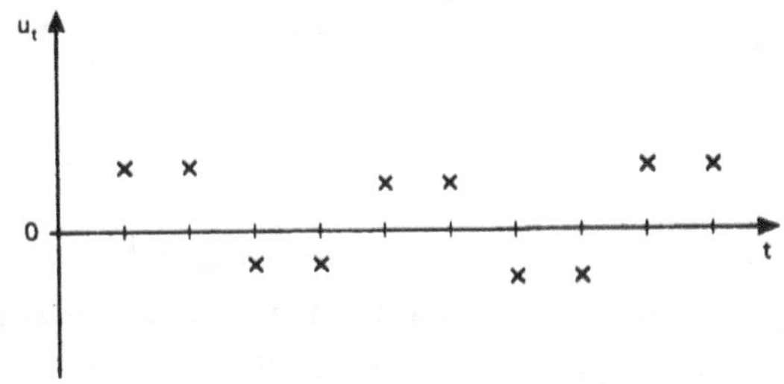

Aus einem derartigen Sachverhalt läßt sich offenbar schließen, daß der Trend $f(t)$ der betreffenden Zeitreihe $y_1, \ldots, y_n$ mit einer *periodischen Schwankung* überlagert ist (vgl. später Unterpunkt 8.3).

2. Fall:

In der bereinigten Zeitreihe $u_1, \ldots, u_n$ gibt es mindestens einen "längeren" Abschnitt, in dem die u_t' s ein- und dasselbe Vorzeichen besitzen. Aus einem solchen Sachverhalt kann man zweierlei schließen:

a) Es ist die Wahl eines anderen Trendfunktionstyps neu zu treffen, (d. h. die Auswahlregeln sind zu stark verletzt).

b) Es liegt ein sog. Trendbruch vor, d. h. eine Aufspaltung der Zeitreihe $y_1, \ldots, y_n$ ist evtl. vorteilhaft.

Der Fall a) läßt sich - wieder bei Verwendung einer linearen Trendfunktion - folgendermaßen darstellen:

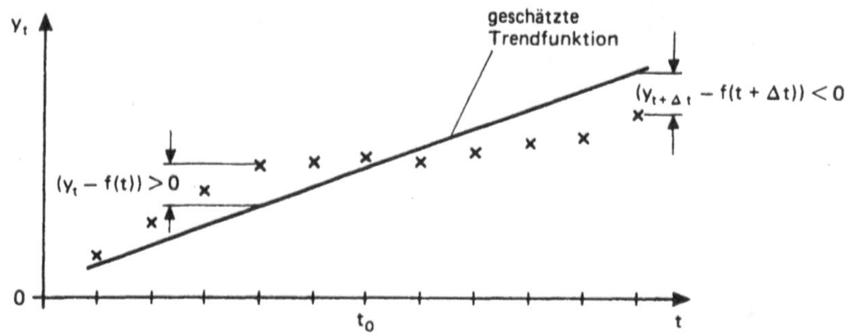

In diesem angenommenen Fall würden wir also als bereinigte Zeitreihe etwa folgenden Verlauf erhalten:

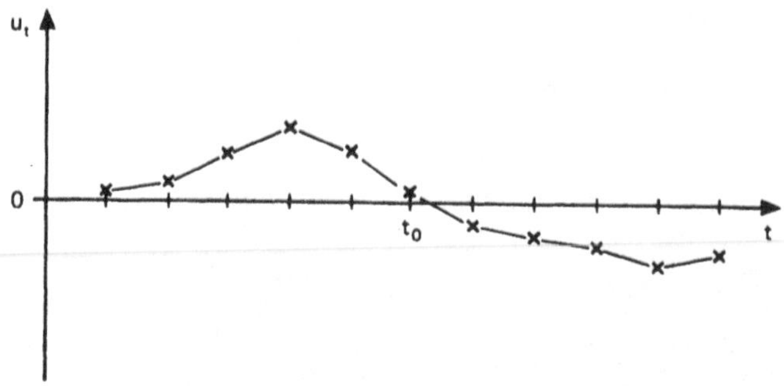

Hier "kippt" das Vorzeichen der bereinigten Zeitreihenwerte offenbar an der Stelle t_0, und aus dem Verlauf der u_t-Werte könnte man schließen, daß zur Trendanpassung evtl. eine Sättigungsfunktion (möglicherweise vom Typ TÖRNQUIST) zu verwenden ist.

Der Fall b) wäre beispielsweise folgendermaßen vorstellbar:

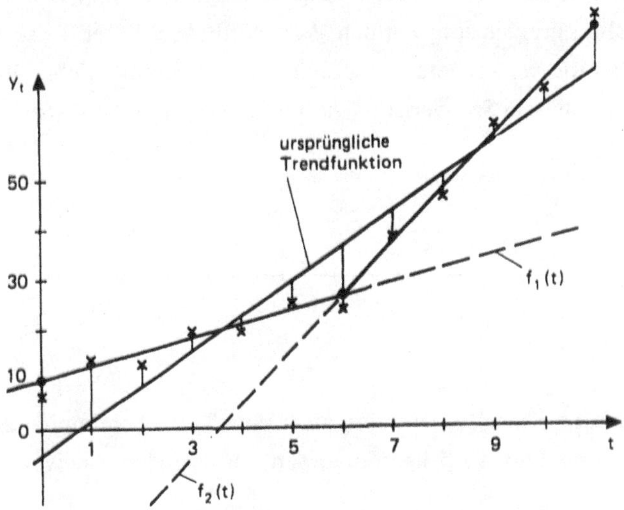

Die Beobachtungswerte der Zeitreihe $y_1, \ldots, y_{10}$ besitzen offenbar an der Stelle t = 6 einen "Knick", wodurch sich eine Anpassung durch zwei verschiedene lineare Trendfunktionen $f_1(t)$ und $f_2(t)$ anbietet.

In diesem angenommenen Fall würden wir als bereinigte Zeitreihe - wobei wir die lineare Trendfunktion $f(t)$ zur Berechnung der u_t-Werte verwenden könnten - folgende erhalten:

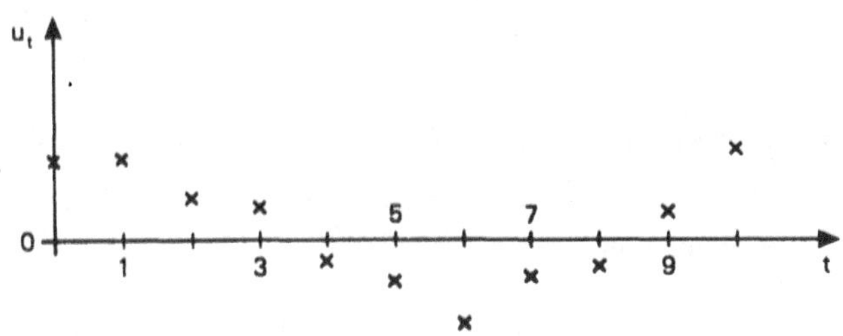

Hätte man kein visuelles Bild der angenommenen Zeitreihe vor Augen, dann könnte man aus der Tatsache, daß die u_t-Werte für t = 4, ..., 8 alle nichtpositiv sind, schließen, daß ein Trendbruch in der ursprünglichen Reihe vorliegen muß.

3. Fall:

In der bereinigten Zeitreihe läßt sich keinerlei "Regelmäßigkeit" erkennen, d. h. die u_t-Werte schwanken völlig unregelmäßig um den Wert Null. Aus dieser Tatsache kann man schlußfolgern, daß die verwendete Trendfunktion die "bestmögliche" Beschreibung der Zeitreihe ist. Zu diesem Sachverhalt gehört folgende grafische Darstellung:

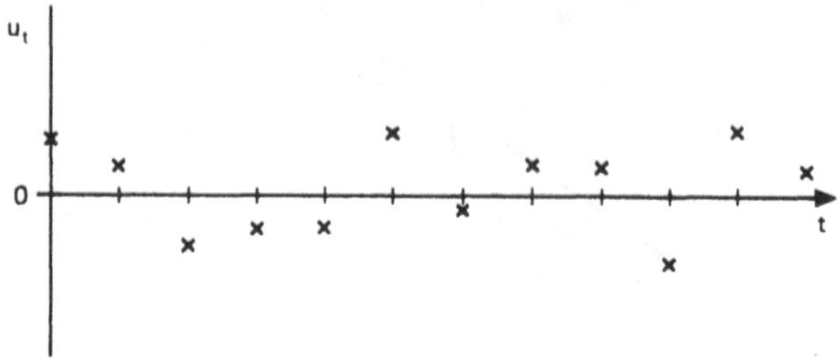

In Analogie zur Bemerkung über die Definition einer vom Trend bereinigten Zeitreihe am Anfang dieses Unterpunktes 8.1.5 kann man den vorliegenden Sachverhalt auch schreiben:

$$y_t = f(t) + u_t \quad ;$$

mit U als additiver Zufalls(stör)größe ($E(U) \approx 0$), wobei die $u_1, \ldots, u_n$ Realisierungen dieser Störgröße sind.

Eine Analyse des allgemeinen 3. Falls ist im Rahmen dieses Buches nicht möglich. Die o. g. Modellgleichung ist elementarer Ausgangspunkt des sehr weit entwickelten statistischen Spezialgebietes der (univariaten) Zeitreihenanalyse.

8.2 Kurzfristige statistische Vorhersage

Bei der Analyse von zeitabhängigen statistischen Merkmalen ist es auch sinnvoll, danach zu fragen, welche Werte die Realisierungen der entsprechenden Zufallsvariablen an zukünftigen Zeitpunkten annehmen könnten.

Wir bezeichnen im Zusammenhang mit unseren Untersuchungen eine Vorhersage als **kurzfristig**, wenn sie sich auf Zeitpunkte bezieht, die nicht weiter voraus liegen als es einer 10 - 15 %-igen Länge des gesamten Beobachtungszeitraums entspricht.

Gegeben seien also n (äquidistant) beobachtete reellwertige Daten

$$y_1, y_2, \ldots, y_n \quad .$$

Gesucht ist dann (mindestens) ein möglichst guter Vorhersagewert $\hat{y}_{n+1}$ für den Zeitpunkt (n+1) (bzw.(n+2) usw.) unter der Annahme, daß die Bedingungen, unter denen die y_t' s entstanden sind, nahezu unverändert auch für die Zeitpunkte (n+1), (n+2) usw. vorliegen.

Hinweis: Diese Annahme ist selbstverständlich in der realen Praxis oft *nicht* erfüllt. Trotzdem sind natürlich bei Marktanalysen, Bedarfsprognosen usw. Vorhersagen nötig.

Deshalb sind in der Wirtschaftspraxis häufig auch heuristische Vorhersageverfahren (d. h. solche vorausschauenden Prognosen, die nicht vollständig durch Vorgehensweisen der Mathematischen Statistik und der Wahrscheinlichkeitsrechnung begründbar sind) üblich.
Will man jedoch die aus den Zeitreihenwerten $y_1, \ldots, y_n$ zur Verfügung stehenden Informationen statistisch ausnutzen, so stehen folgende mögliche Ansätze zur Verfügung:

1. Vorhersage mittels Trendfunktion (triviale Vorgehensweise)

Man setzt

$$\hat{y}_{n+1} := f(n+1) \quad , \quad \text{und eventuell noch}$$
$$\hat{y}_{n+2} := f(n+2) \quad .$$

In unserem Beispiel (linearer Fall)

$$f(t) = 187{,}9 + 10{,}5\, t \quad ; \quad n = 5 \qquad \text{wäre das}$$

$$\hat{y}_6 := f(6) = 187{,}9 + 10{,}5 \cdot 6 = 250{,}9 \quad \text{und}$$
$$\hat{y}_7 := f(7) = 187{,}9 + 10{,}5 \cdot 7 = 261{,}4 \quad ,$$

wobei $\hat{y}_6 = 250{,}9$ der triviale statistische Vorhersagewert für das Jahr 1990 und $\hat{y}_7 = 261{,}4$ der entsprechende Wert für das Jahr 1991 sind.

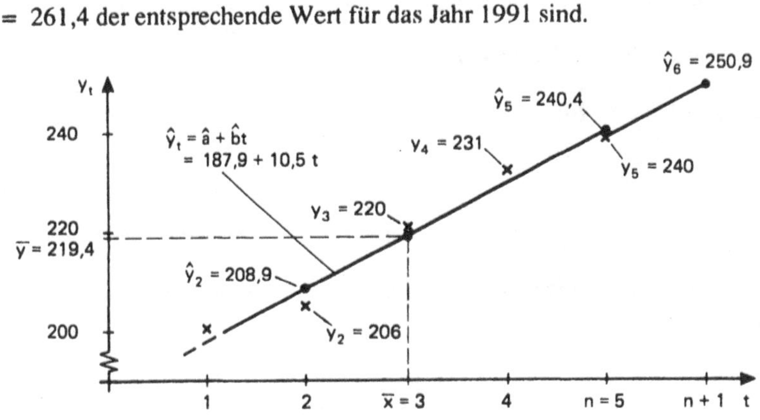

Hinweis:

Diese triviale Vorgehensweise ist nur unter Beachtung der bekannten Einschränkungen bzgl. des Definitionsbereichs der berechneten (linearen) Trendfunktion durchzuführen.

Man sollte solchermaßen nur dann verfahren, wenn die Trendfunktion eine gute Anpassung an die Beobachtungswerte $y_1, \ldots, y_n$ aufweist (für die u_t' s bedeutet dies: kleine Varianz und $\sum_{t=1}^{n} u_t \approx 0$!).

Diese Forderung sollte vor allem für die *letzten* Beobachtungswerte der Zeitreihe gelten.

Eine solche Überlegung rechtfertigt demgemäß eine zweite triviale Vorgehensweise:

2. Vorhersage mit einer Trendfunktion bzgl. der aktuellsten Zeitreihenwerte

Der Unterschied zur 1. Vorgehensweise besteht darin, daß man zur Berechnung der Trendfunktion $f(t)$ nur die (z. B. 4 - 5) zuletzt beobachteten Zeitreihenwerte benutzt.

3. Vorhersage mit einer in den aktuellsten Zeitreihenwert verschobenen Trendfunktion *

Betrachten wir dazu wieder den linearen Fall in unserem Beispiel:

$$f(t) = \hat{a} + \hat{b}_t \cdot t \quad , \text{ d. h.}$$

$$\hat{y}_{n+1} := y_n + \hat{b} \cdot 1 \quad \text{und}$$

$$\hat{y}_{n+2} := y_n + \hat{b} \cdot 2$$

Der Wert $\hat{y}_6$ würde also durch die Beziehung

$$\hat{y}_6 := y_5 + \hat{b} \cdot 1 = 240 + 10{,}5 = 250{,}5$$

---

* Bei dieser Vorgehensweise tut man so, als ob die letzten n - 1 Beobachtungswerte "vollkommen unwichtig" wären.

und der Wert $\hat{y}_7$ durch

$$\hat{y}_7 := y_5 + \hat{b} \cdot 2 = 240 + 21{,}0 = 261{,}0$$

zustandekommen.

Betrachten wir demgegenüber den exponentiellen Fall:

$$f(t) = \hat{a} \cdot \hat{b}^t \quad \text{, d. h.}$$

$$\hat{y}_{n+1} := y_n \cdot \hat{b}^1 \quad \text{und}$$

$$\hat{y}_{n+2} := y_n \cdot \hat{b}^2 \text{ ,}$$

was der grafischen Darstellung

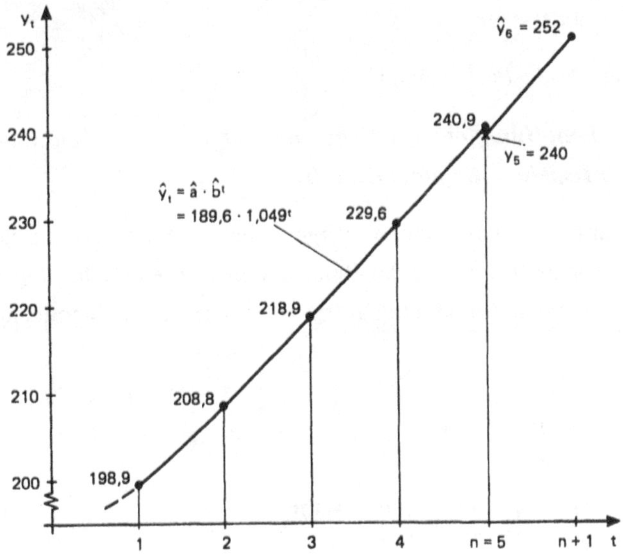

entspricht, wobei der Wert $\hat{y}_6$ hier durch die Beziehung (vgl. $\hat{b} =$ 1,0491 unter Punkt 8.1.4)

$$\hat{y}_6 := y_5 \cdot \hat{b}^1 = 240 \cdot 1{,}05^1 = 252{,}0$$

zustandekommt.

Dieser Vorhersagewert ist folgerichtig gegenüber dem mittels (verschobener) *linearer* Trendfunktion ermittelten Vorhersagewert größer, da jetzt (positives) *exponentielles* Wachstum vorausgesetzt wurde.
Die näherungsweise Entscheidung darüber, welches qualitative Wachstum bei der vorliegenden Zeitreihe anzunehmen ist, kann man mit den elementaren statistischen Hilfsmitteln aus dem Unterpunkt 8.1.3 treffen.

Die 3. Vorgehehensweise läßt sich vorteilhaft dann anwenden, wenn die zukünftige Entwicklung *direkt* auf dem "letzten Stand" basiert. Dies ist in der Wirtschaftspraxis häufig der Fall.

Die Vorgehensweisen (1) und (3) unterscheiden sich offensichtlich dadurch, daß bei der "Verlängerung" der Trendfunktion deren endgültige Lage einerseits durch **alle** Beobachtungswerte (1) und andererseits (3) nur durch den **letzten** Beobachtungswert bestimmt ist.

Deshalb ist es aus statistischer Sicht sinnvoll, die Trendfunktion und ihre Lage für Vorhersagezwecke so zu bestimmen, daß weiter zurückliegende Beobachtungswerte zwar nicht vollständig vernachlässigt werden, jedoch in die Berechnung der Trendkoeffizienten nur mit geringerem Gewicht einbezogen werden als die aktuellen. Das führt schließlich zu Trendfunktionen, die sich an die aktuellen Beobachtungswerte besser anpassen als an weiter zurückliegende.

Eine solche Vorgehensweise ist die folgende:

4. Vorhersage mittels Trendfunktionen, welche "die Vergangenheit" (mit abfallender Gewichtung) einbeziehen (Exponentielle Gewichtung)

Hier wird die Trendfunktion nach einem verallgemeinerten MKQ-Prinzip berechnet. Dabei werden die Abweichungsquadrate der Beobachtungswerte und der Regresswerte, die bei weiter zurückliegenden Zeitpunkten auftreten, mit einer abnehmenden Gewichtung versehen.

$$\sum_{t=1}^{n} \beta^{n-t} (y_t - f(t))^2 \rightarrow \min \quad .$$

β^{n-1} nennt man hierbei den sog. Gewichtungsfaktor, wobei

$$0 < \beta < 1$$

gilt.

Aus Gründen der Anschauung lohnt es sich, den Verlauf der Werte des Gewichtungsfaktors für alle möglichen t-Werte (t = 0, 1, ..., n) zu verfolgen:

t	β^{n-t} $(0 < \beta < 1)$
0	β^n (sehr klein; $\beta^n \ll 1$)
1	β^{n-1} (größer als β^n)
2	usw.
•	•
•	•
n	1

Aus diesem Verlauf erkennt man, daß mit unterschiedlicher Wahl zweier möglicher β-Werte auch zwei unterschiedliche Gewichtungen festgelegt werden:

a) Wählt man β zu groß, dann werden weit zurückliegende Zeiträume zu stark mit einbezogen, d. h. in die Anpassungsforderung des verallgemeinerten MKQ-Kriteriums wird eine zu starke Betonung auf gute Näherungen der *gesamten* Regresswerte bzgl. der Beobachtungswerte gelegt.

b) Wählt man β zu klein, dann werden Beobachtungswerte von weit zurückliegenden Zeiträumen zu schwach, bzw. mit vernachlässigbarem Gewicht in die Berechnunge einbezogen.

Diese Sachverhalte kann man auch anhand der folgenden Aufstellung studieren ($\beta_1 = 0{,}5$ und $\beta_2 = 0{,}9$):

t	k = n - t	$0{,}5^{(n-t)}$	$0{,}9^{(n-t)}$	
n	0	$1 = 0{,}5^0$	$1 = 0{,}9^0$	← Gegenwart
n-1	1	$0{,}5 = 0{,}5^1$	$0{,}9 = 0{,}9^1$	↓
n-2	2	$0{,}25 = 0{,}5^2$	$0{,}81 = 0{,}9^2$	
n-3	3	$0{,}13 = 0{,}5^3$	$0{,}73 = 0{,}9^3$	Vergangenheit
n-4	4	$0{,}06 = 0{,}5^4$	$0{,}66 = 0{,}9^4$	
n-5	5	$0{,}03 = 0{,}5^5$	$0{,}59 = 0{,}9^5$	
•	•	•	•	
•	•	•	•	
•	•	•	•	
$\sum_{k=0}^{5} \beta^k =$	...	1,97	4,69	Summe der Gewichte der ersten zurückliegenden 5 Zeiträume
$\sum_{k=0}^{\infty} \beta^k =$	$\frac{1}{1-\beta}$	$\frac{1}{1-0{,}5} = 2$	$\frac{1}{1-0{,}9} = 10$	Obere Grenze für die Summe aller Gewichte

Welchen Wert sollte ein Analysator im Falle einer konkret vorgegebenen Beobachtungsreihe wählen? Als Antwort auf diese Frage kann man lediglich feststellen, daß zur Festlegung des Werte β gewisse Erfahrungen benötigt werden; aber auch problemspezifische , auf die Zeitreihe bezogene Kenntnisse sollten bei der Entscheidung verwendet werden.

Dabei "spielt" man geeigneterweise mit dem Computer ein Werte-Raster von "unten nach oben" durch und entscheidet sich dann auf der Basis der problemspezifischen Sachkenntnis für den β-Wert, welcher der geeignetsten Anpassung entspricht.

Wir werden im folgenden ein elementares Verfahren beschreiben, das geeignete Werte der kurzfristigen Vorhersage erzeugt und dabei näherungsweise das verallgemeinerte MKQ-Kriterium bei der Bestimmung der linearen Trendfunktion erfüllt.

Dazu führen wir unter Zuhilfenahme der Tabelle

t	n	$n-1$	$n-2$	...	...	...	$+1$
$f(t) = a_n + b(t-n)$	a_n	$a_n - b$	$a_n - 2b$	...	...	...	$a_n - (n-1)b$

die Schreibweise

$$f_n(t) = a_n + b_n (t - n)$$

für die aus den $y_1, \ldots, y_n$ ermittelte Trendfunktion mit den geschätzten Koeffizienten a_n und b_n ein. *

Dann folgt aus dieser Schreibweise - wenn man $t = n$ setzt, also den letzten Beobachtungszeitpunkt annimmt -

$$f_n(n) = a_n \; (+ b_n \cdot 0) \quad \text{und}$$

$$\hat{y}_{n+1} := a_n + b_n \qquad ,$$

wobei natürlich b_n der gültige Anstieg der aus den $y_1, \ldots, y_n$ ermittelten Trendfunktion ist, und $\hat{y}_{n+1}$ ist die aus den n Beobachtungswerten ermittelte (lineare) Vorhersage für den Zeitpunkt (n + 1).

---

* Da es sich bei diesen Koeffizienten a_n und b_n um Schätzungen handelt, sollten wir sie eigentlich mit $\hat{a}_n$ und $\hat{b}_n$ bezeichnen. Aus Gründen der Vereinfachung lassen wir jedoch das Sonderzeichen ^ weg. Aus dem nachfolgenden Beispiel wird ersichtlich, warum dies tatsächlich zu einer vereinfachten Darstellung beiträgt.

Dieser Ansatz läßt sich grafisch folgendermaßen darstellen:

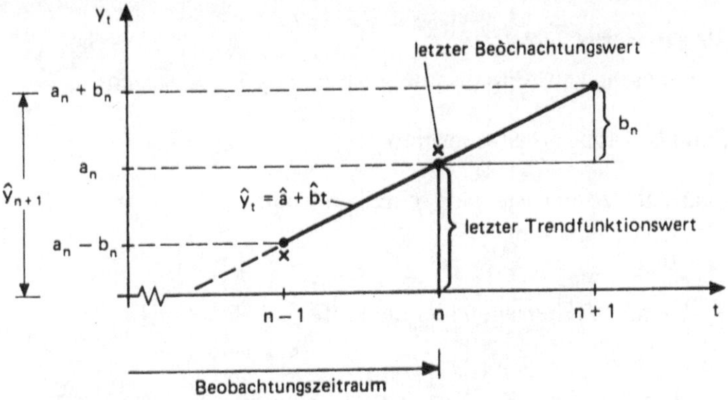

Am Start dieses Verfahrens hat man **festzulegen**, wieviele (n_0) der ersten Beobachtungswerte

$$\underbrace{y_1, \ldots, y_i}_{n_0 \text{ Beobachtungswerte}}, \ldots, y_n \qquad ; (n_0 \leq n)$$

in die anfängliche (nach dem einfachen MKQ-Prinzip) ausgeführte Berechnung der linearen Trendkoeffizienten einbezogen werden sollen.
Das heißt konkret, daß man aus (den ersten n_0) Beobachtungswerten die Koeffizienten der linearen Trendfunktion

$$f(t) = a + bt$$

zu schätzen hat.

1. Schritt: Bestimmung einer Startlösung

Man setzt

$$a_{n_0} := f(n_0) = a + bn_0$$
$$b_{n_0} := b \quad ,$$

und erhält gemäß der oben eingeführten Schreibweise

$$f_{n_0}(t) = a_{n_0} + b_{n_0}(t - n_0)$$

als Startlösung.

2. Schritt: Aktualisierung (d. h. nach dem Verstreichen eines weiteren Beobachtungsabschnittes wird der neu gewonnene Beobachtungswert einbezogen)

Gegeben also: y_n als neuer beobachteter Wert
(d. h. bei der ersten Aktualisierung ist $n := n_0 + 1$ zu setzen)

Bekannt : a_{n-1} und b_{n-1} (aus der Startlösung)

Das bedeutet, daß man (als Vorhersagewert) schreiben kann:

$$\hat{y}_n := a_{n-1} + b_{n-1} \quad .$$

Dann ergibt sich als (letzter) Vorhersagefehler die Differenz

$$\varepsilon_n = y_n - \hat{y}_n \quad .$$

Als aktualisierte Koeffizienten a_n und b_n, die sich auf der Basis der neu hinzugewonnenen Information des zusätzlichen Beobachtungswertes y_n ergeben, erhält man (laut Verfahrensvorschrift)

$$\begin{aligned} a_n &:= \hat{y}_n + (1 - \beta^2) \cdot \varepsilon_n \\ b_n &:= b_{n-1} + (1 - \beta)^2 \cdot \varepsilon_n \quad , \qquad 0 < \beta < 1 \end{aligned}$$

und daraus dann als Vorhersagewert $\hat{y}_{n+1}$ für den nächstfolgenden Zeitraum

$$\hat{y}_{n+1} = a_n + b_n \quad .$$

Nach Verstreichen eines nächsten Beobachtungsabschnittes (und Beobachtung des Wertes y_{n+1}) folgt dann der nächste Aktualisierungsschritt, wobei natürlich $n := n + 1$ gesetzt wird.

Eigenschaften des Aktualisierungsvorganges:

1. Näherungsweise Einhaltung des verallgemeinerten MKQ-Prinzips der exponentiellen Gewichtung für alle $n_0 < n$, d. h.

$$\sum_{t=1}^{n} \beta^{n-t}(y_t - f_n(t))^2 \Rightarrow \min \quad .$$

   Wie man sieht, hängen die aktualisierten Werte a_n und b_n von der Wahl des β ab. Wählt man diesen Wert falsch, kann es in den ersten Aktualisierungsschritten zu überempfindlichen Korrekturen (nach "oben" oder nach"unten") kommen. Die Summe der Zeitabschnitte, welche benötigt werden, um brauchbare Korrekturen hervorzubringen, wird als die **Einschwingdauer** bezeichnet.

   Als Faustregel zu deren Abschätzung benutzt man die folgende Übersicht

β	$k_{min}(\beta)$
0,5	5
0,7	10
0,9	30

,

wobei mit $k_{min}(\beta)$ die Anzahl derjenigen Aktualisierungsschritte bezeichnet ist, die mindestens notwendig sind, um den Einschwingvorgang abzuschließen.

2. Die Einschwingproblematik tritt auch dann auf, wenn man gleichzeitig unterschiedliche Startlösungen zur Berechnung der Vorhersagewerte wählt. Näherungsweise gilt die Einhaltung des verallgemeinerten MKQ-Prinzips erst für jene Zeitabschnitte, für die
$$n \geq n_0 + k_{min}(\beta)$$
gilt. In solchen Fällen können bis zu $k_{min}(\beta)$ *formale* Aktualisierungsschritte nötig sein, bis man brauchbare Vorhersagewerte erhält.

Schematisch kann man die beschriebene Vorgehensweise zur kurzfristigen Vorhersage folgendermaßen darstellen:

$n := n_0$ (oft wird aus Gründen der Einfachheit $n_0 = 2$ gewählt)

Bestimmung einer Startlösung ("Anfangsgerade") und des ersten Vorhersagewertes auf der Basis der Anfangsgeraden — 1. Schritt

→ Aktualisierung der Lösung bei neu hinzukommendem Beobachtungswert; Vorhersagefehler wird berechnet, Korrektur der Trendgeraden — 2. Schritt

Berechnung eines weiteren Vorhersagewertes auf Basis der aktualisierten Trendgeraden — Ausführung

$n := n + 1$

Weitere Vorhersage? → nein: Ende

ja (zurück zur Aktualisierung)

Zur Illustration betrachten wir noch einmal unser Beispiel

t	y_t [Mio DM]
1	200
2	206
3	220
4	231
5	240

Wir wählen $n_0 = 2$, das heißt wir legen unsere erste Trendgerade durch die zwei am weitesten zurückliegenden Beobachtungswerte, was den Punkten (1;200) und (2;206) entspricht.

Dabei ist trivialerweise das (einfache) MKQ-Prinzip erfüllt, die Residuen sind nämlich beide gleich Null.

Außerdem ergeben sich aus diesem Ansatz die Werte der Koeffizienten

$$b = 6 \quad \text{und}$$
$$a = 194 \quad .$$

1. Schritt: $a_2 := f(2) = 194 + 6 \cdot 2 = 206$
$b_2 := b \qquad = 6$

Die Startsituation ist aus der grafischen Darstellung

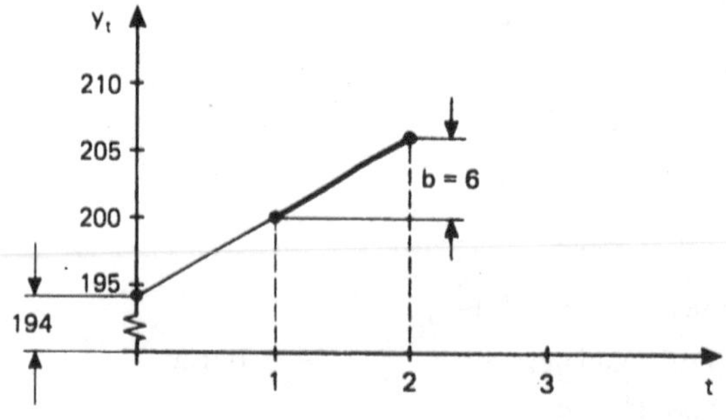

zu ersehen.

2.Schritt: Nach "Verstreichen" eines Beobachtungszeitraumes (also $n := n_0+1$) ist der "neue" Beobachtungswert $y_n = y_3$ verfügbar.

So kann man aus dem Vorhersagewert

$$\hat{y}_3 := a_{n-1} + b_{n-1} = 206 + 6 = 212$$

und dem beobachteten Wert

$$y_3 = 220$$

den Vorhersagefehler

$$\varepsilon_3 = y_3 - \hat{y}_3 = 220 - 212 = 8$$

berechnen und diesen zur Aktualisierung der Trendgeraden benutzen. Bei hierfür notwendiger Festlegung von β verfügen wir zunächst über keinerlei Erfahrung.
Deshalb wählen wir als Kompromiß den Wert $\beta = 0{,}5$ mit der Begründung, daß hierdurch - gemäß unserer Faustregeltabelle - $k_{min}(0{,}5) = 5$ ist, d. h. daß der Einschwingvorgang nicht länger dauert als unser gesamter Beobachtungszeitraum ist. Der Kompromiß besteht in Sonderheit darin, daß $k_{min}(\beta)$ nicht zu groß sein sollte (da ja nur wenig Beobachtungswerte vorliegen) und andererseits β aber wenigstens so groß zu wählen ist, daß sowohl y_2 als auch y_1 noch nicht zu schwach berücksichtigt werden.

Die Aktualisierung der Trendkoeffizienten ergibt dann also:

$$a_3 := \hat{y}_3 + (1 - \beta^2)\,\varepsilon_3 = 212 + 0{,}75 \cdot 8 = 218$$
$$b_3 := b_2 + (1 - \beta)^2\,\varepsilon_3 = 6 + 0{,}25 \cdot 8 = 8 \quad .$$

Dies sind die aktualisierten Trendkoeffizienten, aus denen man sofort den Vorhersagewert

$$\hat{y}_4 := f_3(4) = 218 + 8 = 226$$

auf der Basis der fortgeschriebenen (linearen) Trendfunktion berechnen kann.

Diese erste Aktualisierung ist aus der grafischen Darstellung

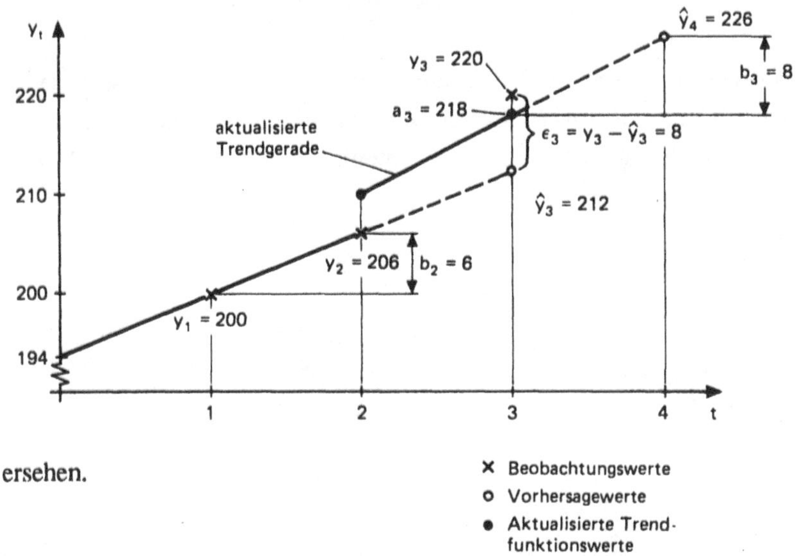

zu ersehen.

Nach Verstreichen eines weiteren Beobachtungsabschnittes (n := n + 1) steht nunmehr der Beobachtungswert $y_4 = 231$ zur Verfügung. Mit ihm erfolgt die nächste Aktualisierung der Trendgeraden und auf deren Grundlage die Berechnung des Vorhersagewertes $\hat{y}_5$.

Es ist offenbar:

$$\varepsilon_4 = y_4 - \hat{y}_4 = 231 - 226 = 5$$
$$a_4 := \hat{y}_4 + (1-\beta^2)\,\varepsilon_4 = 226 + 0{,}75 \cdot 5 = 229{,}75$$
$$b_4 := b_3 + (1-\beta)^2\,\varepsilon_4 = 8 + 0{,}25 \cdot 5 = \underline{\quad 9{,}25}$$
$$\hat{y}_5 = 239{,}00 \quad .$$

Dieser zweite Aktualisierungsschritt ist aus der grafischen Darstellung

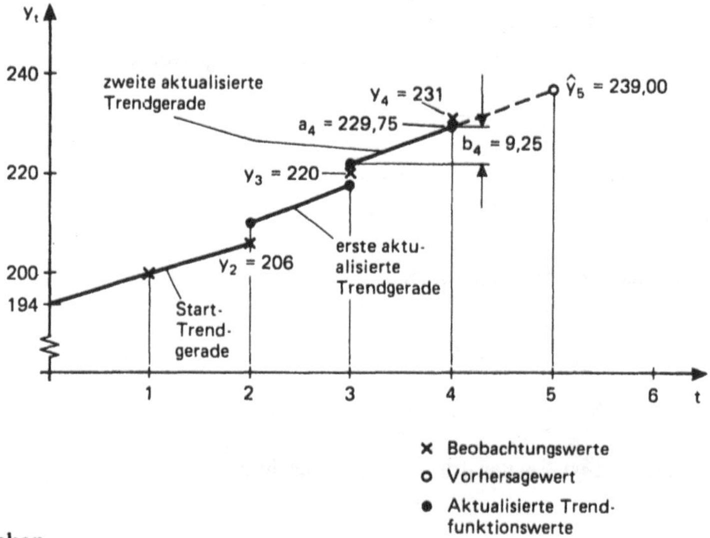

zu ersehen.

Nach Verstreichen eines weiteren Beobachtungsabschnittes (n := n + 1) steht dann der Beobachtungswert $y_5 = 240$ zur Verfügung. Mit ihm erfolgt wiederum die nächste Aktualisierung der Trendgeraden und auf deren Grundlage die Berechnung des Vorhersagewertes $\hat{y}_6$.

Es ist offenbar:

$$\varepsilon_5 = y_5 - \hat{y}_5 = 240 - 239 = 1$$
$$a_5 := \hat{y}_5 + (1-\beta^2)\,\varepsilon_5 = 239 + 0{,}75 \cdot 1 = 239{,}75$$
$$b_5 := b_4 + (1-\beta)^2\,\varepsilon_5 = 9{,}25 + 0{,}25 \cdot 1 = \underline{\quad 9{,}5}$$
$$\hat{y}_6 = 249{,}25$$

Dieser dritte Aktualisierungsschritt ist aus der grafischen Darstellung

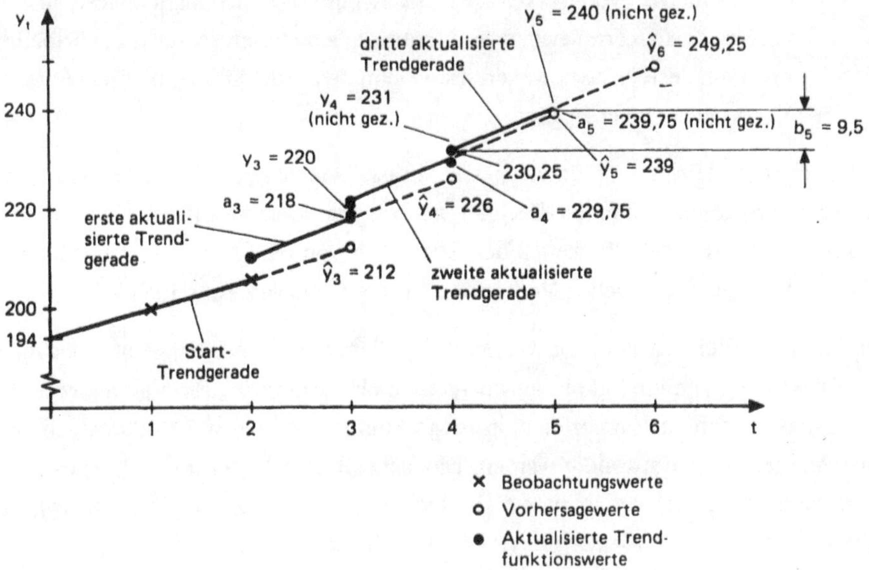

zu ersehen, in der man alle drei schrittweise aktualisierten (linearen) Trendfunktionen deutlich erkennt.

Zur Auswertung dieser demonstrativen Berechnungen stellen wir fest:

1. Das Vorhersageverfahren bricht mit der dritten Aktualisierung ab, da nach dem Beobachtungswert y_5 kein weiterer zur Verfügung steht.

2. Zur Beurteilung des Einschwingverhaltens ziehen wir den Verlauf der Vorhersagefehler ε_3, ε_4 und ε_5 heran:

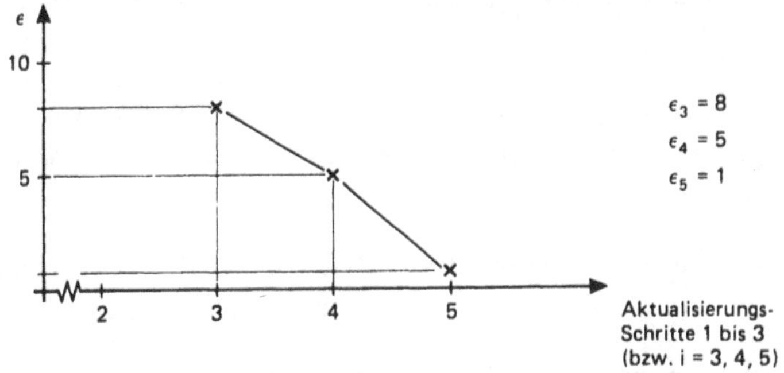

Daraus erkennt man die abfallende Tendenz der Vorhersagefehler. Man beachte jedoch andererseits, daß wegen des geringen Umfangs der ausgewerteten Zeitreihe bisher nur drei Aktualisierungsschritte erfolgten und deshalb bei einem Wert von $\beta = 0{,}5$ die Einschwingphase noch nicht abgeschlossen ist. Um dies zu erreichen, wären (entsprechend unserer Faustregel-Tabelle) noch mindestens zwei weitere Beobachtungswerte nötig, um brauchbare Vorhersagen zu erzeugen.

Die beschriebene elementare Vorhersagetechnik ist - wie man jetzt leicht erkennt - ohne große Schwierigkeiten auf einen Rechner zu bringen. Damit eröffnen sich für den Analysator vielfältige Möglichkeiten der Erlangung von Fähigkeiten und Fertigkeiten bei der kurzfristigen statistischen Vorhersage auf der Basis von Zeitreihen.

Abschließend stellen wir fest, daß wegen des geringen Rechenumfangs und der damit hohen Reaktionsgeschwindigkeit des entsprechenden Computer-Programms eine Anwendung des Verfahrens immer dann in Frage kommt, wenn es um Vorhersagen geht, die in schneller Folge notwendig werden. Das ist z. B. stündlich für die Prognosen des Gasverbrauchs in einem bestimmten Verbrauchernetz interessant oder bei der kontinuierlichen Vorhersage von Elektroenergie-Verbrauchsmengen.

8.3 Periodische Schwankungen

Während die Zeitreihe aus dem Punkt 8.1 - wie wir gesehen haben - einen mehr oder weniger einheitlichen "Aufwärtstrend" beeinhaltet, gibt es in der Entwicklung sehr häufig Prozesse, die eine Saisonkomponente oder gewisse periodische Schwankungen aufweisen.

Zur Verdeutlichung der Situation wollen wir jetzt annehmen, daß die in den Punkten 8.1 und 8.2 ausgewertete (jährlich beobachtete) Zeitreihe noch durch zusätzliche Quartalsangaben ergänzt ist.

Um für dieses Lehrbeispiel den Umfang der so entstandenen neuen Zeitreihe nicht zu sehr ansteigen zu lassen, beschränken wir uns als Beobachtungszeitraum auf drei Jahre.

Die Beobachtungsdaten seien aus folgender Tabelle ersichtlich:

q \ T	1985 (1)	1986 (2)	1987 (3)	
I	$y_1 = 48$	$y_5 = 49$	$y_9 = 52$	$y_{I\cdot} = 149$
II	$y_2 = 52$	$y_6 = 54$	$y_{10} = 56$	$y_{II\cdot} = 162$
III	$y_3 = 35$	$y_7 = 35$	$y_{11} = 37$	$y_{III\cdot} = 107$
IV	$y_4 = 65$	$y_8 = 68$	$y_{12} = 75$	$y_{IV\cdot} = 208$
	$y_{\cdot 1} = 200$	$y_{\cdot 2} = 206$	$y_{\cdot 3} = 220$	$y_{\cdot\cdot} = 626$.

Dabei soll der Index T die Werte 1, 2, 3, der Index q die Werte I, II, III, IV und t die Werte 1, ..., 12 durchlaufen. Wir stellen außerdem fest, daß die eingetragenen Spaltensummen für die Jahre 1985, 1986 und 1987 den ersten drei Beobachtungswerten unserer ursprünglichen Beobachtungsreihe entsprechen. Zusätzlich sind aus der Tabelle die Zeilen (d. h. die Quartals-)summen sowie die Gesamtsumme zu entnehmen.

In der nachfolgenden grafischen Darstellung sind die Realisierungen y_t des Merkmals Y eingetragen, wobei man die quartalsweisen Perioden einerseits und den aufsteigenden (linearen) Trend andererseits visuell gut erkennen kann.

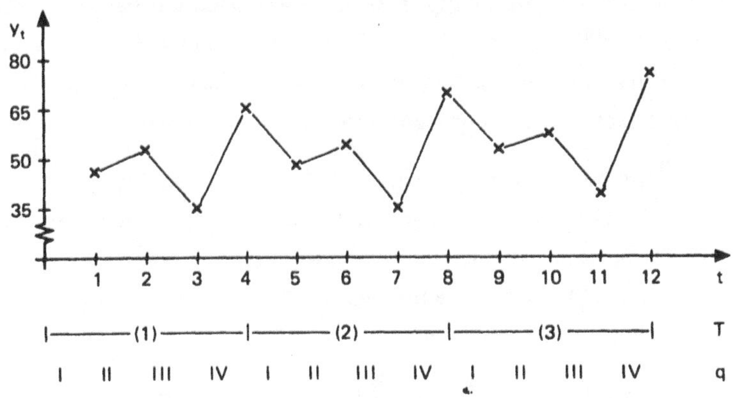

Wir bezeichnen also mit

q - Quartalsnummer ($q = 1, 2, \ldots, m$) hier: $m = 4$,
T - Jahresnummer ($T = 1, 2, \ldots, k$) hier: $k = 3$,

und y_{qt} ist dann der Umsatz des Unternehmens (in Mio DM) im q-ten Quartal des T-ten Jahres. Es gilt offensichtlich die Beziehung $n = k \cdot m$.

Die Auswertung von Zeitreihen mit periodischen Schwankungen ist in der Zeitreihenanalyse ein besonderes Spezialgebiet der Statistik. Dort werden z. B. folgende Fragen beantwortet:

a) Treten in der Entwicklung des Merkmals Y regelmäßig "Spitzen" und "Tiefen" auf?

b) Kann man eine eventuelle Regelmäßigkeit gewissen Perioden zuordnen?

c) Wie ist die Länge derartiger Perioden?

d) Ist diese Länge konstant oder nicht?

e) Welches sind die brauchbaren Vorhersagewerte für den nächsten, zukünftigen Planzeitraum, wenn man gewisse Perioden unterstellt?

Zur Antwort auf diese Fragen benutzt die Mathematische Statistik subtile Verfahren, die nicht Gegenstand der Allgemeinen Statistik sein können.
Da im vorliegenden Fall das Beobachtungsmaterial eine eindeutige Periode erkennen läßt (so ist z. B. immer im IV. Quartal ein deutlicher Anstieg des Umsatzes zu erkennen, der jeweils - auf das abgelaufene Jahr bezogen - mit einem Spitzenwert endet), können wir hier diesen Sachverhalt als grobe Antworten auf die Fragen a) - d) benutzen.

Unser Ziel soll jetzt darin bestehen, mit elementaren Hilfsmitteln die Frage e) zu beantworten. Elementar soll hier u. a. heißen, daß wir für einzelne, benötigte Trendfunktionen ausschließlich solche vom linearen Typ verwenden werden.
In der von uns später beschriebenen Vorgehensweise benötigen wir die folgenden (aus den entsprechenden Daten geschätzten) Trendfunktionen:

1. $f(t) = 41{,}3 + 1{,}67\,t$ - Lineare, nach MKQ geschätzte Trendfunktion aus den $y_1, \ldots, y_{12}$.

2. $f_{Jahr}(T) = 188{,}7 + 10{,}0\,T$ - Lineare, nach MKQ geschätzte Trendfunktion bzgl. der Jahreswerte 200; 206; 220 .

3. $f_{\mathrm{I}}(\mathrm{T}) = 45{,}7 + 2 \bullet \mathrm{T}$ - Lineare, nach MKQ geschätzte separate Trendfunktion bzgl. der I. Quartale, d. h. aus den Werten 48; 49; 52 berechnet.

$f_{\mathrm{II}}(\mathrm{T}) = \ldots$

$f_{\mathrm{III}}(\mathrm{T}) = \ldots$

$f_{\mathrm{IV}}(\mathrm{T}) = \ldots$.

Als mögliche Vorhersageverfahren besprechen wir drei Varianten mit vernünftiger Motivation.

A1. Man "überlagert" dem aus dem linearen Gesamt-Trend durch Extrapolation gewonnenen Vorhersagewert *additiv* gewisse periodisch konstante Abweichungen.

Die dazugehörige Modellannahme hat die Gestalt

$$y_{qT} = \underbrace{f(q + (T - 1) \bullet m)}_{\substack{= \hat{y}_{qT} \text{ ist der} \\ \text{Trendwert an} \\ \text{der Stelle} \\ q+(T-1) \bullet m}} + \underbrace{c_q}_{\substack{\text{periodische} \\ \text{Abweichung}}} + \underbrace{w_{qT}}_{\substack{\text{Realisierung einer} \\ \text{Zufallsgröße W} \\ \text{mit } E(W) = 0}} ,$$

wobei man

$$\tilde{y}_{qT} := f(q + (T - 1) \bullet m) + c_q$$

als den Vorhersagewert für das q-te Quartal im Jahr T = k + 1 setzt.

Als grobe Anwendungsregel für diese Vorgehensweise muß man verlangen, daß die Werte

$$c_{qT} = y_{qT} - \hat{y}_{qT}$$

für jedes feste q ausreichend konstant über alle Werte T = 1, …, k sein sollen.

A2. Man "überlagert" dem aus dem linearen Gesamt-Trend durch Extrapolation gewonnenen Vorhersagewert *multiplikativ* gewisse periodisch konstante Abweichungs*faktoren* .

Die dazugehörige Modellannahme hat die Gestalt

$$y_{qT} = \underbrace{f(q + (T - 1) \bullet m)}_{= \hat{y}_{qT}} \bullet \underbrace{p_q}_{\text{Abweichg.faktor}} + \underbrace{w_{qT}}_{\text{vgl. oben}} ,$$

wobei man

$$\tilde{y}_{qT} := f(q + (T - 1) \bullet m) \bullet p_q$$

als den Vorhersagewert für das q-te Quartal im Jahr T = k + 1 setzt.

Als grobe Anwendungsregel für diese Vorgehensweise muß man verlangen, daß die Werte

$$p_{qT} = \frac{y_{qT}}{\hat{y}_{qT}}$$

für jedes feste q ausreichend konstant über alle Werte T = 1, ..., k sein sollten.

Während diese beiden Vorgehnesweisen auf der Verwendung des Gesamt-Trends beruhen (daher die Nummierung A1 und A2), stützt sich die folgende Vorghensweise auf den jeweiligen Jahres-Trend.

B. Man nimmt hier eine konstante Aufteilung jedes Jahreswertes auf seine Quartale vor.
Die dazugehörige Modellannahme hat die Gestalt

$$y_{qT} = f_{\text{Jahr}}(T) \bullet z_q + w_{qT} \quad , \quad \text{mit } z_I+z_{II}+z_{III}+z_{IV} = 1$$

$f_{\text{Jahr}}(T)$ ↑	z_q ↑	w_{qT} ↑
$= \hat{y}_{.T}$, das ist der Jahres-trendwert	Anteilsfaktor des q-ten Quartals	vgl. oben

wobei man

$$\tilde{y}_{qT} := f_{\text{Jahr}}(T) \bullet z_q$$

als den Vorhersagewert für das q-te Quartal des Jahres T = k + 1 setzt.

Als grobe Anwendungsregel für diese Vorgehensweise muß man verlangen, daß die Werte

$$z_{qT} = \frac{y_{qT}}{y_{.T}}$$

für jedes feste q ausreichend konstant über die Jahre T = 1, ..., k sein sollten.

C. Man benutzt einfach den separaten Quartalstrend, d. h. die gesonderte Entwicklung jeder Quartalsart zur Vorhersage.
Dazu gehört die Modellannahme

$$y_{qT} = f_q(T) + w_{qT} \quad ,$$

$$\begin{matrix} \uparrow & & \uparrow \\ \tilde{y}_{qT} & & \text{vgl. oben} \end{matrix}$$

was für T = k + 1 einer "einfachen Trendfortschreibung" in den ersten Vorhersagezeitraum entspricht.

Dieses Verfahren sollte man immer dann verwenden, wenn die Vorgehensweisen A1, A2 und B keine ausreichenden Anpassungen an die Zeitreihe ergeben haben.

Zur praktischen Entscheidung darüber, welchen Modellansatz man tatsächlich im konkreten Anwendungsfall benutzt, treffen wir eine Modellauswahl auf der *Basis* von Kriterien der Modell*anpassung* .
Diese Berechnungen führen wir anhand unserer Zeitreihe durch. Dabei benötigen wir zur Bestimmung der Anpassungsgüte der Modelle A1 und A2 die nachfolgenden Werte (z. B. für das I. Quartal)

$$\hat{y}_{I,1} = f(I + (1 - 1) \cdot 4) = f(1) = 41{,}3 + 1{,}67 \cdot 1 \approx 43{,}0$$

$$\hat{y}_{I,2} = f(I + (2 - 1) \cdot 4) = f(5) = 41{,}3 + 1{,}67 \cdot 5 \approx 49{,}7$$

$$\hat{y}_{I,3} = \;\dots\dots\; = f(9) = \;\dots\dots\; \approx 56{,}3$$

$$\hat{y}_{I,k+1} = \hat{y}_{I,4} = f(I + (4 - 1) \cdot 4) = f(13) = 41{,}3 + 1{,}67 \cdot 13 \approx 63{,}0 \quad ,$$

wobei der letzte Wert der gesuchte Vorhersagewert für das I. Quartal im 1. Vorhersagezeitraum ist.

Bei der Berechnung der Argumentstellen für die Funktion f haben wir dabei stillschweigend vorausgesetzt, daß die Ziffernwerte der entsprechenden römischen und arabischen Zahlen einfach addiert werden können.

Wir erhalten dann folgende auswertende Tabelle, die man auch leicht in einem Computer-Programm berechnen lassen kann: *

---

* Aus Gründen, die später klar werden, beschränken wir die Auswertung auf die Verfahren A1, A2 und B.

	T	Jahre 1	2	3	Max	Min	Eine Beurteilung d. Modellanpassg.	Bemerkungen
		(1)			(2)		(3)	(4)
A 1	$c_{IT} := y_{IT} - \hat{y}_{IT}$	48-43 = 5	49-49,7 = -0,7	52-56,3 = -4,3	c_I^{max} = 5	c_I^{min} = -4,3	$(\hat{y}_{I4}+c_I^{max})-(\hat{y}_{I4}+c_I^{min})=$ (63+5) - (63-4,3) = 5 - (-4,3) = 9,3	Die $c_{I.}$'s schwanken "stark"
A 2	$p_{IT} := \frac{y_{IT}}{\hat{y}_{IT}}$	$\frac{48}{43}$ = 1,12	$\frac{49}{49,7}$ = ,99	$\frac{52}{56,3}$ = ,92	p_I^{max} = 1,12	p_I^{min} = 0,92	$(\hat{y}_{I4}\cdot p_I^{max})-(\hat{y}_{I4}\cdot p_I^{min})=$ 63(1,12 - 0,92) = 12,6	Die $p_{I.}$'s schwanken weniger "stark"
B	$z_{IT} := \frac{y_{IT}}{y_{.T}}$	$\frac{48}{200}$ =,240	$\frac{49}{206}$ =,238	$\frac{52}{220}$ =,236	z_I^{max} =0,240	z_I^{min} =0,236	$\hat{y}_{.4}(z_I^{max}-z_I^{min})=$ (188,7+10,4) • (0,240-0,236) = 228,7•0,004 = 0,9	Die $z_{I.}$'s schwanken im Vergleich "minimal"

Die Anpassungswerte, welche auf der Basis der in Spalte (3) angegebenen Kriterien berechnet wurden, lassen den Schluß zu, daß - falls die Ergebnisse in den Quartalen II, III, IV ähnlich sind - die Vorgehensweise B zu benutzen ist, um eine Vorhersage ausreichend genau zu treffen.

In der obigen Auswertungstabelle haben wir die expliziten Werte der periodischen Modellkomponenten $c_{I.}$, $p_{I.}$ und $z_{I.}$ einbezogen.

Es bestehen natürlich auch Möglichkeiten, diese geeignet zu schätzen.

Im Falle A1 kann man dazu auch den entsprechenden arithmetischen Mittelwert

$$c_q = c_{q.} = \bar{c}_q := \frac{c_{q1} + \dots\dots\dots + c_{qk}}{k}$$

benutzen.

Im Falle A2 wäre der entsprechende Schätzwert entweder das einfache arithmetische Mittel

$$p_q = p_{q.} = \bar{p}_q := \frac{p_{q1} + \dots\dots\dots + p_{qk}}{k}$$

oder das gewichtete arithmetische Mittel

$$\bar{p}_{qgew} := \frac{p_{q1} \cdot \hat{y}_{q1} + \dots\dots + p_{qk} \cdot \hat{y}_{qk}}{\hat{y}_{q1} + \dots\dots + \hat{y}_{qk}} = \frac{y_{q1} + \dots\dots + y_{qk}}{\hat{y}_{q1} + \dots\dots + \hat{y}_{qk}}$$

zu empfehlen.

Bem.: Bei einem vorliegenden aufsteigenden Trend ist dabei das gewichtete arithmetische Mittel vorzuziehen, denn damit wären dann die aktuellsten Werte stärker berücksichtigt (beachte: $\hat{y}_{q1} < \hat{y}_{q2} < \ldots < \hat{y}_{qk}$).

Im Falle B kann man entsprechend vorgehen:

$$z_q = z_{q.} = \bar{z}_q := \frac{z_{q1} + \ldots\ldots + z_{qk}}{k} \quad , \quad \text{oder}$$

$$\bar{z}_{q\,gew} := \frac{z_{q1} \cdot y_{.1} + \ldots\ldots + z_{qk} \cdot y_{.k}}{y_{.1} + \ldots\ldots + y_{.k}} = \frac{y_{q1} + \ldots\ldots + y_{qk}}{y_{.1} + \ldots\ldots + y_{.k}} .$$

Zur Entscheidung bzgl. $\bar{z}_q$ und $\bar{z}_{q\,gew}$ vergleiche man die vorstehende Bemerkung.

In unserem Datenbeispiel wäre die entsprechende Schätzung der periodischen Modellkomponente für das Vorgehen B durch den Wert

$$z_I = z_{I.} = \bar{z}_{I\,gew} = \frac{48 + 49 + 52}{200 + 206 + 220} = \frac{149}{626} = 0{,}238$$

gegeben, woraus man einen Vorhersagewert

$$\tilde{y}_{I4} = \hat{y}_{.4} \cdot \bar{z}_{I\,gew} = 228{,}7 \cdot 0{,}238 \approx 54{,}4$$

erhält. Die Lage dieses Vorhersagewertes ist aus der grafischen Darstellung

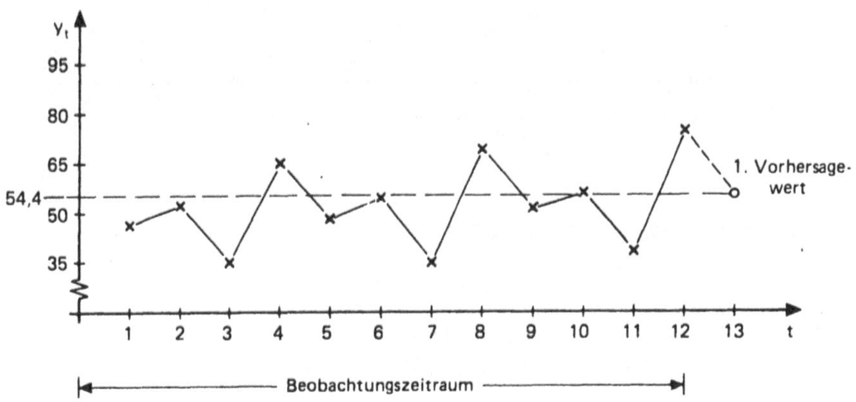

zu ersehen.

Demgegenüber ergeben die Vorgehensweisen A1 bzw. A2 die Vorhersagewerte unter Zuhilfenahme der geschätzten periodischen Komponenten

$$(A1) \quad \tilde{y}_{I4} = f(13) + \frac{c_{q1} + c_{q2} + c_{q3}}{3} = 63{,}01 + \frac{5 - 0{,}7 - 4{,}3}{3}$$

$$\tilde{y}_{I4} \approx 63 \quad , \text{bzw.}$$

$$(A2) \quad \tilde{y}_{I4} = f(13) \cdot \left(\frac{y_{q1} + y_{q2} + y_{q3}}{\hat{y}_{q1} + \hat{y}_{q2} + \hat{y}_{q3}}\right) = 63{,}01 \cdot \left(\frac{48 + 49 + 52}{43 + 49{,}7 + 56{,}3}\right)$$

$$\tilde{y}_{I4} \approx 63 \quad .$$

Beide Vorgehensweisen - die schon wegen der vergleichsweise geringen Anpassungsgüte verworfen worden waren - liefern also nach "oben" verzerrte Vorhersagewerte, die man als unbrauchbar einstufen kann.

Abschließend betrachten wir noch zum Vergleich den Vorhersagewert, den das Verfahren C liefert, der unter Verwendung der separaten (linearen) Trendfunktion für das I. Quartal errechnet wird (T = k + 1)

$$\tilde{y}_{I4} = 45{,}7 + 2 \cdot T = 45{,}7 + 8$$
$$\tilde{y}_{I4} \approx 53{,}7 \quad ,$$

ein Wert, der mit dem entsprechenden Vorhersagewert aus dem Verfahren B vergleichbar ist.

Bei der konkreten Berechnung der Vorhersagewerte für die Quartale II, III und IV des unmittelbar folgenden Beobachtungszeitraums kann man analog vorgehen.

8.4 Analyse der zeitlichen Entwicklung eines Merkmals mittels Indizes

Ein weit verbreitetes Hilfsmittel der praktischen Statistik bei der Untersuchung von zeitlichen Entwicklungen besteht in der Analyse der Veränderungen der Merkmalswerte *von Zeitraum zu Zeitraum* . Dabei hat es sich eingebürgert, den (gleichabständigen) Vorgängerzeitraum als *Basis-* und den (gleichabständigen) Nachfolgerzeitraum als *Berichtszeitraum* zu bezeichnen.
Setzt man die beiden aufeinanderfolgend registrierten Merkmalswerte y_t und y_{t+1} miteinander ins Verhältnis, so ist aus diesen (dimensionlosen) Verhältniszahlen für t = 1,... eine Fülle von hilfreichen, den Entwicklungsprozeß charakterisierenden Informationen zu gewinnen.

8.4.1 Einfache Indizes

Def.: Als (**einfachen**) **Index I** bezeichnet man den Quotienten

$$I = \frac{Z}{N} \quad , \quad N \neq 0 \quad (Z, N \in R^1)\,.$$

Bem.:

- Mit Z und N bezeichnen wir in der Definition irgendwelche (gleichdimensionierte) Zähler- und Nennergrößen, die man im Sinne der Statistik als die (unterschiedlichen) Realisierungen eines Merkmals Y zu zwei aufeinanderfolgenden Zeitpunkten auffassen kann, z. B.

  $$\frac{y_t}{y_{t+1}} \quad .$$

- Die dimensionslose Zahl I läßt sich auch auffassen als das I-fache des Nenners, um den Zählerwert auszudrücken:

  $$Z = I \bullet N \quad .$$

  So kann man z. B. den Wert I = 1,1 deuten als

  a) I entspricht einer Erhöhung des Basiswertes von Y um das 1,1-fache.

  b) I entspricht einer Erhöhung des Basiswertes von Y auf 110 %.

  c) I entspricht einer Erhöhung des Basiswertes Y um 10 %.

Im Interesse einer vorteilhaften Behandlung der aufgeworfenen Fragestellung führen wir in Übereinstimmung mit dem oben Gesagten folgende Bezeichnungen ein:

Wir betrachten (wie vorher) aufeinanderfolgende n+1 (gleichlange) Zeiträume, welche die Nummern 0, 1, …, i, i+1, …, n besitzen, zu denen die (Zeitreihen-) Beobachtungswerte

$$y_0, y_1, \ldots, y_i, y_{i+1}, \ldots, y_n$$

gehören.

Def.: Als Indexreihe bezeichnet man jede Folge von Quotienten (von Indizes) der Beobachtungen $y_0, \ldots, y_n$. Tritt im Nenner aller Indizes der Folge jeweils die Anfangsbeobachtung y_0 auf, so bezeichnet man diese als Indexreihe mit **konstanter Basis**;

tritt der Zähler eines gegebenen Index in der Folge jeweils als Nenner des nachfolgenden Index der Folge auf, so bezeichnet man diese Folge als Indexreihe mit **variabler Basis**.

Bsp.: Unter Verwendung unserer Zeitreihe aus dem Punkt 8.1 kann man den Sinn dieser Definition aus der folgenden Übersicht erkennen:

	i	y_i	$I_i^{fest} = \frac{y_i}{y_0}$	$I_i^{var} = \frac{y_i}{y_{i-1}}$
(1)	(2)	(3)	(4)	(5)
1985	0	200	1,000	...
1986	1	206	1,030	1,030
1987	2	220	1,100	1,068
1988	3	231	1,155	1,050
1989	4	240	1,200	1,039

wobei in den Spalten (4) und (5) die entsprechenden Indexreihen mit fester bzw. variabler Basis auftreten.

Bem.: Im Sinne der 2. Bemerkung zur 1. Definition in diesem Punkt kann man offenbar schreiben (für $i = 1, \ldots, n$):

$$y_i = I_i^{var} \bullet y_{i-1} \quad ,$$

d. h. der i-te Index in der Indexreihe mit variabler Basis läßt sich als Wachstumsfaktor der Merkmalswerte vom (i-1)-ten zum i-ten Zeitraum deuten.

Def.: Die reelle Zahl

$$c \underset{Df.}{=} \sqrt[n]{I_1^{var} \bullet I_2^{var} \bullet \ldots \bullet I_n^{var}}$$

heißt **mittlerer Wachstumsfaktor** der Zeit-(Index-)Reihe $y_0, y_1, \ldots, y_n$.

Bem.: - Es gilt offenbar

$$I_1^{var} \bullet I_2^{var} \bullet \ldots \bullet I_n^{var} = \frac{y_1}{y_0} \bullet \frac{y_2}{y_1} \bullet \ldots \bullet \frac{y_{n-1}}{y_{n-2}} \bullet \frac{y_n}{y_{n-1}} = \frac{y_n}{y_0} = I_n^{fest} ,$$

woraus zur Berechnung des mittleren Wachstumsfaktors folgt:

$$c = \sqrt[n]{I_n^{fest}} = \sqrt[n]{\frac{y_n}{y_0}} \quad .$$

Auf unser Beispiel bezogen erhält man:

$$c = \sqrt[4]{\frac{240}{200}} = \sqrt[4]{1{,}2} = 1{,}0466 \quad .^*$$

- Entsprechend der Definition des geometrischen Mittelwertes im 2. Kapitel läßt sich c (als die n-te Wurzel aus dem Produkt von n positiven reellen Zahlen) damit als das geometrische Mittel der Elemente einer Indexreihe mit variabler Basis deuten. Insbesondere beachte man die dort angegebene Beziehung

$$\bar{x} \geq \bar{x}_{geo} \quad ,$$

die damit klar macht, daß man i. a. zur *Überschätzung* des mittleren Wachstums einer Zeitreihe gelangt, wenn man fälschlicherweise das arithmetische Mittel zur Lösung dieser Aufgabe benutzt.

- Aus der oben angegebenen Beziehung

$$c = \sqrt[n]{\frac{y_n}{y_0}}$$

folgt offenbar:

$$y_n = c^n \cdot y_0 \quad , \text{ d. h.}$$

wäre - ausgehend vom Anfangswert y_0 - eine gleichmäßige, durchschnittliche Entwicklung mit dem mittleren Wachstumsfaktor c erfolgt, so hätte man nach n Zeitabschnitten ebenfalls den tatsächlichen Endwert y_n erhalten:

$$y_0, c \cdot y_0, c \cdot (c \cdot y_0), \ldots, c^n \cdot y_0 \mathrel{\hat{=}} c^0 \cdot y_0, c^1 \cdot y_0, c^2 \cdot y_0, \ldots, c^n \cdot y_0 \quad .$$

Dazu betrachten wir noch einmal unsere tabellerische Übersicht der Demonstrationszeitreihe:

---

* Man vergleiche dazu den aus der exponentiellen Trendschätzung im Punkt 8.1 berechneten Wachstumsfaktor von $\hat{B} = 1{,}0491$.

	i	y_i			$c^i \cdot y_0$	$a \cdot b^{i+1} = b^i(a \cdot b)$
(1)	(2)	(3)	(4)	(5)	(6)	(7)
1985	0	200			200,0	198,9
1986	1	206			209,3	208,8
1987	2	220			219,1	218,9
1988	3	231			229,3	229,6
1989	4	240			240,0	240,9

wobei wir zum Vergleich in Spalte 7 noch die Trendfunktionswerte der geschätzten Exponentialfunktion angegeben haben.

In der Wirtschaftspraxis ist es auch gebräuchlich, von einer sog. prozentualen Wachstumsrate zu sprechen, die natürlich auch negative Werte annehmen kann (abfallender Trend):

Def.: Die reelle Zahl

$$c_{rat} \underset{Df.}{=} (c - 1) \cdot 100\ \%$$

bezeichnet man als **Wachstumsrate** der Zeitreihe $y_0, y_1, \ldots, y_n$.

Bsp.: $c_{rat} = (1{,}0466 - 1{,}0000) \cdot 100\ \% = 0{,}0466 \cdot 100\ \%$

$c_{rat} = 4{,}66\ \%$.

Zwischen den Indexreihen mit fester und variabler Basis ein- und derselben Zeitreihe $y_0, \ldots, y_n$ bestehen gewisse strukturelle Zusammenhänge.

Indizes aus einer Indexreihe mit variabler Basis lassen sich durch sukzessive Multiplikation in die Indexreihe mit fester Basis umwandeln:

$$\frac{y_1}{y_0}, \quad \frac{y_2}{y_1}, \quad \frac{y_3}{y_2}, \quad \ldots, \quad \frac{y_n}{y_{n-1}} .$$

Sukzessive Multiplikation ergibt

$$\frac{y_1}{y_0}, \quad \frac{y_1}{y_0} \cdot \frac{y_2}{y_1}, \quad \underbrace{\frac{y_1}{y_0} \cdot \frac{y_2}{y_1} \cdot \frac{y_3}{y_2}}_{\text{3-faches Produkt}}, \quad \ldots, \quad \underbrace{\frac{y_1}{y_0} \cdot \frac{y_2}{y_1} \cdot \ldots \cdot \frac{y_n}{y_{n-1}}}_{\text{n-faches Produkt}} = \frac{y_n}{y_0}$$

$$\triangleq \frac{y_1}{y_0}, \frac{y_2}{y_0}, \frac{y_3}{y_0}, \ldots, \frac{y_n}{y_0}.$$

Umgekehrt kann man durch geeignete reziproke Transformation aus der Indexreihe mit fester Basis die zugehörige Indexreihe mit variabler Basis erzeugen:

$$\frac{y_1}{y_0}, \quad \frac{y_2}{y_0} : \frac{y_1}{y_0}, \quad \frac{y_3}{y_0} : \frac{y_2}{y_0}, \quad \ldots, \quad \underbrace{\frac{y_n}{y_0} : \frac{y_{n-1}}{y_0}}_{\text{jeweils 2-faches Produkt}} \triangleq$$

$$\triangleq \frac{y_1}{y_0}, \quad \frac{y_2}{y_1}, \quad \frac{y_3}{y_2}, \quad \ldots, \quad \frac{y_n}{y_{n-1}}.$$

Alle genannten Tatsachen beziehen sich auf ein sog. einfaches Merkmal Y. In der Wirtschaftspraxis läßt sich damit i. d. R. eine aggregierte Größe - wie z. B. der Umsatz eines Unternehmens - hinreichend beschreiben.

8.4.2 Zusammengesetzte Indizes

In der Allgemeinen Statistik besteht bei der (von Zeitabschnitt zu Zeitabschnitt durchzuführenden) Analyse der Entwicklung eines Merkmals auch die Möglichkeit, das Merkmal in seiner desaggregierten Form zu beobachten und damit ausführlicher zu untersuchen. Bleibt man bei dem beobachteten Merkmal "Umsatz", so ist jedem Ökonomen klar, daß dieses Merkmal eigentlich aus dem Produkt der Einzel-Merkmale "Preis" und "Verkaufte Menge" hervorgeht.

Für die Definition eines Index aus dem obigen Unterpunkt 8.4.1 bedeutet diese Desaggregation, daß wir den beobachteten Zählerwert Z (und den beobachteten Nennerwert N) als das Produkt zweier gesonderter Größen, dem Produkt aus der (beobachteten) sog.

a) Merkmalsgröße, und der sog.

b) Bezugsgröße

jeweils im (i+1)-ten Berichtszeitraum (Zähler) und im i-ten Basiszeitraum (Nenner) ausdrücken können.

Damit wird also der Wert des Zählers (und des Nenners) in einem Index jeweils durch das Produkt *zweier* beobachteter Größen bestimmt.

Beispielübersicht für Merkmalsgrößen und Bezugsgrößen in der Wirtschaftspraxis:

Merkmalsgröße (in der Produktschreibweise: 1. Stelle)	Bezugsgröße (i. d. Produktschreibweise: 2. Stelle)	Zähler (bzw. Nenner) (in Produktschreibweise)
Stückkosten	Produzierte Menge	Stk.kosten • Menge ≙ Produktionskosten
Stückpreis	Verkaufte Menge	Stk.kosten • V- Menge ≙ Umsatz
Stückgewinn	Verkaufte Menge	Stk.gewinn • V-Menge ≙ Gewinn d. Erzeugnisproduktion

Bem.: In den weiteren Ausführungen werden wir (aus Gründen der Anschauung) als Merkmalsgröße den Stückpreis p und als Bezugsgröße die abgesetzte Menge q von m einzelnen Erzeugnissen verwenden (i = 1, 2, ..., m).

Def.: Als **(zweifach) zusammengesetzten Index** bezeichnet man den Quotienten

$$I_{zus} \underset{Df.}{=} \frac{Z}{N} = \frac{p_1 \cdot q_1}{p_0 \cdot q_0} \quad , \qquad (p_0 \cdot q_0 \neq 0) \text{ und } p_1, p_0, q_1, q_0 \text{ reelle Zahlen}$$

Bem.:
- Im folgenden wird jeweils klar sein, wann wir von einem zusammengesetzten Index reden; deshalb werden wir das kleine "zus" fortlassen.
- Zur Unterscheidung von Beobachtungswerten, die dem Berichtszeitraum bzw. dem Basiszeitraum zugeordnet sind, benutzt man in der Allgemeinen Statistik üblicherweise die Indizierung mit "1" bzw. "0".

Für die Darstellung der weiteren Zusammenhänge vereinbaren wir vorteilhafterweise die folgende Schreibweise:

m - Anzahl der betrachteten Erzeugnisse
(i. d. R. totale Erfassung: m = N) ,

für i = 1, ..., m seien

p_{i1} - der (konstante) Stückpreis des i-ten Erzeugnisses im Berichtszeitraum (in DM/Stk.)

q_{i1} - die verkaufte Menge des i-ten Erzeugnisses im Berichtszeitraum (in Stk.)

Dann ist vereinbarungsgemäß

$p_{11} \cdot q_{11}$ - der Umsatz (in DM) für das 1. Erzeugnis
$p_{21} \cdot q_{21}$ - der Umsatz (in DM) für das 2. Erzeugnis
usw.

im Berichtszeitraum.

Die Summe

$$p_{11} \cdot q_{11} + p_{21} \cdot q_{21} + \ldots + p_{m1} \cdot q_{m1} = \sum_{i=1}^{m} p_{i1} \cdot q_{i1} = U_1$$

ist dann der Gesamtumsatz des Unternehmens, der durch den Verkauf zu den gegebenen Preisen im Berichtszeitraum erzielt wurde.

Die Summe

$$p_{10} \cdot q_{10} + p_{20} \cdot q_{20} + \ldots + p_{m0} \cdot q_{m0} = \sum_{i=1}^{m} p_{i0} \cdot q_{i0} = U_0$$

ist dann der entsprechende Umsatz im Basiszeitraum. *

8.4.2.1 Der Volumenindex

Def.: Als **Volumenindex** (der Veränderung des Umsatzes vom Basis- zum Berichtszeitraum) bezeichnet man den Quotienten

$$I_v \underset{Df.}{=} \frac{U_1}{U_0} = \frac{\sum p_1 \cdot q_1}{\sum p_0 \cdot q_0} \quad ; \qquad \sum p_0 \cdot q_0 \neq 0 \ ,$$

wobei jeweils über i = 1, ..., m zu summieren ist.

Bem.: - Der Volumenindex I_v gibt als (zweifach) zusammengesetzter Index die tatsächliche Veränderung der Größe U_1 gegenüber $U_0 \neq 0$ an, nämlich die Veränderung ($U_1 = I_v \cdot U_0$) von U_0 auf das I_v-fache.

---

* Bei dieser Vereinbarung setzt man stillschweigend voraus, daß in beiden Zeiträumen die gleichen m Erzeugnisse verkauft wurden. Man könnte durchaus ohne wesentliche Konsequenzen von dieser Voraussetzung abgehen, was jedoch zu einer unnötigen schreibtechnischen Verkomplizierung führen würde.

- Tauscht man z. B. bei der Merkmalsgröße die Preise gegen die Lohnkosten und bei der Bezugsgröße die Mengen gegen die Anzahl der Beschäftigten aus und setzt m gleich der Anzahl der Lohngruppen in einem Betrieb, so entspräche der Volumenindex der Veränderung des Lohnkosten-Fonds in dem Unternehmen von Basiszeitraum zum Betriebszeitraum.
  Analoges gilt für andere Merkmals- und Bezugsgrößenvarianten.

Zur Veranschaulichung betrachten wir hier ein übersichtliches Beispiel mit m = 4 Erzeugnissen (i = 1, 2, ..., 4), wobei die Stückpreise (in DM) aus der Übersicht

Erz. / Zeitr.	(1)	(2)	(3)	(4)	Σ
Bericht	160	390	720	280	1.550
Basis	170	400	750	280	1.600

und die verkauften Mengen (in Stk.) aus der Übersicht

Erz. / Zeitr.	(1)	(2)	(3)	(4)	Σ
Bericht	29	31	12	31	103
Basis	26	27	12	25	90

zu ersehen sind.

Wir wollen die Veränderung des Gesamtumsatzes vom Basis- zum Berichtszeitraum berechnen. Dazu benutzen wir den Volumenindex:

$$I_v = \frac{U_1}{U_0} = \frac{\sum_{i=1}^{m} p_{i1} \cdot q_{i1}}{\sum_{i=1}^{m} p_{i0} \cdot q_{i0}} = \frac{160 \cdot 29 + 390 \cdot 31 + 720 \cdot 12 + 280 \cdot 31}{170 \cdot 26 + 400 \cdot 27 + 750 \cdot 12 + 280 \cdot 25} = \frac{34.050}{31.220}$$

$$= 1{,}091 \quad ,$$

was einer Umsatzsteigerung(-srate) von ca. 9 % entspricht.

8.4.2.2 Weitere zusammengesetzte Indizes

Für die Untersuchung der Struktur der Veränderungen eines (zusammengesetzten) Merkmals benutzt man in der Allgemeinen Statistik noch andere Indizes.
Um sie herzuleiten, betrachten wir noch einmal die Summe

$$\sum p_1 \cdot q_1 = p_{11} \cdot q_{11} + p_{21} \cdot q_{21} + \dots + p_{m1} \cdot q_{m1} \quad ,$$

die man auch als den *real* erzielten Umsatz im *Berichtszeitraum* hinsichtlich der zu den gültigen Preisen verkauften Stückzahlen der m Erzeugnisse ansehen kann.

Die Summe

$$\sum p_0 \cdot q_0$$

ist demgegenüber der real erzielte Umsatz im Basiszeitraum.

Wir betrachten nun die Summe

$$\sum p_0 \cdot q_1 = p_{01} \cdot q_{11} + p_{02} \cdot q_{12} + \dots + p_{0m} \cdot q_{1m} \quad ,$$

die man als den *fiktiv* erzielten Umsatz im Berichtszeitraum hinsichtlich der zu "alten" Preisen verkauften Stückzahlen der m Erzeugnisse ansehen kann. Der Wert dieser Umsatz-Summe käme also dadurch zustande, daß man den Umsatz aus den verkauften Stückzahlen - bewertet zu den Preisen der Vorgängerperiode - berechnet! Da dieser Wert jedoch keiner real umgeschlagenen betriebswirtschaftlichen Umsatzgröße entspricht - also lediglich "auf dem Papier berechnet" ist - bezeichent man diese Summe sinnvollerweise als *fiktiv* . *

Def.: Ein (zweifach) zusammengesetzter Index heißt **fiktiver Index**, wenn entweder in seinem Zähler oder seinem Nenner eine fiktive Summe auftritt.

Es lassen sich als Preis/Mengen-Indizes offenbar zwei Gruppen von Indizes definieren, in denen jeweils genau eine fiktive Summe und eine reale Summe gegenübergestellt sind:

---

* Analog kann man auch die fiktive Summe

$$\sum p_1 \cdot q_0$$

deuten.

	Preisindizes (d. h. die Preise werden variiert)	Mengenindizes (d. h. die Mengen werden variiert)
PAASCHE-Indizes (d.h. reale Summe im Zähler, also im Berichtszeitraum)	$I_P^{(p)} = \frac{\sum p_1 \cdot q_1}{\sum p_0 \cdot q_1}$	$I_P^{(q)} = \frac{\sum p_1 \cdot q_1}{\sum p_1 \cdot q_0}$
LASPEYRES-Indizes (d. h. reale Summe im Nenner, also im Basiszeitraum)	$I_L^{(p)} = \frac{\sum p_1 \cdot q_0}{\sum p_0 \cdot q_0}$	$I_L^{(p)} = \frac{\sum p_0 \cdot q_1}{\sum p_0 \cdot q_0}$ *

Bem.: Bei der Indizierungsschreibweise von I entsprechen die hochgestellten Bezeichnungen p bzw. q der Merkmalsgröße p (Preise) bzw. der Bezugsgröße q (Menge). Der tiefgestellte Zusatz charakterisiert jeweils, ob die fiktive Summe im Nenner (P) oder im Zähler (L) auftritt.

Ein typischer Vertreter des PAASCHE-Preis-Index ist der sog. deutsche FAZ-Index [11]. Er basiert auf 100 Aktientiteln und wird aufgrund der Kassanotizen börsentäglich berechnet und publiziert. Kapitalveränderungen bei den Gesellschaften werden dabei über speziell definierte Korrekturglieder in die Berechnung des Index einbezogen.

Faßt man die Beobachtungsdaten aus dem Basis- und dem Berichtszeitraum zu den Preisen und den verkauften Stückzahlen der m Erzeugnisse in je einer (2 x m)-Matrix **P** und einer (2 x m)-Matrix **Q** zusammen**, dann stellt das Matrizenprodukt

$$\mathbf{U} = \mathbf{P} \cdot \mathbf{Q}^T$$

die sog. Umsatzmatrix dar, aus der man leicht alle bisher eingeführten (zweifach) zusammengesetzten Indizes erzeugen kann.

---

* Nach Angaben von SCHARNBACHER benutzte LASPEYRES seinen Index zum ersten Mal im Jahre 1864 und PAASCHE seinen Index im Jahre 1874 an der Hamburger Warenbörse.

** Jeweils zwei Zeiträume und m Erzeugnisse; 1. Zeile Berichts-, 2. Zeile Basiszeitraum

Die Umsatzmatrix **U** beinhaltet offenbar die Elemente:

$$\mathbf{U} = \begin{bmatrix} \sum p_1 q_1 & \sum p_1 q_0 \\ \sum p_0 q_1 & \sum p_0 q_0 \end{bmatrix}_{2 \times 2} = \begin{bmatrix} p_{11} \cdots\cdots p_{1m} \\ p_{01} \cdots\cdots p_{0m} \end{bmatrix} \cdot \begin{bmatrix} q_{11} & q_{00} \\ \cdot & \cdot \\ \cdot & \cdot \\ \cdot & \cdot \\ q_{1m} & q_{0m} \end{bmatrix} .$$

Nach dem folgenden Konstruktionsprinzip lassen sich unter Zuhilfenahme der Matrix **U** der Volumenindex, die Preis- sowie Mengen-Indizes nach PAASCHE und die Preis- sowie Mengen-Indizes von LASPEYRES erzeugen:

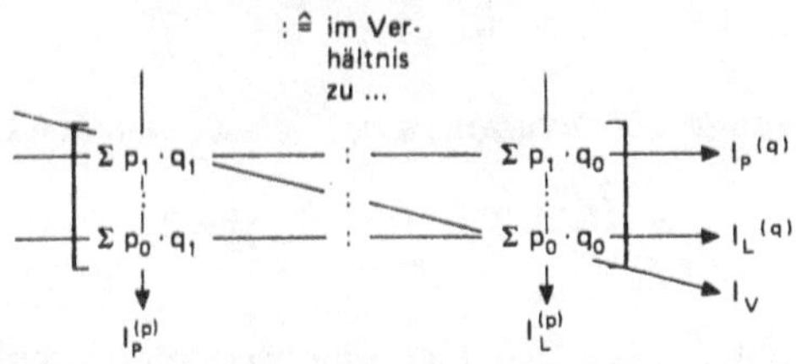

Mit dem weiter oben eingeführten Zahlenmaterial aus dem vorigen Unterpunkt 8.4.2.1 können wir zur Verdeutlichung die Umsatzmatrix **U** berechnen:

$$\mathbf{P} = \begin{bmatrix} 160 & 390 & 720 & 280 \\ 170 & 400 & 750 & 280 \end{bmatrix}, \qquad \mathbf{Q} = \begin{bmatrix} 29 & 31 & 12 & 31 \\ 26 & 27 & 12 & 25 \end{bmatrix}$$

$$\mathbf{U} = \begin{bmatrix} u_{11} & u_{10} \\ u_{01} & u_{00} \end{bmatrix} = \begin{bmatrix} 34\,050 & 30\,330 \\ 35\,010 & 31\,220 \end{bmatrix} .$$

Auf die explizite Berechnung der einzelnen Indizes verzichten wir an dieser Stelle, da wir später noch einmal darauf zurückkommen.

8.4.2.3 Niveau-Indizes der Merkmalsgröße und der Bezugsgröße

Unser Ziel gemäß dem vorigen Unterpunkt ist die Untersuchung der Struktur der Veränderungen eines zusammengesetzten Merkmals. Um dies ausführen zu können, benötigt man noch die beiden folgenden Indizes:

Def.: Als (Niveau-)Index des **arithmetischen Mittels der Merkmalsgröße** bezeichnet man den Quotienten

$$I_{\bar{p}} \underset{Df}{=} \frac{\bar{p}_1}{\bar{p}_0} \quad ; \quad \bar{p}_0 \neq 0$$

der arithmetischen Mittelwerte der $p_{11}, p_{21}, \ldots, p_{m1}$ und der $p_{10}, p_{20}, \ldots, p_{m0}$

mit

$$\bar{p}_1 = \sum_{i=1}^{m} p_{i1} \qquad \text{und} \qquad \bar{p}_0 = \sum_{i=1}^{m} p_{i0} \quad .$$

Bem.: $I_{\bar{p}}$ gibt also die Veränderung des Mittelwertes $\bar{p}_1$ auf des $I_{\bar{p}}$- fache gegenüber $\bar{p}_0$ an.

Def.: Als **Index der Bezugsgrößensummen** bezeichnet man den Quotienten

$$I_q \underset{Df.}{=} \frac{\sum q_1}{\sum q_0} \quad ; \quad \sum q_0 \neq 0$$

der Bezugsgrößen $q_{11}, q_{21}, \ldots, q_{m1}$ aus dem Berichtszeitraum und der Bezugs- $q_{10}, q_{20}, \ldots, q_{m0}$ aus dem Basiszeitraum.

Bem.:
- Eine gleichzeitige Division durch m im Zähler *und* Nenner

$$I_q = \frac{\frac{1}{m}\sum q_1}{\frac{1}{m}\sum q_0} = \frac{\sum q_1}{\sum q_0} = I_q \quad ,$$

  zeigt, daß der so gewonnene Index wertmäßig gleich dem entsprechenden Index des arithmetischen Mittels ist, wenn man anstelle der Merkmalswerte die Bezugsgrößenwerte einsetzt.

- Deshalb gibt der Index der Bezugsgrößensummen ebenfalls die Veränderung des durchschnittlichen Niveaus der Bezugsgröße vom Basis- zum Berichtszeitraum an.

Mit den eingeführten Indizes können wir nun das folgenden Zerlegungsprinzip einführen.

8.4.2.4 Ein elementares Index-Zerlegungssystem

Wir betrachten die folgende multiplikative Zerlegung einer allgemein vorgegebenen (reellwertigen) Indexgröße I:

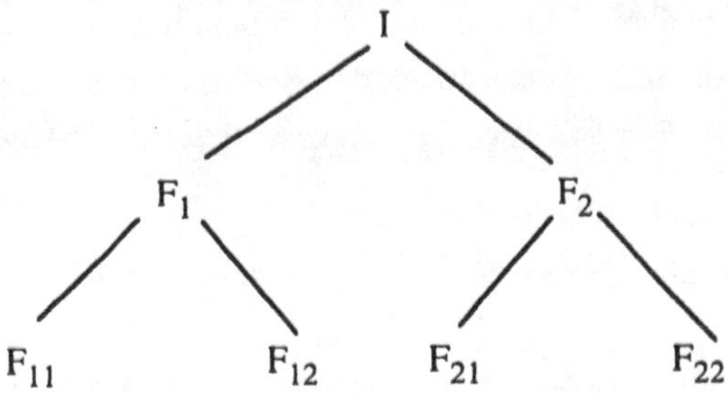

1. Stufe

2. Stufe,

wobei auf der 1. Stufe

$$I = F_1 \cdot F_2 \quad ,$$

und auf der 2. Stufe

$$F_1 = F_{11} \cdot F_{12} \qquad \text{und} \qquad F_2 = F_{21} \cdot F_{22}$$

gelten soll.

Geht man davon aus, daß I ein (in unserem Sinne definierter) allgemeiner Volumenindex I_v ist, und man setzt anstelle von F_1 den entsprechenden PAASCHE-Preisindex und anstelle von F_2 den LASPEYRES-Mengenindex ein, dann erhält man offenbar:

$$\frac{\Sigma\, p_1 \cdot q_1}{\Sigma\, p_0 \cdot q_0} = \frac{\Sigma\, p_1 \cdot q_1}{\Sigma\, p_0 \cdot q_1} \cdot \frac{\Sigma\, p_0 \cdot q_1}{\Sigma\, p_0 \cdot q_0}$$

$$I_v = I_P^{(p)} \cdot I_L^{(q)} \quad .$$

Das entspricht der Zerlegung auf der 1. Stufe und bedeutet, daß man die Veränderungen, die wertmäßig durch den Volumenindex ausgedrückt wurden, auch durch das Produkt der entsprechenden PAASCHE-Preisveränderungen und der entsprechenden LASPEYRES-Mengenveränderungen ausdrücken kann.

Auf der zweiten Stufe erhält man offenbar durch Zuhilfenahme der Niveau-Indizes des arithmetischen Mittels der Merkmalsgrößen bzw.der Bezugsgrößen folgende Zerlegung:

$$I_P^{(p)} = \frac{\Sigma\, p_1 \cdot q_1}{\Sigma\, p_0 \cdot q_1} = \frac{\bar{p}_1}{\bar{p}_0} \cdot \frac{\Sigma\, p_1 \cdot q_1}{\frac{\bar{p}_1}{\bar{p}_0} \cdot \Sigma\, p_0 \cdot q_1}$$

und

$$I_L^{(q)} = \frac{\Sigma\, p_0 \cdot q_1}{\Sigma\, p_0 \cdot q_0} = \frac{\Sigma\, q_1}{\Sigma\, q_0} \cdot \frac{\Sigma\, p_0 \cdot q_1}{\frac{\Sigma q_1}{\Sigma q_0} \cdot \Sigma\, p_0 \cdot q_0} \quad ,$$

wobei man jeweils die zweiten Faktoren der rechten Seiten in den o. g. Gleichungen in der Allgemeinen Statistik auch als den Index des *Einflusses der Strukturverschiebung der Preise* $I^{(p,S)}$ bzw. des *Einflusses der Strukturverschiebung der Menge* $I^{(q,S)}$ bezeichnet.

Damit kann man offensichtlich den Wert des Volumenindex als das Produkt der vier Faktoren

- Index des arithmetischen Mittelwertes der Preise (Merkmalsgröße)
- Index der (Mengen-)Bezugsgrößensummen
- Index der strukturellen Preisveränderungen
- Index der strukturellen Mengenveränderungen

ausdrücken.

Explizit stellt sich die elementare Zerlegung also folgendermaßen dar:

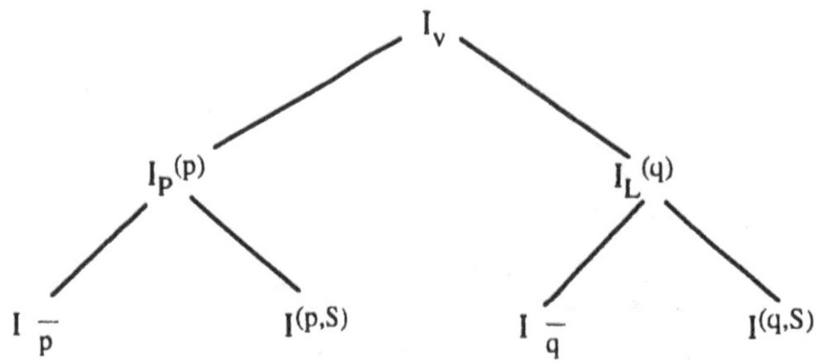

Bezogen auf das im Unterpunkt 8.4.2.1 eingeführte Datenmaterial ergeben die Berechnungen (hier gewählte Rundungsgenauigkeit:5 Dezimalstellen):

$$I_v = \frac{u_{11}}{u_{00}} = \frac{\sum p_1 q_1}{\sum p_0 q_0} = \frac{34.050}{31.220} = 1{,}09065$$

$$I_P^{(p)} = \frac{u_{11}}{u_{01}} = \frac{\sum p_1 q_1}{\sum p_0 q_1} = \frac{34.050}{35.010} = 0{,}97258$$

$$I_L^{(q)} = \frac{u_{01}}{u_{00}} = \frac{\sum p_0 q_1}{\sum p_0 q_0} = \frac{35.010}{31.220} = 1{,}12140$$

$$I_{\bar{p}} = \frac{\sum p_1}{\sum p_0} = \quad = \frac{1.550}{1.600} = 0{,}96875$$

$$I_{\bar{q}} = \frac{\sum q_1}{\sum q_0} = \qquad = \frac{103}{90} = 1{,}1444\bar{4}$$

$$I^{(p,S)} = \frac{1}{I_{\bar{p}}} \cdot I_P^{(p)} \qquad = \frac{1}{0{,}96875} \cdot 0{,}972258 = 1{,}00396$$

$$I^{(q,S)} = \frac{1}{I_{\bar{q}}} \cdot I_L^{(q)} \qquad = \frac{1}{1{,}144\bar{4}} \cdot 1{,}12140 = 0{,}97987$$

Natürlich ergibt das Produkt

$$I_{\bar{p}} \cdot I^{(p,S)} \cdot I_{\bar{q}} \cdot I^{(q,S)} = 0{,}96875 \cdot 1{,}00396 \cdot 1{,}1444\bar{4} \cdot 0{,}97987$$

$$= 1{,}09066$$

den ursprünglichen Wert von I_v (mit einer Rundungsabweichung von 1 in der 5. Dezimalstelle).

$I_v \cong 1{,}09$ bedeutet dabei eine Umsatzsteigerung des Unternehmens vom Basis- zum Berichtszeitraum um ca. 9 %.

$I_{\bar{p}} \cong 0{,}97$ bedeutet dabei ein Abfallen des durchschnittlichen Preisniveaus von ca. 3 % ((1,00 - 0,97) • 100 %), was sich offenbar positiv auf die abgesetzten Stückzahlen auswirkte. $I_{\bar{p}} \cong 0{,}97$ entspricht dann dem Einfluß aus Veränderungen des durchschnittlichen Preisniveaus auf die Umsatzsteigerung.

$I_{\bar{q}} \cong 1{,}4\bar{4}$ bedeutet hier ein Ansteigen des durchschnittlichen Mengenniveaus von ca. 14,4 %; dieser Wert entspricht dem Einfluß aus Veränderungen des durchschnittlichen Niveaus der abgesetzten Stückzahlen der vier betrachteten Erzeugnisse.

$I^{(p,S)} \cong 1{,}00$ entspricht dem Einfluß der Veränderung der Preisstruktur, d. h. aus der beobachteten Veränderung der Preisstruktur (relative Änderung der Preise zueinander) ergibt sich kein nennenswerter Einfluß auf die erzielte Umsatzsteigerung.

$I^{(q,S)} \cong 0{,}98$ bedeutet hier eine Verschiebung der Struktur der verkauften Mengen und zwar in die Richtung derjenigen Erzeugnisse, die billiger wurden. Insgesamt ist der Anteil von diesen "verbilligt" abgesetzten Erzeugnissen offenbar höher als der von dem (vierten) Erzeugnis, wo der Preis konstant geblieben ist.

Die Umsatzsteigerung wird also durch 3 Einflußfaktoren wesentlich bestimmt:

a) Durch ein 3%-iges Sinken des durchschnittlichen Preisniveaus

b) Durch eine 2%-ige Verschiebung der Mengenstruktur zu den verbilligten

Erzeugnissen

c) Durch eine (aus a) und b)) resultierende 14%-ige Steigerung der abgesetzten Stückzahlen.

Die Veränderung der Preisstruktur vom Basis- zum Berichtszeitraum hatte keinen nennenswerten Einfluß auf die Umsatzsteigerung.

8.4.2.5 Analyse der zeitlichen Entwicklung eines zerlegten Volumenindex

Wir erstrecken jetzt unsere Beobachtungen bzgl. des zusammengesetzten Merkmals nicht nur auf *einen* Basis- und *einen* Berichtszeitraum, sondern auf eine ganze Folge von (n gleichlangen) Zeiträumen (Börsentage, Wochengeschäftszeiträume, Jahresabrechnungszeiträume usw.).
Die entsprechenden Preis-, Mengen- bzw. Umsatzmatrizen sind dann entsprechende (n+1) x m - Matrizen bzw. (n+1) x (n+1) - Matrizen, wobei wir von (n+1) Beobachtungen und wiederum von m Erzeugnissen ausgehen.

Für n = 5 und m = 4 seien das die folgenden Beobachtungswerte:

i	(n-i)	p_{i1}	p_{i2}	p_{i3}	p_{i4}	q_{i1}	q_{i2}	q_{i3}	q_{i4}
0	5	160	390	720	280	29	31	12	31
1	4	170	400	750	280	26	27	12	25
2	3	160	380	740	270	30	29	14	30
3	2	130	305	580	200	35	31	18	35
4	1	135	310	600	220	31	29	15	29
5	0	135	310	600	220	30	30	15	30

Anfangsbeobachtung (→ Zeile i = 5)

$$\mathbf{P} = [p_{ij}]_{6x4} \qquad \mathbf{Q} = [q_{ij}]_{6x4}$$

Bem.: Bei dieser Schreibweise stehen jeweils die aktuellsten Beobachtungswerte (d.h. die Werte zum (n-i)-ten Zeitpunkt ; i = 0) in der ersten Zeile. Die aufsteigend folgenden Zeilen enthalten dann die immer weiter zurückliegenden Beobachtungswerte, wobei sich in der letzten Zeile die Anfangsbeobachtungen befinden.

Die 4 Spalten der Matrix **P** bilden mit ihren Elementen also jeweils eine Zeitreihe, die wir grafisch darstellen können:

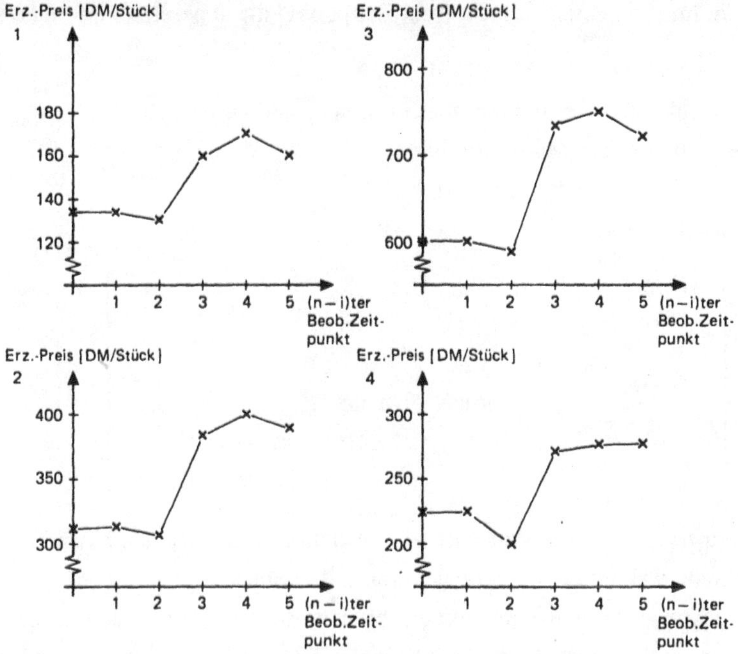

Die 4 Spalten der Matrix **Q** lassen sich als Zeitreihen analog darstellen:

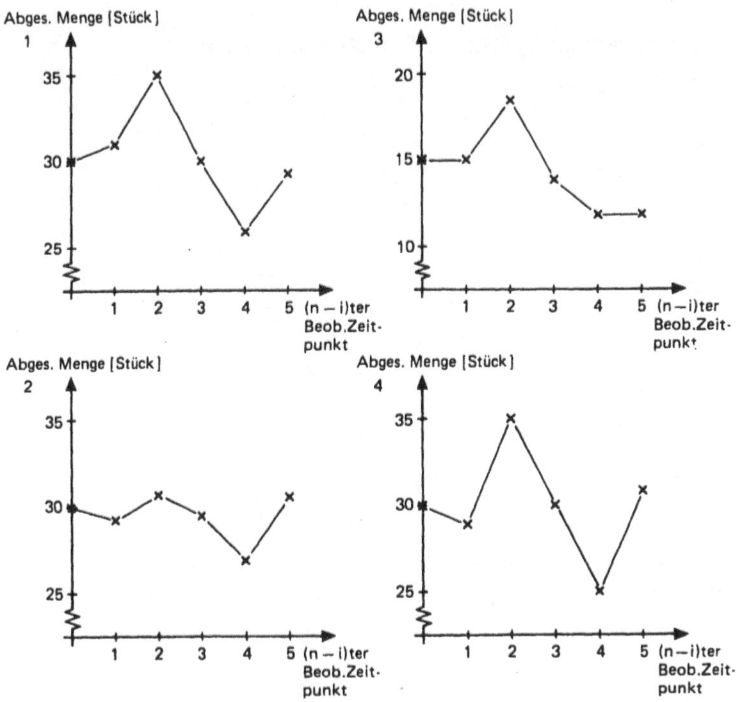

Aus diesen Verläufen erkennt man ganz allgemein, daß zum "Niedrig-Preis-Zeitpunkt" (am Anfang) die abgesetzten Mengen (mit Spitzen am Ende des 2. Zeitraumes) *hoch* , daß zum (2 Zeiträume späteren) "Hoch-Preis-Zeitpunkt" die abgesetzten Mengen allgemein *niedrig* waren.

Wie hat sich der Index des Gesamtumsatzes im Zeitverlauf entwickelt?
Dazu berechnen wir aus dem Matrix-Produkt

$$\mathbf{U} = \mathbf{P} \cdot \mathbf{Q}^T$$

die (6 x 6) - Umsatzmatrix:

$$\mathbf{U} = \begin{bmatrix} 34.050 & & & & & \\ 35.010 & 31.220 & & & & \\ & 30.050 & 34.280 & & & \\ & & 28.865 & 31.445 & & \\ & & & 32.835 & 28.555 & \\ & & & & 28.555 & 28.950 \end{bmatrix}.$$

Diese Umsatzmatrix enthält alle statistisch auswertbaren Informationen hinsichtlich der Umsatzentwicklung während der 5 Beobachtungszeiträume.
Aus den vorangegangenen Ausführungen ergibt sich, daß wir im Rahmen unserer Untersuchungen nur die Angaben aus der Hauptdiagonalen und der "ersten unteren Nebendiagonalen" benötigen. *

Den Verlauf des Volumenindex I_v über die 5 Beobachtungszeiträume erhält man offensichtlich aus der Hauptdiagonalen:

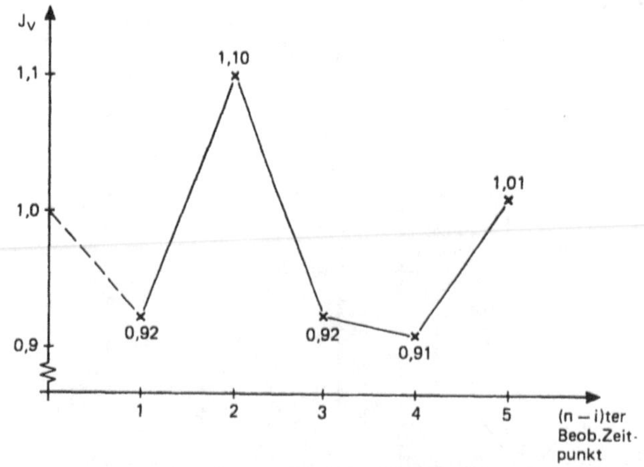

---

* Die restlichen Daten lassen sich für weitere Untersuchungen benutzen, die aber außerhalb des Rahmens unserer Abhandlungen liegen.

Die Entwicklung am Anfang des gesamten Geschäftszeitraumes läßt erkennen, daß (wegen der anfänglich konstanten, leicht abfallenden Preise) der Umsatz steigt (bis zum Ende des 2. Beobachungszeitraumes) bzw. auf einem oberen Niveau verbleibt (Ende des 3. Beobachtungszeitraumes), um dann (wegen der stark gestiegenen Preise) deutlich abzufallen. Bis zum Ende des Geschäftszeitraumes erholt sich jedoch der Umsatz, d. h. die Abnehmer der vier Erzeugnisse "akzeptieren" (aus welchen Gründen auch immer) das eingetretene hohe Preisniveau.

Da sich die Gestaltung des Gesamtumsatzes aber sowohl aus dem Preis- als auch aus den Mengenentwicklungen ergibt, ist eine nähere Untersuchung des Marktgeschehens - und zwar zerlegt in die Indizes der durchschnittlichen Preis- und Mengenentwicklung sowie in die Indizes der Strukturentwicklung - angebracht.

Wir betrachten hierzu gleich die entsprechenden Darstellungen der jeweiligen Zeitreihen: *

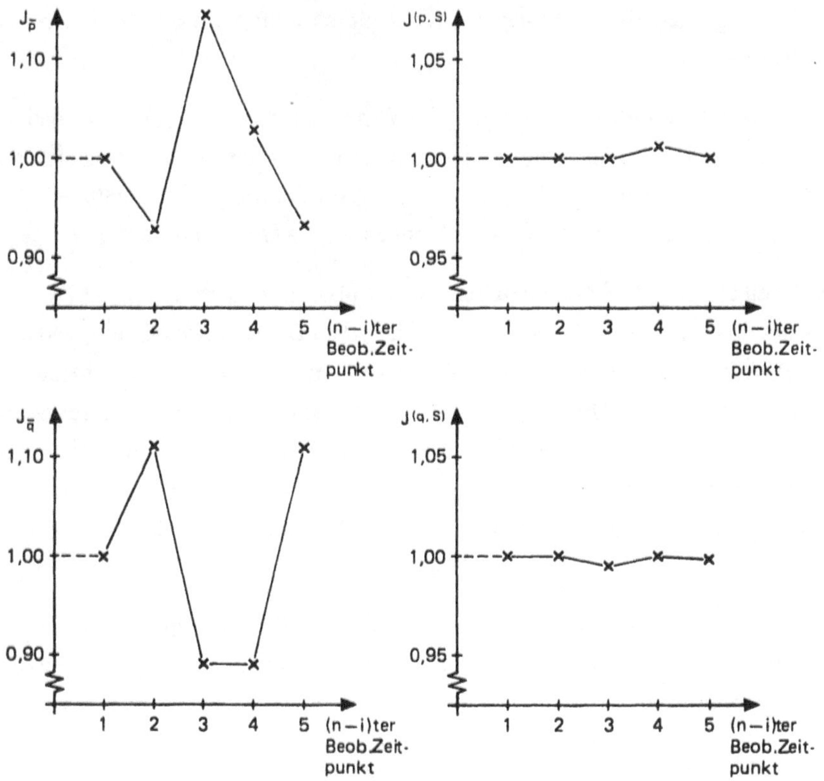

* Berechnete Daten (auf 2 Dezimalstellen gerundet) vgl. Tabelle

Tabelle

i	(n-i)	I_v	$I_{\bar{p}}$	$I_{\bar{q}}$	$I^{(p,S)}$	$I^{(q,S)}$
0	5	1,09	0,97	1,14	1,00	0,98
1	4	0,91	1,03	0,87	1,01	1,00
2	3	1,09	1,28	0,87	1,00	0,99
3	2	1,10	0,96	1,14	1,00	1,00
4	1	0,99	1,00	0,99	1,00	1,00
5	0	-				

Zur Deutung dieser vier Zeitreihen vergegenwärtigen wir uns noch einmal, daß das Produkt der Werte der Indizes

$$I_{\bar{p}}\ ,\ I_{\bar{q}}\ ,\ I^{(p,S)}\ ,\ I^{(q,S)}$$

an *einem* jeweiligen Beobachtungszeitpunkt gleich dem Wert des Volumenindex zu *diesem* Zeitpunkt ist.

Auf den ersten Blick fällt sofort auf, daß die Varianzen in den Zeitreihen der beiden Niveau-Indizes größer sind als in denen der beiden Strukturindizes. Dies bedeutet, daß der Einfluß auf die Umsatzentwicklung sowohl aus Verschiebungen innerhalb des Preisgefüges als auch innerhalb der abgesetzten Mengen *vernachlässigbar* gering ist.

Das heißt einerseits, Preisveränderungen (nach oben und nach unten) treten bei allen vier Erzeugnissen *gleichzeitig* und etwa in der *selben Größenordnung* ein, und andererseits resultieren im Abnahmeverhalten daraus keine nennenswerten Verschiebungen innerhalb der nachgefragten Erzeugnismengen. (Erst am Ende des Geschäftszeitraumes ist am Wert $I^{(q,S)} = 0,98$ eine leichte Verlagerung zu den billigeren Erzeugnissen zu erkennen.) Man könnte daher von der Annahme ausgehen, daß der (relativ) konstante Trend dieser beiden Zeitreihen sich auch in dem unmittelbar folgenden (Vorhersage-)Zeitraum so fortsetzt.

Der Einfluß der beobachteten Veränderungen im durchschnittlichen Preisniveau und der damit einhergehende Einfluß der Veränderungen im Niveau der abgesetzten Mengen auf die Gesamtumsatzentwicklung ist demgegenüber wesentlich: Bei $I_{\bar{p}2}$ ca. 28 % und $I_{\bar{q}0}$, $I_{\bar{q}1}$, $I_{\bar{q}2}$ und $I_{\bar{q}3}$ jeweils ca. 13 bzw. 14 %!

Wir können also festhalten, daß die beobachteten Veränderungen beim Umsatz hauptsächlich durch zwei Einflußfaktoren bestimmt wurden: a) die Veränderungen im Preisniveau und b) die eingetretenen Veränderungen im Niveau der abgesetzten Mengen. Die Faktoren eines preis/mengenbewußten Abnehmerverhaltens spielen auf diesem Markt also keine Rolle.

Zur besseren Übersicht fassen wir noch einmal die (auf 5 Dezimalstellen) berechneten Ergebnisse in der folgenden Tabelle zusammen:

Berichts- \ Basiszeitr	1 / 0	2 / 1	3 / 2	4 / 3	5 / 4
I_v	$\frac{28.555}{28.950} = 0{,}98636$	1,10121	1,09016	0,91074	1,09065
I_P^p	$\frac{28.555}{28.555} = 1{,}00000$	0,95767	1,27601	1,03894	0,97258
I_L^q	$\frac{28.555}{28.950} = 0{,}98636$	1,14989	0,85435	0,87660	1,12140
$I_{\bar{p}}$	$\frac{1265}{1265} = 1{,}00000$	0,96047	1,27572	1,03226	0,96875
$I_{\bar{q}}$	$\frac{104}{105} = 0{,}99048$	1,14423	0,86555	0,87379	1,14444
$I^{(p,S)}$	= 1,00000	0,99708	1,00023	1,00647	1,00396
$I^{(q,S)}$	= 0,99584	1,00495	0,98706	1,00322	0,97987

Das Produkt der jeweils letzten vier Werte in einer Spalte ergibt den Wert des jeweils in der ersten Zeile enthaltenen Volumenindex.

Wie lassen sich nun diese Zerlegungsdaten für kurzfristige Umsatzvorhersagen benutzen?

In der Regel werden die vier "zerlegten Zeitreihen der Indizes $I_{\bar{p}}$, $I_{\bar{q}}$, $I^{(p,S)}$ und $I^{(q,S)}$ eigenen Trends folgen. Diese kann man entweder heuristisch (aus der ökonomischen Kenntnis der Entwicklung heraus) oder mit den weiter vorn besprochenen Methoden nach MKQ oder der Exponentiellen Gewichtung berechnen.

Aus der einfachen Extrapolation dieser Trends lassen sich dann vier Vorhersagewerte ermitteln, deren Produkt schließlich einem ökonomisch begründeten Vorhersagewert des Volumenindex der Umsatzentwicklung entspricht.

Um zu einem Abschluß zu kommen, führen wir jedoch dies nicht weiter aus.

8.5 Literatur

[1] *Abels, H.:*
Wirtschafts- und Bevölkerungsstatistik; Wiesbaden, Gabler-Verlag, 1989, 3. Aufl.

[2] *Böselt, M.:*
Auswertung betriebswirtschaftlicher Beobachtungsdaten mittels Faktoranalyse; Berlin, Humboldt-Universität, Diss. B, 1980

[3] *Brown, R. G.:*
Smoothing, Forecasting and Prediction of Discrete Time Series; New Jersey, Englewood Cliffs, 1983, 468 pp.

[4] *Clark, C.T.; Schkade, L. L.:*
Statistical Methods for Business Decisions; Cincinnati, South-Western Publ. Co., 1969

[5] *Donda, A.; Struck, R. u. a.:*
Statistik; Berlin, Die Wirtschaft, 1984, 3. Aufl.

[6] *Freudenthal, H.:*
Wahrscheinlichkeit und Statistik; München, Wien, Oldenbourg-Verlag, 1968, 2. Aufl.

[7] *Grohmann, H.:*
Statistik, Allgemeine Methodenlehre; Frankfurt/M., Dipa-Verlag, 1986, 2. Aufl.

[8] *Gregg, J. V.; Hossell, C. H.; Richardson, J. T.:*
Mathematical Trend Curves: An Aid to Forecasting; Edinburgh, Oliver & Boyd, 1967, 2nd Ed.

[9] *Hartung, J.:*
Statistik: Lehr- und Handbuch der angewandten Statistik; München, Wien, Oldenbourg-Verlag, 1987

[10] *Kobelt, H.:*
Wirtschaftsstatistik für Studium und Praxis; Baden-Baden, Verlag für Unternehmensführung, 1977

[11] Loistl, O.:
Computergestütztes Wertpapiermanagement; München, Wien, Oldenbourg-Verlag, 1990, 3. Aufl.

[12] *Mertens, O.:*
Prognoseverfahren; Würzburg, Physica-Verlag, 1983

[13] *Scharnbacher, K.:*
Statistik im Betrieb; Wiesbaden, Gabler-Verlag, 1989, 7. Aufl.

[14] *Stockton, J. R.; Clark, C. T.:*
Business and Economic Statistics; Cincinnati, South-Western Publ. Co., 1971, 4. Ed.

Sachregister

Literaturverzeichnis

[1] *Abels, H.:*
Wirtschafts- und Bevölkerungsstatistik; Wiesbaden, Gabler-Verlag, 1991, 3. Aufl.

[2] *Anderson, O. Hsg.:*
Qualitative und Quantitative Konjunkturindikatoren; (Sonderhefte zum Allgemeinen Statistischen Archiv) Göttingen, Vandenhoeck & Ruprecht Verlag, Heft 20, 1983

[3] *Bamberg, G.; Baur, F.:*
Statistik; München, Oldenbourg-Verlag, 1989, 6. Aufl.

[4] *Bamberg, G.; Baur, F.:*
Arbeitsbuch Statistik; München, Oldenbourg-Verlag, 1994, 4. Aufl.

[5] *Basler, H.:*
Grundbegriffe der Wahrscheinlichkeitsrechnung und Statistische Methodenlehre; Heidelberg, Physica-Verlag, 1989, 10. Aufl.

[6] *Billingsley, P.; et.al.:*
Statistics for Management and Economics; Needham Heights, Mass., Simon & Schuster, Inc., 2nd Ed. 1993

[7] *Bleymüller, J.:*
Statistik für Wirtschaftswissenschaftler; München, Vahlen-Verlag, 1990, 6. Aufl.

[8] *Bleymüller, J.; Gehlert, G.:*
Statistische Formeln, Tabellen und Programme; München, Vahlen-Verlag, 1989, 4. Aufl.

[9] *Bohley, P.:*
Statistik; München, Oldenbourg-Verlag, 1991, 4. Aufl.

[10] *Bohley, P.:*
Formeln, Rechenregeln und Tabellen zur Statistik; München, Oldenbourg-Verlag, 1991, 4. Aufl.

[11] *Böker, F.:*
Statistik lernen am PC; Göttingen, Vandenhoeck & Ruprecht, 1989

[12] *Böker, F.:*
Mehr Statistik lernen am PC; Göttingen, Vandenhoeck & Ruprecht, 1991

[13] *Bol, G.:*
Deskriptive Statistik; München, Oldenbourg-Verlag, 1989

[14] *Bosch, K.:*
Statistik für Nichtstatistiker; München, Oldenbourg-Verlag, 1991

[15] *Bosch, K.:*
Formelsammlung Statistik; München, Oldenbourg-Verlag, 1987

[16] *Böselt, M.:*
Statistik - Übungsbuch, 175 Aufgaben Hinweise und Lösungen, Oldenbourg-Verlag, 1994

[17] *Clark, C. T.; Schkade, L. L.:*
Statistical Methods for Business Decisions; Cincinnati, South-Western Publ. Co., 1969

[18] *Clauß, G.:*
Statistik für Soziologen, Pädagogen und Psychologen, Bd. I Grundlagen; Frankfurt /M., Harri-Deutsch-Verlag, 1995, 2. Aufl.

[19] *Cryer, J. D.; Miller, R. B.:*
Statistics for Business - Data Analysis and Modeling; Belmont, Cal., Duxbury Press, 1994

[20] *Deutler, T.; Schaffranek, M.; Steinmetz, M.:*
Statistik-Übungen im Wirtschaftswissenschaftlichen Grundstudium; Heidelberg, Springer-Verlag, 1998, 2. Aufl.

[21] *Deutsche Gesellschaft für Qualität (Hrsg.):*
Stichprobenprüfung anhand qualitativer Merkmale (Verfahren und Tabellen nach DIN 40 080); Berlin, Beuth-Verlag, 1986, 9. Aufl.

[22] *Dillmann, R.:*
Statistik I - Grundlagen der Wahrscheinlichkeitstheorie; Heidelberg, Physica-Verlag, 1990

[23] *Dillmann, R.:*
Statistik II - Induktive Statistik; Heidelberg, Physica-Verlag, 1990

[24] *Dreyer, H.; Sauer, W.:*
Prozeßanalyse - Elementare stochastische Methoden; Berlin, Verlag Technik, 1982

[25] *Dürr, W.; Mayer, H.:*
Wahrscheinlichkeitsrechnung und Schließende Statistik; München, Hanser-Verlag, 1992, 3. Aufl.

[26] *Fizs, M.:*
Wahrscheinlichkeitsrechnung und Mathematische Statistik; Berlin, Deutscher Verlag der Wissenschaften, 1966, 4. Aufl.

[27] *Freudenthal, H.:*
Wahrscheinlichkeit und Statistik; München, Oldenbourg-Verlag, 1968, 2. Aufl.

[28] *Gillert, H.; Nollau, V.:*
Übungsaufgaben zur Wahrscheinlichkeitsrechnung und Mathematischen Statistik; Leipzig Verlag B. G. Teubner, 1987, (Broschur)

[29] *Gnedenko, B. W.:*
Lehrbuch der Wahrscheinlichkeitsrechnung; Berlin, Akademie-Verlag, 1968

[30] *Graybill, F. A.; Mood, A. M.:*
Introduction to the Theory of Statistics; New York, Mc Graw-Hill Book Co., 1963, 2nd Ed.

[31] *Green, W. H.:*
Econometric Analysis; New York, N. Y., Macmillan Publ. Company, 2nd Ed., 1993

[32]G *Gregg, J. V.; Hossell, C. H.; Richardson, J. T.:*
Mathematical Trend Curves: An Aid to Forecasting; Edinburgh, Oliver & Boyd, 1967, 2nd Ed.

[33]G *Grohmann, H.:*
Statistik, Allgemeine Methodenlehre; Frankfurt/M., Dipa-Verlag, 1986, 2. Aufl.

[34] *Hackl, P.; Katzenbeisser, W.; Panny, W.:*
Statistik, München, Oldenbourg-Verlag, 1990, 8. Aufl.

[35] *Hartung, J.; Elpelt, B.:*
Multivariate Statistik; München, Oldenbourg-Verlag, 1992, 4. Aufl.

[36] *Hartung, J.; Elpelt, B.; Klösener, K.-H.:*
Statistik, München, Oldenbourg-Verlag, 1991, 8. Aufl.

[37] *Hartung, J.; Heine, B.:*
Statistik-Übungen, Deskriptive Statistik; München, Oldenbourg-Verlag, 1990, 3. Aufl.

[38] *Hartung, J.; Heine, B.:*
Statistik-Übungen, Induktive Statistik; München, Oldenbourg-Verlag, 1990, 2. Aufl.

[39] *Hellmund, U.; u. a.:*
Grundlagen der Statistik; Landsberg (Lech), Verlag Moderne Industrie, 1992

[40] *Hochstädter, D.:*
Statistische Methodenlehre; Frankfurt/Main, Harri-Deutsch-Verlag, 1996, 8. Aufl.

[41] *Hochstädter, D.:*
Aufgaben mit Lösungen zur Statistischen Methodenlehre; Frankfurt/Main, Harri-Deutsch-Verlag, 1993, 2. Aufl.

[42] *Hofmann, D.:*
Handbuch Meßtechnik und Qualitätssicherung; Berlin, Verlag Technik, 1985

[43] *Jackson, J. E.:*
A User's Guide to Principal Components; New York, N. Y., J. Wiley & Sons, Inc., 1991

[44] *Kleber, P.:*
Prognoseprobleme in der Unternehmensbewertung; Wiesbaden, Deutscher Universitätsverlag, 1989

[45] *Kobelt, H.:*
Wirtschaftsstatistik für Studium und Praxis; Baden-Baden, Verlag für Unternehmensführung, 1977

[46] *König, W.; u. a.:*
Taschenbuch der Wirtschaftsinformatik und Wirtschaftsmathematik; Frankfurt/Main, Verlag Harri Deutsch, 1999

[47] *Krämer, W.; Sonnberger, H.:*
The Linear Regression Model under Test; Heidelberg, Physica-Verlag, 1986

[48] *Krause, B.; Metzler, P.:*
Angewandte Statistik; Berlin, Deutscher Verlag der Wissenschaften, 1983

[49] *Kreienbrock, L.:*
Einführung in die Stichprobenverfahren; München, Oldenbourg-Verlag,1989

[50] *Krug, W.; Nourney, M.:*
Wirtschafts- und Sozialstatistik - Gewinnung von Daten; München, Oldenbourg-Verlag, 1987, 2. Aufl.

[51] *Lapin, L. L.:*
Statistics for Modern Business Decisions, Fort Worth, T.X., The Dryden Press, 6th. Ed., 1993

[52] *Leiner, B.:*
Einführung in die Statistik; München, Oldenbourg-Verlag, 1990, 4. Aufl.

[53] *Leiner, B.:*
Einführung in die Zeitreihenanalyse; München, Oldenbourg-Verlag, 1989, 2. Aufl.

[54] *Leiner, B.:*
Europäische Wirtschaftsstatistik - Geschichte, Daten, Hintergründe; München, Oldenbourg-Verlag, 1991

[55] *Leiner, B.:*
Stichprobentheorie; München, Oldenbourg-Verlag, 1989, 2. Aufl.

[56] *Linnik, J. W.:*
Die Methode der kleinsten Quadrate in moderner Darstellung; Berlin, Deutscher Verlag der Wissenschaften, 1961

[57] *Lippe, v. d. ,P.:*
Wirtschaftsstatistik; Stuttgart, UTB-Reihe Nr. 209, Gustav-Fischer-Verlag, 1990, 4. Aufl.

[58] *Loistl, O.:*
Computergestütztes Wertpapiermanagement; München, Wien, Oldenbourg-Verlag, 1990, 3. Aufl.

[59] *Luderer, B.; u. a.:*
Mathematische Formeln für Wirtschaftswissenschaftler; Stuttgart/Leipzig, B.G. Teubner, 1998

[60] *Malinvaud, E.:*
Statistical Methods in Economics; Amsterdam, North-Holland Publ. Co., 1970

[61] *Marinell, G.:*
Statistische Auswertung; München, Oldenbourg-Verlag, 1986, 3. Aufl.

[62] *Marinell, G.; Seeber, G.:*
Angewandte Statistik; München, Oldenbourg-Verlag, 1991, 2. Aufl.

[63] *Matiaske, W.:*
Statistische Datenanalyse mit Mikro-Computern; München, Oldenbourg-Verlag, 1990

[64] *Mayer, H.:*
Beschreibende Statistik; München, Hanser-Verlag, 1989, 2. Aufl.

[65] *Mendenhall, W.; Beaver, R. J.:*
A Course in Business Statistics; Boston, Mass., PWS-KENT Publ. Company, 3rd Ed., 1992

[66] *Mertens, O.:*
Prognoseverfahren; Würzburg, Physica-Verlag, 1983

[67] *Mittag, H.-J.:*
Qualitätsregelkarten; München, Hanser-Verlag, 1993

[68] *Müller, P. H.:*
Wahrscheinlichkeitsrechnung und Mathematische Statistik - Lexikon der Stochastik; Darmstadt, Wissenschaftliche Buchgesellschaft, 1975

[69] *N. N.:*
Statgraphics; Rockville, Mar., Manugistics Inc., DOS-Version 7, 1993

[70] *Nachtigall, W.:*
Betriebswirtschaftliche Formeln und Darstellungen; Berlin, Verlag Die Wirtschaft, 1977, 2. Aufl.

[71] *Neugebauer, W.:*
Statistische Methoden - Ausgewählte Kapitel für Wirtschaftswissenschaftler; München, Franz Vahlen-Verlag, 1994

[72] *Norusis, M.:*
Advanced Statsitics, SPSS/PC; Chicago, SPSS-Inc., 1985

[73] *Oerthel, F.; Tuschl, S.:*
Statistische Datenanalyse mit dem Programmpaket SAS; München, Oldenbourg-Verlag, 1995

[74] *Olson, Ch. L.; Picconi, M. J.; Romano, A.:*
Business Statistics: Elements and Applications; New York, Harper Collins College Publishers Inc., 1993

[75] *Owen, D. B.:*
Handbook of Statistical Tables; Reading (Mass.) & London: Addison Wesley Publ. Co., 1962

[76] *Patzelt, W. J.:*
Einführung in die sozialwissenschaftliche Statistik; München, Oldenbourg-Verlag, 1985

[77] *Pinnekamp, H.-J.; Stegmann, F.:*
Deskriptive Statistik; München, Oldenbourg-Verlag, 1990, 2. Aufl.

[78] *Polasek, W.:*
Explorative Datenanalyse - Einführung in die deskriptive Statistik; Heidelberg, Springer-Verlag, 1988

[79] *Rasch, D.:*
Einführung in die Mathematische Statistik; Berlin, Deutscher Verlag der Wissenschaften, Bd. I, II, 1978

[80] *Rasch, D.; Enderlein, G.; Herrendörfer, G.:*
Biometrie; Berlin, Deutscher Landwirtschaftsverlag, 1973

[81] *Rinne, H.; Mittag, H.-J.:*
Statistische Methoden der Qualitätssicherung; München, Hanser-Verlag, 1994, 3. Aufl.

[82] *Rönz, B.; Strohe, H.-G. Hsg.:*
Lexikon Statistik; Wiesbaden, Gabler-Verlag, 1994

[83] *Rosenkrantz, W. A.:*
Introduction to Probability and Statistics for Scientists and Engineers; New York, N. Y., Mc Graw-Hill, 1997

[84] *Rötzel, A.:*
Rechnergestützte statistische Qualitätskontrolle; Berlin & Offenbach, VDE-Verlag, 1990

[85] *Rüger, B.:*
Induktive Statistik; München, Oldenbourg-Verlag, 1988, 2. Aufl.

[86] *Sachs, L.:*
Angewandte Statistik; Heidelberg, Springer-Verlag, 1984, 6. Aufl.

[87] *Sachs, L.:*
Statistische Methoden - Planung und Auswertung; Heidelberg, Springer-Verlag, 1988, 6. Aufl.

[88] *Schaich, E.; Brachinger, H.:*
Studienbuch Ökonometrie, (Heidelberger Lehrtexte); Heidelberg, Springer-Verlag, 1990

[89] *Scharnbacher, K.:*
Statistik im Betrieb; Wiesbaden, Gabler-Verlag, 1989, 7. Aufl.

[90] *Scheer, A.-W.:*
Absatzprognosen; Heidelberg, Springer-Verlag, 1983

[91] *Scherrer, G.; Obermeier, I.:*
Stichprobeninventur; München, Vahlen-Verlag, 1981

[92] *Schindowski, E.; Schürz, O.:*
Statistische Qualitätskontrolle; Berlin, Verlag Technik, 1974, 4. Aufl.

[93] *Schlittgen, R.:*
Einführung in die Statistik; München, Oldenbourg-Verlag, 1990, 2. Aufl.

[94] *Schlittgen, R.; Streitberg, H.-J.:*
Zeitreihenanalyse; München, Oldenbourg-Verlag, 1989, 3. Aufl.

[95] *Schott, G.:*
Kennzahlen; Stuttgart, Forkel-Verlag, 1970, 3. Aufl.

[96] *Schulze, P. M.:*
Beschreibende Statistik; München, Oldenbourg-Verlag, 1990

[97] *Schwarz, H.:*
Stichprobenverfahren; München, Oldenbourg-Verlag, 1992

[98] *Schwarze, J.:*
Grundlagen der Statistik I, Beschreibende Verfahren; Berlin/Herne, Verlag Neue Wirtschafts-Briefe, 1994, 7. Aufl.

[99] *Smirnow, N. W.; Dudin-Barkowski, L. W.:*
Mathematische Statistik in der Technik; Berlin, Deutscher Verlag der Wissenschaften, 1969

[100] *Spanos, A.:*
Probability Theory and Statistical Interference; Cambridge, U. K., University Press, 1999

[101] *Stockton, J. R.; Clark, C. T.:*
Business and Economic Statistics; Cincinnati, South-Western Publ. Co., 1971, 4th Ed.

[102] *Stöppler, S.:*
Nachfrageprognose und Produktionsplanung bei saisonalen und konjunkturellen Schwankungen; Heidelberg, Physica-Verlag, 1984

[103] *Storm, R.:*
Wahrscheinlichkeitsrechnung, Mathematische Statistik, Statistische Qualitätskontrolle; Köln/Leipzig, Fachbuchverlag, 1995, 10. Aufl.

[104] *Streck, B.:*
Grundlagen der Statistik; Stuttgart, Kohlhammer-Verlag, 1991

[105] *Strecker, H.:*
Statistische Erhebungen: Methoden und Ergebnisse; Göttingen, Vandenhoeck & Ruprecht, 1987

[106] *Thomas, R. L.:*
Introductory Econometrics: Theory and Applications, New York, N. Y., Longman Publishing, 2nd Ed. 1993

[107] *Tintner, G.:*
Handbuch der Ökonometrie; Heidelberg, Springer-Verlag, 1960

[108] *Uhlmann, W.:*
Kostenoptimale Prüfpläne; Würzburg, Physica-Verlag, 1970, 2. Aufl.

[109] *Uhlmann, W.:*
Statistische Qualitätskontrolle; Stuttgart, Verlag B. G. Teubner, 1966

[110] *Urban, K.:*
Statistik; München, Oldenbourg-Verlag, 1990, 2. Aufl.

[111] *Vogel, F.:*
Beschreibende und schließende Statistik; München, Oldenbourg-Verlag, 1991, 6. Aufl.

[112] *Vogel, F.:*
Beschreibende und schließende Statistik - Aufgaben und Beispiele; München, Oldenbourg-Verlag, 1989, 3. Aufl.

[113] *Weber, E.:*
Grundriß der biologischen Statistik; Jena, Gustav-Fischer-Verlag, 1972, 7. Aufl.

[114] *Zöfel, P.:*
Statistik in der Praxis; Stuttgart, UTB-Reihe Nr. 1293, Gustav-Fischer-Verlag, 1988, 2. Aufl.

[115] *Zwer, R.:*
Einführung in die Wirtschafts- und Sozialstatistik; München, Oldenbourg-Verlag, 1985

[116] *Zwer, R.:*
Internationale Wirtschafts- und Sozialstatistik; München, Oldenbourg-Verlag, 1986, 2. Aufl.

Errata

Auf Seite 61 sind einige Fehler enthalten. Zur Berichtigung ist hier die korrigierte Seite 61 abgedruckt.

m	Klassengrenzen [Th]	h_m	m_{zen}	$m_{zen}h_m$	$m_{zen}^2h_m$
1	[0 ; 4)	10	-1	-10	10
2	[4 ; 8)	80	0	0	0
3	[8 ; 12)	60	1	60	60
4	[12 ; 16)	40	2	80	160
5	[16 ; 20)	10	3	30	90
	d = 4	n = 200		P = 160	Q = 320

Damit erhält man:

$$\bar{x} \cong 6 + \frac{4}{200}(160) \cong 9{,}2\,[Th]\text{, und}$$

$$s^2 \cong \frac{16}{199}\left(320 - \frac{160^2}{200}\right) \cong 15{,}4[Th]^2.$$

Daraus ergibt sich als Standardabweichung und Variationskoeffizient:

$$s \cong 3{,}9[Th] \qquad \text{und} \qquad v \cong \frac{3{,}9}{9{,}2}\cdot 100 \cong 42{,}4\%.$$

Abschließend fügen wir noch an, daß es auch für die empirischen Kennwerte der Schiefe und des Exzeß entsprechende Näherungsformeln gibt, auf die wir aber aus Platz- und Zeitgründen im Rahmen dieser Betrachtung nicht eingehen.

www.ingramcontent.com/pod-product-compliance
Lightning Source LLC
LaVergne TN
LVHW091727021026
849161LV00003BB/346